中文社会科学引文索引（CSSCI）来源集刊

珞珈管理评论

LUOJIA MANAGEMENT REVIEW

2019年卷　第1辑（总第28辑）

武汉大学经济与管理学院主办

WUHAN UNIVERSITY PRESS

武汉大学出版社

图书在版编目(CIP)数据

珞珈管理评论.2019 年卷.第 1 辑:总第 28 辑/武汉大学经济与管理学院主办 . —武汉:武汉大学出版社,2019.1

ISBN 978-7-307-20713-4

Ⅰ.珞… Ⅱ.武… Ⅲ. 企业管理—文集 Ⅳ. F272-53

中国版本图书馆 CIP 数据核字(2019)第 024007 号

责任编辑:唐 伟 责任校对:汪欣怡 版式设计:韩闻锦

出版发行:**武汉大学出版社** (430072 武昌 珞珈山)

(电子邮件:cbs22@ whu.edu.cn 网址:www.wdp.com.cn)

印刷:武汉市天星美润设计印务有限公司

开本:787×1092 1/16 印张:12.75 字数:299 千字

版次:2019 年 1 月第 1 版 2019 年 1 月第 1 次印刷

ISBN 978-7-307-20713-4 定价:28.00 元

目　　录

1

CONTENTS

经营期望落差与 CEO 变更

——基于中国上市公司的数据分析 *

● 陈伟宏[1] 蓝海林[2] 钟 熙[3] 周荷晖[4]

（1，2，3，4 华南理工大学工商管理学院 广州 510640）

【摘 要】基于企业行为理论的视角，本文通过 2007—2015 年中国上市公司样本实证检验了经营期望落差对 CEO 变更的影响。研究结果表明：经营期望落差越大，CEO 变更的可能性越大。本文根据内部治理机制（股权集中度、独立董事比例）与外部治理机制（分析师关注度）进一步分组检验后发现：首先，相较于股权集中度较低的企业，股权集中度较高的企业其经营期望落差与 CEO 变更之间的正相关关系更强；其次，相较于独立董事比例较低的企业，独立董事比例较高的企业其经营期望落差与 CEO 变更之间的正相关关系更弱；最后，相较于分析师关注度较低的企业，分析师关注度较高的企业其经营期望落差与 CEO 变更之间的正相关关系更强。本研究不仅增进了文献对 CEO 变更的理解，对进一步改善公司治理体系也具有一定的启示意义。

【关键词】经营期望落差；CEO 变更；股权集中度；独立董事比例；分析师关注度

中图分类号：F272.3 文献标识码：A

1. 引言

CEO 变更在大公司的组织生活中较为频繁，事实上，Strategy& 近期的报告指出，2013 年全球最大的 2500 强企业中有 14.4% 的企业发生过 CEO 变更（Bernard et al.，2016）。那么，影响 CEO 变更的因素是什么？由于 CEO 对战略形成和组织绩效的显著影响，理论界长期对该问题保持着浓厚兴趣（Pi & Lowe，2011）。但是并非所有的 CEO 变更

* 基金项目：教育部重大攻关项目"中国制造业转型升级战略研究"（项目批准号：15JZD020）；国家社会科学基金重点项目"转型升级制度压力下优势制造企业战略反应与政策"（项目批准号：15AGL003）；华南理工大学中央高校基本科研业务费社会科学类项目（项目批准号：2015ZDXMPY02）。

通讯作者：钟熙，E-mail：HGzhongxi@ 163.com。

事件都能引起学者们相同程度的关注，死亡、疾病以及强制退休等导致 CEO 正常变更的原因较容易理解，因此并不需要复杂的组织理论对此进行解释（Boeker，1992）。相比之下，学者们更多地围绕 CEO 非正常变更（下文简称 CEO 变更）进行了探讨。从前期研究成果来看，已有文献从企业绩效（Conyon & He，2014；Homroy，2015；Weisbach，1988）、女性董事（黄志忠等，2015）、盈余管理（Hazarika et al.，2012）以及行业股票收益和市场收益（Jenter & Kanaan，2015）等视角对 CEO 变更的成因展开了理论探讨和实证研究。其中，企业绩效与 CEO 变更之间关系的探讨受到了学术界广泛的关注。已有文献一般将企业绩效作为一个实际值，即企业绩效的绝对水平，并大都认为企业绩效能够反映 CEO 制定、实施战略进而提高企业价值的经营能力（Dikolli et al.，2014）。因此，企业绩效越差，说明 CEO 的经营能力越差，CEO 便越有可能被更换。

然而，基于企业行为理论的洞见，绝对绩效并没有为组织评估绩效表现提供一个清晰的标准（Greve，2003），与此同时，它还认为受有限理性的限制，组织通常会设置一个令决策者感到最低满意的渴望水平，并时常将企业实际绩效与渴望水平进行比较以判断企业经营的成败（Kim，2015），然后决定是否需要对组织现有的策略或惯例等进行变化或调整（Cyert & March J.，1963）。因此，与组织所实现的绝对绩效相比，衡量企业实际绩效与渴望水平之间的相对表现更加具有现实意义，决策者也更加关注达成或超越渴望水平（徐小琴等，2016）。尽管葛菲等少数学者已经注意到未达成渴望水平时，企业实际绩效与渴望水平之间的差距，即经营期望落差与高管团队变更之间存在非线性关系（葛菲等，2016）。经营期望落差会对企业经营活动的最高决策者以及企业绩效表现的最高负责人即 CEO 产生怎样的影响呢？

与此同时，企业绩效与 CEO 变更之间的负向关系一直被视为公司治理体系质量的体现（Homroy，2015），具体而言，绩效表现不佳之后的 CEO 变更威胁是公司治理的主要手段之一（Fiordelisi & Ricci，2014）。因此，有理由相信，治理机制的不同也将影响绩效不佳时企业变更其 CEO 的能力与动力。那么，企业内部治理机制（股权集中度、独立董事比例）和外部治理机制（分析师关注度）是否以及将对经营期望落差与 CEO 变更之间的关系产生怎样的情境作用呢？

综上所述，本文拟基于企业行为理论，重点探讨以下学术问题：（1）未达成渴望水平时，经营期望落差将对 CEO 变更有何影响？（2）经营期望落差与 CEO 变更之间的关系是否会因企业内外部治理机制（股权集中度、独立董事比例以及分析师关注度）的制约或促进而呈现出关系差异性？为回答上述问题，本文以 2007—2015 年中国 A 股上市公司为研究样本，理论分析并实证检验了经营期望落差与 CEO 变更之间的关系，并进一步探讨了内外部治理机制对上述关系调节作用。

本文的研究贡献表现在以下几个方面：第一，本文将绩效反馈的研究领域拓展到企业 CEO 变更，考察了经营期望落差对 CEO 变更的影响，并得到了有意义的研究结论，这在一定程度上丰富了绩效反馈效果影响企业决策方面的研究成果，也对经营期望落差影响高管团队变更的前期研究构成了有益补充（葛菲等，2016）；第二，现有文献大量考察企业绝对绩效对 CEO 变更的影响效果（Conyon & He，2014；Homroy，2015；Weisbach，1988），但较少有文献从相对绩效表现的角度来进行研究。区别于前期研究，本文将企业绩效的相对表现，即经营期望落差纳入 CEO 变更的研究框架，为理解 CEO 变更提供了新的解释，也进一步丰富了 CEO 变更原因方面的文献；第三，Lim 和 Mccann 呼吁未来研究需要重视对情境因素的考察（Lim & Mccann，2014），基于此，本文进一步从内部治理机制和外部治理机制两个角度，考察了不同情境对经营期望落差与 CEO 变更关系的影响，尤其关注到中国情景下较为突出的高股权集中度以及随着市场机制的完善而不断增强的资本市场（分析师关注度）的情境影响，拓展了企业行为理论领域的情境机制研究。

2. 理论分析与假设演绎

2.1 经营期望落差与 CEO 变更

根据企业行为理论，决策制定者通过实际绩效与渴望水平的比较来评判企业绩效的表现，其中，渴望水平受到企业历史绩效表现以及行业绩效表现的影响（Cyert & March，1963）。研究指出，当实际绩效高于渴望水平时，决策者往往不愿意承担风险以进一步提高企业绩效（Greve，2010），此时企业将采取风险较低的策略变化或维持原有策略不变（王菁等，2014）。然而，实际绩效低于渴望水平则将驱使企业积极展开搜寻以解决绩效问题（Cyert & March，1963；Greve，2003），企业行为理论称该搜寻为"问题搜寻"，它是企业辨识当前活动的可替代选择进而解决绩效差距的一种努力（Ref & Shapira，2016）。事实上，此时决策制定者不仅会展开问题搜寻，其对新颖或高风险解决方案的接受程度也将随着企业实际绩效与渴望水平之间差距的扩大而增强（Desai，2016）。本文认为，随着经营期望落差的扩大，CEO 变更的可能性将增加。具体原因如下。

首先，现代企业中股东为提高企业的经营效率与生产利润，聘请具有专业技能的 CEO 负责日常运营，并组建董事会监督 CEO 经营决策，在此过程中，变更绩效表现不佳的 CEO 也是董事会的重要责任（Defond & Hung，2004）。但由于信息不对称的存在，使得 CEO 的经营能力难以被直接观察，董事会需要借助企业绩效的各种结果来进行评价（Hermalin & Weisbach，2003）。未实现渴望水平时，说明 CEO 制定、执行战略继而提高企业价值的能力不足，或现任 CEO 难以匹敌竞争对手的 CEO。因此，为适应新形势下的市场竞争，董事会将变更现任 CEO 以提高企业的适应能力，进而保障股东价值的最大化。此外，未实现渴望水平还将导致 CEO 权力的降低，而各种政治力量斗争与竞争将增加弱势 CEO 被迫离职的可能性（Pi & Lowe，2011）。

其次，前期研究表明，处于经营期望落差状态时，企业倾向于实施风险性的战略变革以动态匹配外界环境（Greve，1998）。但由于路径依赖、心埋承诺等限制性因素的存在（Quigley & Hambrick，2012），使得现任 CEO 不愿甚至会阻碍战略变革的实施，而新任 CEO 与现任 CEO 的认知路径存在较大差异（Karaevli，2007），因而具有不同的战略选择。此外，新任 CEO 对既有战略的心理承诺也相对较低，因而更有可能发动并实施战略变革。因此，面临"失败"状况时，董事会具有较为强烈的变更现任 CEO 的动机，以便有效地推进新战略的制定与实施，继而为企业谋求更好的生存与发展空间。

最后，处于经营期望落差状态时，变更 CEO 可视为董事会向利益相关者释放的一个积极信号（Bernard et al.，2016），以增强他们的信心来缓解其对企业未来生存的担忧情绪。此外，变更现任 CEO 对新任 CEO 以及其他仍然在任的非 CEO 高管具有显著的惩戒示范作用，进而约束他们可能存在的私利行为，促使其更加努力地经营管理（游家兴等，2010）。

综上所述，本文提出以下假设：

H1：其他条件不变，经营期望落差越大，CEO 变更的可能性越大。

2.2 内部治理机制的调节作用

2.2.1 股权集中度的调节作用

不同于股权较为分散的发达国家，中国上市公司的股权结构呈现出高股权集中度的特征，这与其他新兴经济体的情况相似（Hu et al.，2010）。不同的股权集中度，体现出不同的内部治理机制，本文认为，未实现渴望水平时，相较于低股权集中度企业，高股权集中度企业中 CEO 变更与经营期望落差之间的相关性更强。具体原因如下。

首先，在低股权集中度的企业中，监督成本与收益之间的失衡使得任何单一股东都缺乏监督 CEO 经营活动的足够激励，企业绩效表现不佳时，小股东选择"用脚投票"（Jensen & Meckling，1976）。此外，在现代企业中，CEO 相较于股东也更具信息优势，但同样由于激励的不足，上述信息不对称状况在股权分散的企业更为突出（Darmadi，2016），最终限制了股东监督 CEO 经营活动的能力。相比之下，高股权集中度企业，大股东拥有显著的所有权，企业绩效表现与大股东的切身利益具有较高的相关性，因此，大股东具有较强的动力来监督 CEO 的经营活动，与此同时，信息不对称程度较低，大股东的监督能力也较强。因此，股权集中较高的企业更容易发现绩效问题。

其次，股东影响企业决策的权力和能力因持股数量不同而存在差异。在低股权集中度的企业中，股权分散稀释了股东的权力并提高了 CEO 的自由裁量权，而强势的 CEO 能够有效影响董事会有关 CEO 变更的决策（Hermalin & Weisbach，1996），这势必会降低 CEO 变更的可能性。相较之下，在高股权集中度的企业中，大股东相对 CEO 具有更强的权力（Pi & Lowe，2011），这种权力来源于大股东的表决权或董事会中的代表，或两者兼有。因此，大股东因经营期望落差状况感到"不满意"时，更有权力来更换现任 CEO。

综上所述，相较于股权集中度低的企业，股权集中度较高的企业，其股东更有可能发现绩效问题，同时在是否变更 CEO 的决策中具有更大的话语权。本文认为，面临经营期望落差时，即便 CEO 由大股东委派或指定，当 CEO 无法保证或维护大股东的切身利益时，CEO 同样将面临较高的变更可能。据此，本文提出以下假设：

H2：未实现渴望水平时，相较于股权集中度较低的企业，股权集中度较高的企业其经营期望落差与 CEO 变更之间的相关性更强。

2.2.2 独立董事比例的调节作用

独立董事同样也是公司内部治理机制中不可忽视的部分，从理论上来讲，独立董事与公司没有隶属关系，与控股股东也没有隶属关系(杨典，2012)，因此更能有效防范内部人控制、减少管理者滥用权力损害股东利益的行为，但实际上我国上市公司中大部分独立董事"既不独立，也不'懂事'"，在监督 CEO 方面发挥的作用相当有限。

首先，我国上市公司的独立董事较大部分来源于高校和科研机构，实业家仅占 10%(Pi & Lowe，2011)，与此同时，大多数独立董事不仅本身具有全职工作，而且工作都很繁忙(杨典，2012)。因此，独立董事的职业背景和兼职状况，一方面使得他们可能缺乏有效监督 CEO 的能力，另一方面使得他们可能缺乏监督 CEO 的时间和精力。

其次，我国上市公司中高管与独立董事之间存在各种隐性社会关系的现象较为普遍(陆瑶和胡江燕，2014)，高管在独立董事的实际产生中也发挥着重要影响(杨典，2012)，这势必会降低独立董事的"独立性"，"一朝天子一朝臣"的状况也使得独立董事因新任 CEO 上任之后不再续聘而面临物质损失的风险，因此，不管情感上还是从物质利益角度来看，独立董事的比例越高，越有可能反对变更 CEO 的企业决策。换句话说，相较于低独立董事比例企业，高独立董事比例企业其董事会监督 CEO 行为的能力和变更 CEO 的意愿都相对较低，最终减弱了经营期望落差对 CEO 变更的影响。相关研究也表明，我国上市公司中，高独立董事比例削弱了 CEO 离职对企业业绩的敏感性(杨典，2012)。

据此，本文提出以下假设：

H3：未实现渴望水平时，相较于独立董事比例较低的企业，独立董事比例较高的企业其经营期望落差与 CEO 变更之间的相关性更弱。

2.3 外部治理机制的调节作用

分析师关注度的调节作用。随着我国资本市场的不断完善，分析师的重要性因投资者热情的不断攀升而日渐凸显(宋海旭和王福胜，2013)，分析师关注度降低了管理者、股东和投资者之间的信息不对称(王菁等，2014)，因而间接约束着管理者的经营行为，发挥着外部治理机制的作用(Gentry & Shen，2013)。面临经营期望落差状况时，一方面，在分析师关注度较低的企业中，股东和 CEO 之间信息不对称的程度较高，因此，CEO 很有可能采取相关措施(例如，盈余管理)来掩盖住经营期望落差此类负面信息。然而，分析师关注度较高的企业因其充分暴露在多重信息渠道之中(王菁等，2014)，股东和 CEO 之间信息不对称的程度较低，企业真实的经营状况更有可能被全面而深入地揭示出来，股东更容易识别运营效率低下以及内外部受损的"失败"状态(经营期望落差状态)。

另一方面，分析师关注度影响着投资者的决策过程和企业价值的形成过程(宋海旭和王福胜，2013)，绩效不佳企业变更其 CEO 时，分析师可能因该企业"穷则思变"而给予一定的正向评价；反之，则可能认为该企业"不思进取"而给予负面评价。这种正面评价有助于维持投资者对企业未来绩效的信心，使企业在维持当前股价的同时降低融资成本。因此，与分析师关注度较低的企业相比，分析师关注度较高的企业，更有可能识别出经营期望落差状态，该状态下也具有较强的变更 CEO 的动机。

据此，本文提出以下假设：

H4：未实现渴望水平时，相较于分析师关注度较低的企业，分析师关注度较高的企业其经营期望落差与 CEO 变更之间的相关性更强。

3. 研究设计

3.1 样本选择与数据来源

本文的研究对象为沪、深 A 股上市公司的 CEO，研究样本的时间跨度为 2007—2015 年。为确保样本选择的合理性，本文根据以下标准进行严格筛选：（1）剔除金融保险类公司样本；（2）剔除 ST、PT 公司样本；（3）剔除资产负债率大于 1 的公司样本；（4）剔除数据存在严重缺失的公司样本。本文所使用的上市公司财务数据、公司治理数据、CEO 人物特征数据及分析师数据均来源于 CSMAR 数据库。为保证数据的准确性，本文根据 CCER、WIND 数据库进行了数据核对。通过上述筛选并结合研究所需，本文最终获得了 2007—2015 年共 12129 个样本。本文依据中国证监会行业分类标准（SIC 一级代码）对公司样本所处的行业进行分类，样本主要集中于制造业（比例 57.63%）、批发零售业（比例为 7.86%）和房地产业（比例为 7.51%）。为避免极端值对实证结果的影响，本文对主要连续变量在 1% 水平上进行缩尾处理。

3.2 模型设定

为检验上述研究假设，本文首先对全部样本进行检验，再分别根据内部治理机制与外部治理机制对样本进行分组检验。由于本文的因变量 CEO 变更为二元虚拟变量，故采用 Logistic 回归模型对如下回归方程进行检验：

$$CEOUNBG_{i,t} = \alpha_0 + \alpha_1 PAG\_N_{i,t-1} + \alpha_2 PAG\_P_{i,t-1} + \alpha_3 SIZE_{i,t-1} + \alpha_4 AGE_{i,t-1} + \alpha_5 RR_{i,t-1} +$$
$$\alpha_6 LEV_{i,t-1} + \alpha_7 OCF_{i,t-1} + \alpha_8 GROWTH_{i,t-1} + \alpha_9 STA_{i,t-1} + \alpha_{10} DUA_{i,t-1} +$$
$$\alpha_{11} CEOPA_{i,t-1} + \alpha_{12} CEOHOLD_{i,t-1} + \alpha_{13} CEOTERM_{i,t-1} + \alpha_{14} YEAR +$$
$$\alpha_{15} INDUSTRY + \varepsilon$$

$$(1)$$

其中，CEOUNBG 为 CEO 变更，PAG_N 为经营期望落差。为缓解内生性问题，本文以滞后一期即第 $t-1$ 年的经营期望落差（PAG_N）作为解释变量，以第 t 年的 CEO 变更作为被解释变量。参考已有文献，模型还控制了可能对 CEO 变更造成影响的变量，包括：经营期望顺差（PAG_P）、企业规模（SIZE）、企业年龄（AGE）、冗余资源（RR）、杠杆率（LEV）、经营现金流（OCF）、销售增长率（GROWTH）、所有权性质（STA）、两职兼任（DUA）、CEO 政治关联（CEOPA）、CEO 持股比例（CEOHOLD）、CEO 任期（CEOTERM）、年度效应（YEAR）和行业效应（INDUSTRY）。

3.3 指标选择与变量定义

3.3.1 被解释变量——CEO 变更（CEOUNBG）

参考 Defond & Hung（2004）、Pi & Lowe（2011）的研究，本文将 CEO 变更划分为正常变更和非正常变更。正常变更是指与 CEO 的管理行为或决策无关的因素导致其职位发生变化的情况，与 CEO 自身的经营能力和努力程度无关，如"退休""任期届满"等；而非正常变更则是指 CEO 的管理行为或者决策直接或间接地影响其职位发生变化的情况，与 CEO 自身的经营能力和努力程度有关，如"工作调动""辞职"等。本文重点关注 CEO 非正常变更，故剔除 CEO 正常变更数据。如果当年 CEO 发生非正常变更，则 CEOUNBG 取值为 1，否则取值为 0。为简化表达，下文中的 CEO 变更均指代 CEO 非正常变更。

3.3.2 解释变量——经营期望落差（PAG_N）

根据组织行为理论的研究模型，经营期望落差即企业未实现渴望水平时，实际绩效（P）与渴望水平（A）之间的差距 $|P-A|$。借鉴 Greve（2003）的方法，本文采用资产利润率（ROA）衡量企业实际绩效；渴望水平则通过历史渴望水平和社会渴望水平的线性组合计算而得，具体计算参考 Greve（2003）、徐小琴等（2016）的研究，公式为：

$$A_{i,\,t-1} = \beta_1 HA_{i,\,t-1} + (1 - \beta_1) SA_{i,\,t-1} \tag{2}$$

其中，$HA_{i,\,t-1}$ 由企业 i 第 $t-4$ 至第 $t-2$ 三年间的资产利润率（ROA）运用最小二乘法拟合而得，反映企业 i 第 $t-1$ 年的历史渴望水平；$SA_{i,\,t-1}$ 则由企业 i 所处行业在 $t-4$ 至 $t-2$ 三年间的行业平均资产利润率（ROA）运用最小二乘法拟合而得，反映企业 i 第 $t-1$ 年的行业渴望水平。β_1 代表权重，取值范围为 0~1，借鉴徐小琴等（2016）以及王菁等（2014）的研究，本文将 β_1 值设为 0.5。

3.3.3 调节变量

股权集中度（OC）：参照孙兆斌（2006）的研究，用前五大股东持股比例的赫芬达尔指数衡量；独立董事比例（IND）：用独立董事人数与董事会总人数的比值衡量；分析师关注度（AC）：参照王菁等（2014）的研究，采用特定年份（第 $t-1$ 年）内关注特定企业的分析师人数加 1 后取自然对数衡量。

本文相关变量的操作性定义如表 1 所示。

表 1 　　　　　　　　　　　　　相关变量的操作性定义

变量类型	变量名称	变量符号	变量定义
被解释变量	CEO 变更	CEOUNBG	若当年 CEO 发生非正常变更，则取值为 1，否则为 0
解释变量	经营期望落差	PAG_N	企业实际绩效低于渴望水平时，企业实际绩效与渴望水平之间差值的绝对值
调节变量	股权集中度	OC	前五大股东持股比例的赫芬达尔指数
	独立董事比例	IND	独立董事人数与董事会总人数的比值
	分析师关注度	AC	特定年份（第 $t-1$ 年）内关注特定企业的分析师人数加 1 后取自然对数

变量类型	变量名称	变量符号	变 量 定 义
控制变量	经营期望顺差	PAG_P	企业实际绩效高于渴望水平时，企业实际绩效与渴望水平之间的差值
	企业规模	SIZE	年末总资产的自然对数
	企业年龄	AGE	上市年数的自然对数
	冗余资源	RR	将非沉淀性冗余资源（流动资产除以流动负债）与沉淀性冗余资源（管理费用与销售费用之和除以销售收入）分别标准化后相加。
	杠杆率	LEV	年末总负债除以年末总资产
	经营现金流	OCF	经营现金流量除以总资产
	销售增长率	GROWTH	变更当年和前一年营业收入增长率的平均值
	所有权性质	STA	若该企业为国有企业，则取值为1，否则取值为0
	两职兼任	DUA	若CEO同时兼任董事长，则取值为1，否则为0
	CEO政治关联	CEOPA	若CEO为政府所任命，或者是前任政府官员，或者现为或曾经为人大代表、政协委员，政治关联取值为1，否则为0
	CEO持股比例	CELHOLD	CEO持股比例
	CEO任期	CEOTERM	CEO任职年数
	年度虚拟变量	YEAR	控制年份效应
	行业虚拟变量	INDUSTRY	控制行业效应

4. 实证结果分析

4.1 样本分布和描述性统计

表2是2007—2015年中国A股上市公司CEO变更统计说明。由表2可知，在2007—2015年，CEO变更样本数量与占比呈现先降低再上升的趋势，在CEO变更的样本中，由于"辞职"原因发生CEO变更的比重有所下降，而由于"个人"原因发生CEO变更的比重有所上升。

表2　　　　　　　　　　　　　中国 A 股上市公司 CEO 变更状况统计表

年度	2007	2008	2009	2010	2011	2012	2013	2014	2015	合计
总样本数	972	989	997	1100	1221	1359	1588	1882	2021	12129
CEO 变更样本数	150	161	167	140	133	129	187	204	251	1522
工作调动(%)	37.09	44.97	54.64	45.96	36.02	29.57	37.79	30.13	28.31	36.45
辞职(%)	28.64	37.57	28.87	18.18	13.56	11.74	12.37	8.53	7.42	16.24
解聘(%)	2.35	0	0	2.02	0.85	1.3	2.34	0.53	1.16	1.18
个人(%)	1.88	2.65	2.06	4.04	5.93	13.48	9.36	15.2	21.11	10.23
涉案(%)	0.47	0	0.52	0.51	0	0	0.67	0	0.23	0.25
CEO 变更占比(%)	15.43	16.28	16.75	12.73	10.89	9.49	11.78	10.84	12.42	12.55

表3列出了主要变量的描述性统计，由表3可见，CEO 变更(CEOUNBG)的平均值为 0.1255，表明样本中约有 12.55%的企业发生 CEO 变更；股权集中度(OC)的平均值为 0.1651，表明我国上市公司股权较为集中；独立董事比例(IND)的平均值约为 33.25%，基本符合证监会"上市公司董事会成员中应当至少包括 1/3 的独立董事"的要求，这在很大程度上说明我国上市公司中独立董事的设置并非完全出于其功能的需要，而是碍于政策的规定；分析师关注度(AC)的平均值为 1.576，标准差为 1.3974，表明不同公司之间受到分析师的关注程度存在较大差异。

表3　　　　　　　　　　　　　　　　主要变量的描述性统计表

变量	观测值	平均值	最小值	最大值	中位数	标准差
CEOUNBG	12129	0.1255	0.0000	1.0000	0.0000	0.3313
PAG_N	12129	0.0182	0.0000	0.2508	0.0000	0.0411
OC	12129	0.1651	0.0124	0.5686	0.1329	0.1204
IND	12129	0.3325	0.1579	0.5455	0.3333	0.0651
AC	12129	1.5760	0.0000	4.4659	1.3863	1.3974
PAG_P	12129	0.0236	0.0000	0.2728	0.0055	0.0431
SIZE	12129	21.8989	19.2130	25.6477	21.7635	1.2497
ACE	12129	2.3775	1.3697	3.1065	2.4942	0.4854
RR	12129	0.0000	−1.9979	10.1975	−0.4678	1.5806
LEV	12129	0.4896	0.0644	0.9085	0.4991	0.2023
OCF	12129	0.0458	−0.1999	0.2644	0.0453	0.0785
GROWTH	12129	0.2642	−0.3963	5.2370	0.1363	0.6714

变量	观测值	平均值	最小值	最大值	中位数	标准差
STA	12129	0.2238	0.0000	1.0000	0.0000	0.4168
DUA	12129	0.1754	0.0000	1.0000	0.0000	0.3804
CEOPA	12129	0.1809	0.0000	1.0000	0.0000	0.3849
CEOHOLD	12129	0.0190	0.0000	0.4217	0.0000	0.0688
CEOTERM	12129	1.2189	0.0000	2.5462	1.3655	0.7832

4.2 回归分析结果

本文首先检验经营期望落差与 CEO 变更之间的相关关系,然后根据内部治理机制与外部治理机制的不同对样本依次进行分组检验。

表 4 模型(1)为基准模型,控制了对 CEO 变更可能存在影响的变量,表 4 模型(2)加入解释变量经营期望落差(PAG_N)。检验结果显示:经营期望落差与 CEO 变更存在显著的正相关关系(beta=2.385, $p<0.001$),这表明当企业实际绩效低于渴望水平时,随着经营期望落差的增大,企业 CEO 变更的可能性将增加,本文 H1 得到支持。

表 4   **经营期望落差与 CEO 变更的关系检验**

变量	模型(1)	模型(2)
PAG_N		2.385 ***
		(0.667)
PAG_P	−0.003	0.653
	(0.678)	(0.697)
SIZE	−0.092 ***	−0.073 **
	(0.025)	(0.026)
AGE	0.221 **	0.204 **
	(0.077)	(0.078)
RR	0.054 *	0.040
	(0.024)	(0.024)
LEV	1.249 ***	1.123 ***
	(0.181)	(0.183)
OCF	−0.217	−0.133
	(0.372)	(0.372)
GROWTH	−0.007	−0.014
	(0.040)	(0.040)

变量	模型(1)	模型(2)
STA	0.162*	0.160*
	(0.069)	(0.069)
DUA	−0.260**	−0.264**
	(0.090)	(0.090)
CEOPA	−0.121	−0.122
	(0.080)	(0.080)
CEOHOLD	−0.981	−0.958
	(0.628)	(0.628)
CEOTERM	−0.164***	−0.160***
	(0.036)	(0.036)
_cons	−1.051	−1.381*
	(0.662)	(0.667)
Year	YES	YES
Industry	YES	YES
−2 Log Likelihood	8.389	8.389
Chi-square	226.727***	238.945***
N	12129	12129

注：*、**、***分别表示在5%、1%、0.1%的水平上显著相关；括号内为稳健型标准误。

表5分别根据内部治理机制与外部治理机制对研究样本进行分组，进一步检验经营期望落差与CEO变更之间的关系。

表5中模型(1)和模型(2)分别列出了高股权集中度和低股权集中度组样本的回归结果，检验结果显示：在高股权集中度组样本中，经营期望落差与CEO变更存在显著的正相关关系(beta=2.998，$p<0.01$)；但在低股权集中度组样本中，经营期望落差与CEO变更正相关但不显著。这说明相较于股权集中度较低的企业，股权集中度较高企业中经营期望落差与CEO变更的相关性更强，本文H2得到支持。

表5中模型(3)和模型(4)分别列出了高独立董事比例和低独立董事比例组样本的回归结果，检验结果显示：在高独立董事比例组样本中，经营期望落差与CEO变更正相关但不显著；但在低股权集中度组样本中，经营期望落差与CEO变更存在显著的正相关关系(beta=2.495，$p<0.01$)。这说明相较于独立董事比例较低的企业，独立董事比例较高企业中经营期望落差与CEO变更的相关性更弱，本文H3得到支持。

表5中模型(5)和模型(6)分别列出了高分析师关注度和低分析师关注度组样本的回归结果，检验结果显示：在高分析师关注度组样本中，经营期望落差与CEO变更存在显

著的正相关关系（beta＝5.574，$p<0.001$）；但在低分析师关注度样本中，经营期望落差与CEO变更正相关但不显著。这说明相较于分析师关注度较低的企业，分析师关注度较高企业中经营期望落差与CEO变更的相关性更强，本文 H4 得到支持。

表5　　　　经营期望落差与 CEO 变更的关系检验（按内外部治理机制分组）

变量	模型（1）高 OC	模型（2）低 OC	模型（3）高 IND	模型（4）低 IND	模型（5）高 AC	模型（6）低 AC
PAG_ N	2.998**	1.729	2.294	2.495**	5.574***	1.335
	(0.973)	(0.937)	(1.289)	(0.786)	(1.286)	(0.799)
PAG_ P	1.175	0.091	1.655	0.172	0.870	0.701
	(1.015)	(0.980)	(1.265)	(0.846)	(1.412)	(0.814)
SIZE	−0.049	−0.134**	−0.131**	−0.045	−0.094*	−0.010
	(0.035)	(0.041)	(0.048)	(0.031)	(0.047)	(0.041)
AGE	0.304**	0.105	0.073	0.251**	0.182	0.179
	(0.106)	(0.119)	(0.151)	(0.091)	(0.118)	(0.110)
RR	0.032	0.053	0.008	0.054	0.026	0.052
	(0.039)	(0.031)	(0.050)	(0.028)	(0.042)	(0.030)
LEV	1.115***	1.234***	1.182**	1.096***	1.220***	1.064***
	(0.272)	(0.255)	(0.365)	(0.213)	(0.350)	(0.221)
OCF	−0.069	−0.272	−0.886	0.124	0.016	−0.004
	(0.523)	(0.539)	(0.721)	(0.437)	(0.640)	(0.472)
GROWTH	0.005	−0.068	−0.125	0.023	−0.023	−0.011
	(0.049)	(0.071)	(0.086)	(0.045)	(0.104)	(0.043)
STA	0.160	0.125	0.215	0.132	0.186	0.138
	(0.091)	(0.110)	(0.130)	(0.082)	(0.109)	(0.090)
DUA	−0.266	−0.267*	−0.071	−0.333**	−0.232	−0.287*
	(0.136)	(0.121)	(0.163)	(0.108)	(0.147)	(0.114)
CEOPA	0.027	−0.232	−0.279	−0.073	−0.070	−0.134
	(0.110)	(0.118)	(0.157)	(0.093)	(0.119)	(0.109)
CEOHOLD	−0.386	−2.000	−1.795	−0.624	−1.650	−0.418
	(0.730)	(1.152)	(1.129)	(0.761)	(0.924)	(0.866)
CEOTERM	−0.061	−0.238***	−0.217**	−0.143***	−0.156**	−0.158**
	(0.053)	(0.051)	(0.072)	(0.042)	(0.055)	(0.049)

变量	模型（1）	模型（2）	模型（3）	模型（4）	模型（5）	模型（6）
	高 OC	低 OC	高 IND	低 IND	高 AC	低 AC
_cons	−1.892	0.171	0.127	−2.044 *	−14.317	−2.570 **
	（0.999）	（1.010）	（1.274）	（0.795）	（611.995）	（0.995）
Year	YES	YES	YES	YES	YES	YES
Industry	YES	YES	YES	YES	YES	YES
−2 Log Likelihood	7.741	7.650	7.090	8.071	7.496	7.824
Chi-square	126.096 ***	154.354 ***	106.387 ***	157.732 ***	107.320 ***	138.961 ***
N	5988	6001	3501	8503	5619	6385

注：*、**、***分别表示在5%、1%、0.1%的水平上显著相关；括号内为稳健型标准误。

4.3 稳健性检验

为保证上述研究结果的稳健性，本文采取以下方法进行稳健性检验。

4.3.1 解释变量的替代变量

前文报告了β_1等于0.5的结果，在此借鉴Chen(2008)的方法，选择β_1等于0.4重新进行分析，检验结果未发生实质性改变，研究结论依然成立(限于篇幅，未列表)。

4.3.2 内部治理机制与外部治理机制的替代变量

股权集中度(OC)：借鉴孙兆斌(2006)的研究，此处采用第一大股东持股比例与第二至第五大股东持股比例之和的比值予以衡量，反映控股股东控股地位的绝对程度；独立董事比例(IND)：考虑到中国证监会对上市公司独立董事的比例限定，此处借鉴徐小琴等(2016)的研究，采用独立董事人数加1后取自然对数予以衡量；分析师关注度(AC)：此处采用前一年内关注该公司的机构数量加1后取自然对数作为代理变量。本文根据上述替代变量，对样本重新进行分析，检验结果未发生实质性改变，研究结论依然成立(限于篇幅，未列表)。

4.3.3 样本时间的选取

样本的时间选择不同也有可能导致研究结论的偏差。在此，我们去掉首尾年份的数据，采用2008—2014年的样本重新进行分析，检验结果未发生实质性改变，研究结论依然成立(限于篇幅，未列表)。

4.3.4 内生性问题的处理

考虑到经营期望落差与CEO变更之间可能相互影响，或者因共同受到某些企业内部外因素的影响而产生内生性问题。在此，本文采用两阶段最小二乘法(2SLS)对内生性偏误进行控制，选取滞后一期的经营期望落差行业平均值作为工具变量，重新进行回归分析。检验结果未发生实质性改变，研究结论依然成立(限于篇幅，未列表)。

综上可认为本文研究结论较为可靠。

5. 研究结论与讨论

已有文献考察了经营期望落差对高管团队变更的影响，在此基础上，本文基于2007—2015年A股上市公司样本，从企业行为理论视角出发，分析并实证检验了经营期望落差对企业CEO变更的影响。研究结果表明：首先，未达成渴望水平时，随着经营期望落差的扩大，决策者对风险性解决方案的接受程度不断提高，为有效解决绩效问题，CEO变更的可能性也随之增加。

其次，企业内部治理机制将影响CEO变革对经营期望落差的敏感性。一方面，相较于低股权集中度企业，高股权集中度企业中CEO变更对经营期望落差的敏感性增强，证实了大股东对CEO具有较强的监督意愿和监督能力，CEO不能保障或维护大股东的切身利益时将面临较高的变更可能性。另一方面，相较于低独立董事比例企业，高独立董事比例企业中CEO变更对经营期望落差的敏感性降低，这说明我国独立董事"既不独立，也不'懂事'"（杨典，2012），因此单纯提高独立董事比例未必能增强董事会的治理效果，为更好地发挥独立董事的功能，企业一方面应减少高管对独立董事实际产生过程的影响，另一方面应减少"灰色独立董事"（与高管存在各种隐性社会关系的独立董事）的数量。

最后，企业外部治理机制也将影响CEO变革对经营期望落差的敏感性。相较于低分析师关注度企业，高分析师关注度企业中CEO变更对经营期望落差的敏感性增强，这表明随着我国资本市场的不断完善，分析师对优化企业治理具有一定的促进意义，因此，政府部门可制定相关措施进一步引导、规范分析师的行为，避免分析师滥用"权力"绑架企业、扰乱市场来谋求私利，以便更好地发挥资本市场对企业经营活动的外部治理机制作用。

◎ 参考文献

[1]葛菲，连燕玲，贺小刚. 消极反馈与高管变更：基于上市公司的数据分析[J]. 经济管理，2016(1).

[2]黄志忠，薛清梅，宿黎. 女性董事、CEO变更与公司业绩——来自中国上市公司的证据[J]. 经济评论，2015(6).

[3]陆瑶，胡江燕. CEO与董事间的"老乡"关系对我国上市公司风险水平的影响[J]. 管理世界，2014(3).

[4]宋海旭，王福胜. 实施多元化战略的上市公司其市场价值偏离基本价值的路径研究——基于证券分析师关注度的视角[J]. 管理评论，2013(10).

[5]孙兆斌. 股权集中、股权制衡与上市公司的技术效率[J]. 管理世界，2006(7).

[6]王菁，程博，孙元欣. 期望绩效反馈效果对企业研发和慈善捐赠行为的影响[J]. 管理世界，2014(8).

[7]徐小琴，王菁，马洁. 绩优企业会增加企业负面行为吗——基于中国制造业上市公司的数据分析[J]. 南开管理评论，2016(2).

［8］杨典. 效率逻辑还是权力逻辑 公司政治与上市公司 CEO 强制离职［J］. 社会，2012
（5）.

［9］游家兴，徐盼盼，陈淑敏. 政治关联、职位壕沟与高管变更——来自中国财务困境上
市公司的经验证据［J］. 金融研究，2010（4）.

［10］Bernard, Y., Godard, L., Zouaoui, M. The effect of CEOs' turnover on the corporate sustainability performance of French firms［J］. *Journal of Business Ethics*, 2016, 150(1).

［11］Boeker, W. Power and managerial dismissal: Scapegoating at the top［J］. *Administrative Science Quarterly*, 1992, 37(3).

［12］Chen, W. R. Determinants of firms' backward and forward-looking R&D search behavior ［J］. *Organization Science*, 2008, 19(4).

［13］Conyon, M. J., He, L. CEO turnover in China: The role of market-based and accounting performance measures［J］. *European Journal of Finance*, 2014, 20(7-9).

［14］Cyert, R. M., March, J. G. *A behavioral theory of the firm*［M］. Englewood: Prentice-Hall, 1963.

［15］Darmadi, S. Ownership concentration, family control, and auditor choice: Evidence from an emerging market［J］. *Asian Review of Accounting*, 2016, 24(1).

［16］Defond, M. L, Hung, M. Investor protection and corporate governance: Evidence from worldwide CEO turnover［J］. *Journal of Accounting Research*, 2004, 42(2).

［17］Desai, V. The behavioral theory of the (governed) firm: Corporate board influences on organizations' responses to performance shortfalls［J］. *Academy of Management Journal*, 2016(3).

［18］Dikolli, S. S., Mayew, W. J., Nanda, D. CEO tenure and the performance-turnover relation［J］. *Review of Accounting Studies*, 2014, 19(1).

［19］Fiordelisi, F., Ricci, O. Corporate culture and CEO turnover［J］. *Journal of Corporate Finance*, 2014(28).

［20］Gentry, R. J., Shen, W. The impact of performance relative to analyst forecasts and analyst coverage on firm R&D intensity［J］. *Strategic Management Journal*, 2013, 34(1).

［21］Greve, H. R. Performance, aspirations and risky organizational change［J］. *Administrative Science Quarterly*, 1998, 43(1).

［22］Greve, H. R. A behavioral theory of R&D expenditures and innovations: Evidence from shipbuilding［J］. *Academy of Management Journal*, 2003, 46(6).

［23］Greve, H. R. Positional rigidity: Low performance and resource acquisition in large and small firms［J］. *Strategic Management Journal*, 2010, 32(1).

［24］Hazarika, S., Karpoff, J. M., Nahata, R. Internal corporate governance, CEO turnover, and earnings management［J］. *Journal of Financial Economics*, 2012, 104(1).

［25］Hermalin, B. E., Weisbach, M. S. Endogenously chosen boards of directors and their monitoring of the CEO［J］. *American Economic Review*, 1996, 88(1).

［26］Hermalin, B. E., Weisbach, M. S. Boards of directors as an endogenously determined institution: A survey of the economic literature[J]. *Economic Policy Review*, 2003(9).

[27] Homroy, S. Are CEOs replaced for poor performance? Effects of mergers and acquisitions on CEO turnover[J]. *Scottish Journal of Political Economy*, 2015, 62(2).

[28] Hu, H. W., Tam, O. K., Tan, G. S. Internal governance mechanisms and firm performance in China[J]. *Asia Pacific Journal of Management*, 2010, 27(4).

[29] Jensen, M. C., Meckling, W. H. Theory of the firm: Managerial behavior, agency costs and ownership structure[J]. *Journal of Financial Economics*, 1976, 3(4).

[30] Jenter, D., Kanaan, F. CEO turnover and relative performance evaluation [J]. *The Journal of Finance*, 2015, 70(5).

[31] Karaevli, A. Performance consequences of new CEO "Outsiderness": Moderating effects of pre-and post-succession contexts[J]. *Strategic Management Journal*, 2007, 28(7).

[32] Kim, J. Y. All aspirations are not created equal: The differential effects of historical and social aspirations on acquisition behavior[J]. *Academy of Management Journal*, 2015, 58 (5).

[33] Lim, E. N. K., Mccann, B. T. Performance feedback and firm risk taking: The moderating effects of CEO and outside director stock options[J]. *Organization Science*, 2014, 25(1).

[34] Pi, L., Lowe, J. Can a powerful CEO avoid involuntary replacement? —An empirical study from China[J]. *Asia Pacific Journal of Management*, 2011, 28(4).

[35] Quigley, T. J., Hambrick, D. C. When the former CEO stays on as board chair: Effects on successor discretion, strategic change, and performance[J]. *Strategic Management Journal*, 2012, 33(7).

[36] Ref, O., Shapira, Z. Entering new markets: The effect of performance feedback near aspiration and well below and above it[J]. *Strategic Management Journal*, 2017, 38(7).

[37] Weisbach, M. S. Outside directors and CEO turnover[J]. *Journal of Financial Economics*, 1988(20).

Performance-aspiration Gap and CEO Turnover:
An Empirical Analysis of Listed Companies in China

Chen Weihong[1] Lan Hailin[2] Zhong Xi[3] Zhou Hehui[4]

(1, 2, 3, 4 School of Business Administration, South China University of Technology, Guangzhou, 510640)

Abstract: Based on the perspective of the theory of corporate behavior, this paper empirically examined the influence of the performance-aspiration gap on CEO Turnover through a sample of Chinese listed companies from 2007 to 2015. The result indicates that the larger performance-aspiration gap leads to higher possibility of CEO turnover. Based on the further grouping of internal governance mechanisms (ownership concentration and proportion of independent directors) and external governance mechanisms (analyst coverage attention), this paper finds that: Firstly, compared with corporates with lower ownership concentration, corporates with higher ownership concentration have a stronger positive correlation between performance-aspiration gap and CEO turnover. Secondly, compared with corporates with lower proportion of independent directors, corporates with higher proportion of independent directors have a weaker positive correlation between performance-aspiration gap and CEO turnover. Thirdly, compared with corporates with lower analyst coverage attention, corporates with higher analyst coverage attention have a stronger positive correlation between performance-aspiration gap and CEO turnover. This paper not only expands the understanding on CEO turnover, but also have certain enlightenment meanings to improve the corporate governance.

Key words: Performance-aspiration gap; CEO turnover; Ownership concentration; Proportion of independent directors; Analyst coverage attention

专业主编：陈立敏

中国对外直接投资、技术创新与产业结构升级

● 吴先明[1]　侯彦杰[2]*

（1，2　武汉大学经济与管理学院　武汉　430072）

【摘　要】现有的关于中国对外直接投资对产业结构升级影响的文献较少。文章选取了 2003—2015 年中国对外直接投资额前十的省际面板数据，研究对外直接投资对产业结构升级的作用途径，以技术创新作为中介变量，并检验了人力资本和研发强度的调节作用。研究发现：（1）对外直接投资对国内产业结构升级有显著的促进作用；（2）在对外直接投资与产业升级的正向影响中，技术创新具有部分中介作用；（3）人力资本、研发强度正向调节对外直接投资与技术创新的关系。（4）人力资本、研发强度正向调节对外直接投资与产业结构升级的关系。

【关键词】对外直接投资；产业升级；技术创新；人力资本；研发强度

中图分类号：F752.0　　文献标识码：A

一、引言

在国家战略部署下，我国对外直接投资增长迅速，2016 年中国企业对外直接投资 1832 亿美元，连续第二年位列世界第二，成为我国政府战略规划中的重要组成部分。与此同时，我国产业结构也发生了显著变化，历年《中国统计年鉴》公布的 2003—2016 年三次产业产值数据显示：2003 年三次产业产值与国内生产总值的比例分别为 12.3%、45.6%、42%，2016 年三次产业产值与国内生产总值比例分别为 8.6%、39.8%、51.6%。我国"十三五"规划中强调要转变经济发展方式，优化调整产业结构，产业结构优化与升级已是推动我国经济可持续发展的关键因素之一。因此，探讨对外直接投资与产业结构升级之间的关系对于进一步优化调整产业结构具有重要的理论及现实意义。

近年来关于对外直接投资与母国产业结构升级之间的关系已有相关研究。国外早期关于对外直接投资与产业结构升级的研究多集中于发达国家，例如，Ren 和 Li（2010）通过格兰杰因果检验以及协整检验分析了日本对外直接投资及其国内产业结构升级，发现日本对外直接投资与其产业结构升级之间存在长期关系。Advincula（2000）通过对韩国对外直接投资的实证研究发现，其对外投资有助于企业从价值链的低附加值的低端环节向高附加

---

*　通讯作者：侯彦杰，电子邮箱：13026179047@ 163. com。

值的高端环节攀升，从而促进企业生产结构的优化和相关产业的升级。而随着发展中国家在世界经济体下扮演着越来越重要的角色，一些学者也开始关注发展中国家的对外直接投资对母国的产业升级效应。学者们剖析了对外直接投资的产业结构升级效应(尹忠明和李东坤，2015；贾妮莎、韩永辉和邹建华，2014；杨建清和周志林，2013)。中国作为一个处于转型时期的发展中国家，国内已有的实证研究多数是研究对外直接投资与母国产业结构升级两者间的直接关系，辅以相关影响因素作为调节，并未通过加入其他中介变量进行深入探讨。创新是引领发展的第一动力，"十三五"规划也强调必须把创新摆在国家发展全局的核心位置。技术创新的获取无疑会对母国产业升级起到促进作用(Wang，2016；Tao & Sheng，2015；谢婷婷和郭艳芳，2016；刘蓓蕾，2012；安同信等，2017)，因此，本文将对外直接投资、技术创新与产业结构升级纳入一个模型中，探讨技术创新在中国对外直接投资与产业结构升级之间的中介作用，以期鼓励我国企业加大创新研发，从而引导经济产业结构优化。另外，由于我国各地区在人力资本和研发强度等方面存在较大差异，OFDI、技术创新与产业结构升级之间的关系可能也不尽相同。因此，本文选取2003—2015年中国OFDI省际面板数据，结合其他相关因素，研究技术创新对OFDI与产业结构升级关系的影响，以期对OFDI与产业结构升级之间的关系以及作用途径做出一些补充。

二、文献综述

国外学者针对对外直接投资与投资国产业结构调整的关系的研究较早，他们从理论和实证两个层面分析了OFDI对于产业结构升级的影响。在理论层面上，大多数学者们指出OFDI可以促进投资国产业结构优化，并从不同视角分析了其中的作用机制。比较有代表性的是小岛清的边际产业扩张理论(Kojima，1978)，他认为，对外直接投资能够将投资国已经或即将处于比较劣势的产业部门，即边际产业部门转移到国外，可以节约投资国对边际产业的资源投入，有利于投资国集中力量发展比较优势产业和新兴产业，从而促进投资国产业结构升级，产业结构更合理。Cantwell和Tolentino(1990)的技术创新和产业升级理论认为，对外直接投资逐步从资源依赖型向技术依赖型发展，促进了发展中投资国的技术积累，可以提高企业的技术能力，从而对投资国产业结构升级产生促进作用。

在实证层面，学者们基于不同国家的数据，验证了OFDI对投资国产业结构升级的促进作用。例如Blomstrom(2000)用计量模型的方法验证了日本20世纪后半叶的对外直接投资有效促进了日本国内经济结构的变化和产业结构的调整；Barrios，Gorg和Strobl(2005)通过对爱尔兰的对外直接投资数据进行研究后发现，由于跨国公司对中间投入品的需求一部分会从投资国的国内市场获得，从而引致投资国国内产业结构优化升级。Jang & Hyun(2013)运用1992—2008年韩国产业层面的数据，采用广义矩估计实证检验了对外直接投资与国内产业生产率之间的关系，认为对外直接投资可以正向促进国内产业生产率提高，并促进产业结构升级。Chen和Zulkifli(2012)对马来西亚的实证研究表明，对外直接投资与经济增长之间存在长期双向因果关系。可以看出，国外早期关于对外直接投资与产业结构升级的研究多集中于发达国家，而随着发展中国家在世界经济体下扮演着越来越重要的角色，一些学者也开始关注发展中国家对外直接投资对母国的产业升级效应。

国内学者对于我国对外直接投资的研究起步较晚，以理论总结为主。比较有影响的有：江小涓和杜玲（2002）提出对外直接投资会从企业内部的结构调整、产业内部的结构调整、产业之间的结构转移三个层次对母国产业结构产生影响；李优树（2002）从竞争力角度研究发现，发展对外直接投资有助于利用比较优势实现国内产业的优化与升级；汪琦（2004）提出对外直接投资能在资源补缺、传统产业转移、新兴产业成长、产业关联和辐射、海外投资收益等方面发挥积极效应，有力地带动了投资国的产业结构调整和升级。还有学者对文献的前沿边界进行了进一步拓展（张蕴萍，2017）。

关于我国对外直接投资的产业升级效应在实证方面也有一些相关研究，例如王英（2009）以1985—2007年的数据为样本进行分析，结果显示对外直接投资主要通过进口结构、技术进步、就业结构和固定资本四种路径影响我国产业结构的调整；潘颖和刘辉煌（2010）通过我国1990—2007年的数据，运用协整理论、Granger因果关系检验等实证研究，发现我国对外直接投资短期内不能促进产业结构升级，但从长期来看可以促进产业结构升级；王英和周蕾（2013）利用2005—2011年29个省份的面板数据，发现对外直接投资对于我国产业结构升级具有显著促进作用，从作用渠道来看，市场导向型和资源获取型对外直接投资对于产业结构升级都具有显著促进作用，且资源获取型对外直接投资作用略大。杨建清（2015）选取2003—2013年的相关数据，对中国东部、中部、西部地区对外直接投资的产业升级效应进行实证检验和比较分析。研究结果表明，对外直接投资对中国产业升级有一定的促进作用。李东坤和邓敏（2016）实证研究结果表明本地对外直接投资的发展不仅可以提升本地产业结构的合理化水平，还可以通过空间溢出效应显著推进周边尤其是邻接省份产业机构合理化水平的提升。

从国内已有研究来看，近年来的实证研究大致可以分为三类：一是基于国家层面研究对外直接投资的产业结构优化效应，以对外直接投资总量为自变量，研究其对国内产业结构升级的影响；二是以行业数据为样本，研究各行业对外直接投资与国内产业结构升级的关联度；三是以省际面板数据为样本，研究中国东中西部对外直接投资对国内产业结构升级的影响。综上所述，国内已有实证研究多数是研究对外直接投资与母国产业结构升级两者间的直接关系，辅以相关影响因素作为调节，并未通过加入其他中介变量进行深入探讨。因此，同以往文献相比，本文有以下创新：（1）以省际面板数据为样本，将OFDI、技术创新和产业结构升级放在同一框架中，研究各地区OFDI对产业结构升级的效应差异，并重点研究技术创新在OFDI对产业结构升级影响过程中的中介作用。（2）引入人力资本和研发强度作为调节变量，研究其对OFDI、技术创新以及产业结构升级三者之间关系的调节效应。

三、研究假设

1. 对外直接投资与产业结构升级

对外直接投资按动因可分为市场寻求型、资源寻求型、技术寻求型和战略资产寻求型。通过对外直接投资，可以向海外转移过剩产能，释放相关生产因素发展新兴产业；可以获得关键发展资源以克服本国资源禀赋不足，促进国内产业结构调整；而且，对外直接投资也是重要的国际技术溢出渠道，通过对外直接投资，企业可以嵌入国外研发密集区，利用当地研发与技术资源以获取逆向技术溢出，从而提升自身技术实力。技术进步可以从就业结构、供给结构等多方面推动产业结构的升级发展。例如，技术进步带来了行业生产成本的降低，还能促进消费品的不断升级换代，从而拉动产业结构升级进步；不同产业间的技术进步程度也不同，这种技术进步带来的不平衡现象使得不同产业在产业结构整体中所占的地位与比重发生转变，从而带来整个产业结构的优化升级；技术进步还可能促进新兴产业的兴起，也促进了产业结构的优化调整。

一些学者(汪琦，2004；郭志仪和郑钢，2007)从我国对外直接投资经济效应的角度出发，发现OFDI能在资源补缺、边际产业转移、新兴产业成长等方面发挥积极效应，从而有力地带动了投资国的产业结构优化和升级。Liang(2011)采用VAR模型分析日本对外直接投资及其国内产业结构升级，表明日本对外直接投资与其产业结构升级之间存在长期关系。Yang(2015)选取了2003年至2013年的年度数据进行实证检验，表明对外直接投资对中国产业升级具有一定的促进作用。据此，本文提出假设：

H1：对外直接投资促进国内产业结构升级。

2. 技术创新在对外直接投资与产业结构升级的关系间的中介效应

（1）对外直接投资与技术创新。

对外直接投资影响技术创新主要分为两个途径：①对外直接投资是国际技术扩散的重要渠道，对母国的技术进步有着促进作用(Li，2012)。通过对外直接投资，企业可以嵌入国外研发密集区，利用当地研发与技术资源以获取逆向技术溢出，从而提升自身技术实力。②企业进行对外直接投资，进行边际产业的转移获得的利润可以为新产品的研发和新兴产业提供资金支持；另外，通过边际产业向外转移，产业寿命得到延长，减少了母国产业结构调整的成本，有利于生产效率的提高，极大地促进了技术创新(郭凤华，2008)。Lichtenberg和Potterie(2001)拓展了最初的C-H模型，认为对外直接投资也是实现国际技术外溢的一种有效途径，技术落后国家可以通过开展海外投资促进本国的技术进步；赵伟等(2006)采用L-P模型，检验了对外直接投资与我国技术进步之间的关系，结果表明，我国对外直接投资确实能促进国内的技术进步，特别是对R&D资源密集的发达国家和地区的投资，该影响更为显著；Amighini和Rabellotti(2010)发现，发展中国家的跨国公司通过OFDI获得了新知识，这有助于母国的技术赶超；Mani(2013)通过对印度三家汽车公司的分析，得出印度企业对发达国家的直接投资为母公司带来了技术转移。WU和Qiu(2013)从投入和产出的角度分析了对外直接投资对技术创新的影响，结果表明对外直接投资对国内技术创新有积极影响。Zheng(2014)利用2003年至2011年的省级面板数据实证分析，表明对外贸易和对外直接投资对中国的技术创新具有显著的积极作用。据此，本文提出假设：

H2：对外直接投资(OFDI)促进技术创新。

（2）技术创新与产业结构升级。

技术创新是推动产业结构升级的重要驱动力。它可以通过改变需求结构、促进新兴产业兴起、改造传统产业等来推动产业结构升级（Ding，2001），科技创新带来的产业结构调整为各国（地区）带来了希望（贺俊，2014）。技术进步能够降低生产成本，提高相关资源利用率，从而带来需求结构的改变，促进产业结构的调整与优化；技术的不断进步与创新发展会促进社会分工更加精细化和专业化，进而推动新兴产业的兴起和发展；技术创新使得传统产业部门可能采用新技术或工艺来提高其技术水平，甚至促进新产品的诞生，使产业结构发生变革；技术创新还可能促进产业关联。一个产业的技术创新可向前后联系产业传递、扩散，促使其新技术创新的发生，进而导致产业的扩张和收缩。

吕超（2004）等认为技术创新的水平是影响产业结构调整的主要因素，他从需求结构、资源在各产业间的流动、经济增长等几个方面分析了技术创新对促进产业结构升级的影响；侯珺然（2011）通过对日本产业结构升级的分析，指出技术创新通过对传统产业的改造、新兴产业的兴起和主导产业群的培育对日本产业结构升级起到了主导作用；王魁超（2013）通过梳理技术创新与产业结构的有关理论，强调了技术创新对于产业结构调整与升级的重要性；陶爱萍和盛蔚（2015）基于2004—2013年中国31个省的面板数据，技术创新对产业升级具有显著的促进作用。其他学者也通过实证分析，得出科技创新对产业升级有明显的积极作用（Zhou，Zhang，Gu，et al，2016；Wang，Bai & Cheng，2017）。综上所述，本文提出假设：

H3：技术创新对产业结构升级有促进作用。

（3）技术创新在对外直接投资与产业结构升级间的中介效应分析。

Brezis和Krugman（1993）提出了技术发展的"蛙跳"理论，他们认为后发国家可以选择处于技术生命周期成熟前阶段的技术，以新技术为起点，在某些产业实现赶超。"引进+创新"的模式是后发国家可采用的较好方式。

对于中国等发展中国家来说，由于在人才、资金、产业技术尤其是核心产业技术等方面的匮乏，通过对外直接投资获取技术、研发和创新能力等战略性资产无疑会对母国产业升级起到促进作用。跨国公司在发达国家获得的先进技术可以通过内部传递或外部溢出两种方式逆向转移至母国，在通过对引进技术学习、消化和吸收而不断积累起来的技术能力的推动下以及产业不断升级对技术的进一步需求的拉动下，熟练掌握引进的先进技术或者在吸收消化国外先进技术的基础上创新出本土化的技术，进而促进母国企业、产业和国家整体技术水平的提升，逐渐形成了以高新技术产业为先导、基础产业和制造业为支撑、服务业全面发展的产业格局。据此，本文提出假设：

H4：技术创新在对外直接投资对产业结构升级的影响中起到中介作用。

3. 人力资本和研发强度的调节作用

（1）人力资本的调节作用。

对外直接投资是获取国际技术溢出的一条重要渠道，对技术进步具有正向的促进作用（Driffield，2008）。跨国公司通过在知识密集型地区进行直接投资，可以获取东道国的人才、技术和知识要素，提高企业技术创新水平，促进母公司和母国行业技术进步；Li（2010）从吸收能力的角度分析了对外直接投资的逆向技术溢出效应，OFDI显著提升了中国的全要素生产率，但效果受到人力资本和研发投入的影响；苏文喆和李平（2014）运用门槛检验方法，实证研究得出当地区人力资本跨过一定门槛后，OFDI对中国部分地区技术创新的作用效果会显著提高；鲁万波等（2015）通过实证研究发现，对外直接投资促进了国内创新能力的提升，人力资本正向调节两者间的关系；Wang（2016）通过对2005年至2013年52个东道国的面板数据分析，发现东道国的人力资本是OFDI逆向技术溢出的重要积极因素；赵宸宇和李雪松（2017）基于中国上市公司微观数据的实证研究，结果表明对外直接投资有助于提高中国企业的技术创新能力，人力资本投入越高，专利相对越多。根据上述文献，本文提出假设：

H5a：人力资本正向调节对外直接投资对技术创新的积极影响。

人力资本对产业结构升级起着推动作用。人力资本的缺乏之一是技术技能的缺乏，从而使他们在当今竞争激烈的市场经济中处于弱势地位（陈岱云，2016）。人力资本积累对社会生产效率具有积极影响，人力资本水平的提升有利于产业结构升级。Chen和Yang（2014）指出，人力资本水平的提高必然会产生更高级的人力资本，带来新的产业形态的增长，人力资本结构优化也有助于产业结构的优化；胡伯清（2014）以2003—2010年省际面板数据为样本，地区的人力资本水平对逆向技术溢出有显著的影响，当它达到或超过某一门槛值时，将引发积极的逆向技术溢出；霍忻（2016）的研究发现我国对外直接投资逆向技术溢出的产业升级效应受到人力资本、产权政策等因素的多重影响；王丽和韩玉军（2017）运用2003—2015年中国31个省（市）的样本数据进行实证检验，发现对外开放度、金融发展水平、人力资本和基础设施状况等都是促进产业结构优化的积极因素。基于以上文献，本文提出假设：

H5b：人力资本正向调节对外直接投资对产业结构升级的积极影响。

（2）研发强度的调节作用。

OFDI的逆向技术和知识溢出效应存在地区差异，其主要原因是各地区吸收能力的不同，吸收能力被认为是影响知识溢出效应的关键因素（Cohen，1990）。研发水平越高，地区的知识吸收能力越强，越能有效促进技术溢出效果的发挥。Keller（2001）也指出，研发投入越大，吸收国际技术溢出的效果越好。李梅和柳士昌（2012）基于2003—2009年中国省际面板数据对OFDI逆向技术溢出的地区差异和门槛效应进行了研究，他们从研发强度、经济发展、对外开放程度等六个方面测算了引发积极逆向技术溢出效应的门槛水平。朱陈松等（2015）以企业为对象进行实证研究，结果表明在企业研发强度达到某一门槛值后，能够实现企业投资经营过程中逆向技术溢出效应。据此，本文提出假设：

H6a：研发强度正向调节对外直接投资对技术创新的积极影响。

研发投入的提高会对产业结构升级产生积极影响。研发投入的增加可能使得生产效率提高，企业产出增加，从而优化和升级产业结构；研发投入的增加还可能会催生出具有创新力的商品，激发出全新的商业模式，推动产业的转型升级。曹荣鹏（2015）发现研发支出（研究与开发费用占GDP的比率）对产业结构升级具有显著的正向影响效应，霍忻（2016）通过实证研究发现我国对外直接投资逆向技术溢出的产业升级效应受到技术差距、研发强度和产权政策等因素的多重影响。基于以上文献，本文提出假设：

H6b：研发强度正向调节对外直接投资对产业结构升级的积极影响。

综上所述，本研究构建的理论模型如图1所示。

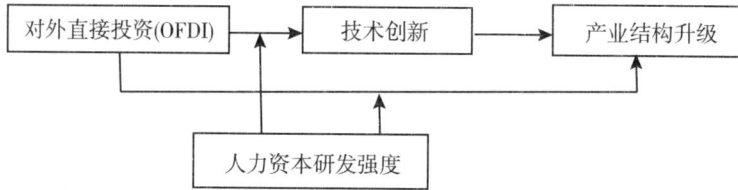

图 1　研究模型

四、研究设计

1. 研究样本选择与数据收集

我国地区经济发展不平衡，各省开展对外投资的水平和速度表现出很大的差异性。由于我国地区经济发展的不平衡，不同省份开展的时间不同，数额也有巨大差异。如果选用全部 31 个省（自治区、直辖市）的数据，一是会造成非平衡面板数据，二是有的省份数量少，并不能解释和说明经济问题，而且会影响实证分析的结果。因此，本文选取的是在 2015 年公布的对外直接投资存量前十的省份（合计占地方存量 80.3%），分别是广东省、上海市、北京市、山东省、江苏省、浙江省、辽宁省、天津市、福建省和湖南省，各省份的对外直接投资数据均来自 2003—2015 年国家统计局公布的《中国对外投资统计公报》，其他数据均来自 2003—2015 年《中国科技统计年鉴》《中国劳动统计年鉴》和《全国科技经费投入统计公报》。此外，我国各省市对外直接投资的数据是从 2003 年才开始统计并对外公布的，因此统计数据区间为 2003—2015 年，采用 stata12.0 作为计量分析软件。

2. 变量的测量

（1）因变量，产业结构升级指标（IUI）。它主要是指产业结构的改善和产业素质与效率的提高。产业结构的改善表现为产业的协调发展和结构的提升；产业素质与效率的提高表现为生产要素的优化组合、技术水平和管理水平以及产品质量的提高。中国学者测度产业升级主要是采用指标法：陈静（2003）用第三产业占 GDP 的比重衡量产业升级水平，也可以构建产业升级指标体系来衡量产业升级，如程如轩（2001）认为有三级指标来衡量产业升级优化：产业结构变动、就业结构变动和产业部门贡献率等。这些指标有的比较简单，如第三产业占比和非农化水平，有的指标有人为确定的权重系数，如产业结构层次法。本文借鉴周昌林、魏建良（2007）测度产业升级的方法，他们认为产业结构的演进和升级是伴随着分工和专业化的深入而进行的，劳动生产率的提高是分工和专业化不断变化的结果，因此用各产业水平值和各产业产值在 GDP 的比重乘积之和来表示。产业水平值用产业中的劳动生产率来表示，在本模型中用一二三产业的劳动生产率乘以各自在 GDP 的比重加权后来表示。此外，为了避免产业内高低生产率的差异，在实际计算中对劳动生产率组做开方处理．

（2）自变量，对外直接投资水平（OFDI）。考虑到 OFDI 对于一国产业结构的调整具有滞后作用，故采用非金融 OFDI 的存量数据来衡量，并经年均汇率调整。

（3）中介变量，技术创新（TI）。企业技术创新的产出能力反映其各种要素组合产生的实际成效，因此该指标是评价企业技术创新能力最直接、最重要的指标。在现有文献中广泛使用的创新产出衡量指标有新产品销售收入、专利授权数量、专利申请和科技项目数等。基于数据可获得性的考虑，本文参照王雷和桂成权（2015）、赵宸宇和李雪松（2017）的研究，选择各地区专利授权数量作为创新产出的衡量指标。

（4）调节变量，人力资本和研发强度（hc 和 rd）。国际上对人力资本存量的测算，通常采用 Barro 和 Lee（1993）提出的劳动力平均受教育年限来近似计算。本文在具体计算时，把小学、初中、高中和大专及以上的受教育年限分别记为 6 年、9 年、12 年和 16 年，则各省份人力资本存量（H）的计算公式为：小学比重×6+初中比重×9+高中比重×12+大专及以上学历比重×16。研发强度指标方面，本文采用地区研发支出与生产总值之比的方法来测算，公式为 $rd_{it} = R\&D_{it}/GDP_{it}$。

（5）控制变量。外商直接投资额（FDI），用外商直接投资存量表示；对外贸易额（FI），用货物进出口总额表示；固定资产投资额（IFA）。所有控制变量均经年均汇率调整。

五、数据分析与假设检验

1. 模型检验与回归方法选择

（1）表 1 为主要变量数据的相关系数矩阵与多重共线性分析。为了控制异方差问题，本文对方差较大的自变量、控制变量及中介变量均作对数处理。从表 1 中可知，各变量的相关系数均小于 0.8，但部分大于 0.7。进一步对各模型进行方差膨胀因子分析（VIF），发现各模型中变量的方差膨胀因子最大值为 3.95，远小于阈值 10，说明模型中不存在严重的多重共线性问题。本文借鉴其他学者的处理方法（董维维，庄贵军，王鹏，2012；高洪利，李莉，陈靖涵，解立，2017；俞颖，苏慧琨，李勇，2017）对调节变量进行中心化处理，然后构建自变量与调节变量的交互项，以克服其与主变量间的多重共线性问题。

表 1　　　　　　　　　　　　　　描述性统计与相关系数分析

	Mean	S. D	Iui	lnofdi	lnnpg	lnfdi	Lnft	lnifa	Hc	rd
Iui	2.9392	0.7232	1.000							
Lnofdi	4.9399	1.8417	0.713***	(2.29)						
Lnnpg	10.1509	1.1620	0.550***	0.649***	(3.95)					
Lnfdi	6.4802	0.6791	0.530***	0.658***	0.722***	1.000				
Lnft	9.1828	1.1398	0.512***	0.678***	0.763***	0.695***	1.000			
Lnifa	8.0693	0.5838	0.024	0.472***	0.718***	0.651***	0.615***	1.000		
Hc	9.9953	1.3148	0.701***	0.457***	0.263***	0.097	0.346***	-0.230***	(2.82)	
Rd	1.8901	1.3540	0.593***	0.536***	0.430***	0.252***	0.458***	0.037	0.772***	(2.41)

注：*、**、***分别表示相关系数在 10%、5%、1% 水平上显著，括号内为方差膨胀因子。

（2）回归方法。在对本文的面板数据进行了固定效应还是随机模型的选择。对各模型进行 Hausman 检验，各模型检验统计量的伴随概率（p 值）都小于 0.01，拒绝了原假设，表明随机效应与解释变量无关，各模型应该选择固定效应模型。由于面板数据容易出现异方差与自相关，为了增加模型估计的有效性，采用带有怀特异方差调整的广义最小二乘法（GLS）进行回归分析。

此外，本文进一步进行了内生性检验，采用两阶段最小二乘法（2SLS）和"杜宾-吴-豪斯曼检验"（Durbin-Wu-Hausman Test，DWH）进行内生性检验。同时，参考连玉君等（2008）以内生变量的滞后项作为工具变量的做法，本研究使用对外直接投资额（OFDI）的滞后一期作为工具变量。DWH 内生性检验的结果显示，各模型的该项检验 P 值都大于 0.05，即不能拒绝"所有解释变量均为外生、不存在内生变量"的原假设，说明本研究的计量模型不存在内生性问题。

2. 回归结果分析

（1）对外直接投资与产业结构升级：技术创新的中介效应检验。

本文依据温忠麟等（2004）提出的中介效应检验程序及判断标准来考察技术创新在对外直接投资与产业结构升级间是否具有中介效应，检验结果如表 2 所示。

表 2 中的模型 1 是产业结构升级对控制变量的回归。模型 2 在模型 1 的基础上加入了对外直接投资额，回归结果表明，在控制了相关变量后，对外直接投资对产业结构升级有显著的正向影响（$\beta = 0.2662$，$p < 0.01$），该结论支持了本研究的 H1。模型 3 表明在控制了相关变量后，对外直接投资对技术创新具有显著的正向影响（$\beta = 0.2511$，$p < 0.01$），该结果支持 H2。模型 4 表明技术创新与产业结构升级显著正相关（$\beta = 0.3861$，$p < 0.01$），H3得证。模型 5 在模型 2 的基础上加入技术创新进行回归分析，可以发现，对外直接投资对产业结构升级的影响系数从 0.2662（$p < 0.01$）降到了 0.1995（$p < 0.01$），这表明技术创新在对外直接投资与产业结构升级间起着部分中介作用，H4 得以证明。进一步用 Sobel 进行检验，介导的总效应百分比为 32.23 %，部分中介效应显著。

表 2　　　　　　　　　　　　技术创新的中介效应检验结果

模型	1	2	3	4	5
因变量	Iui	Iui	lnnpg	Iui	Iui
Lnfdi	0.2981*** (3.08)	0.0190 (0.20)	−0.2362* (−1.96)	0.2876 (3.32)	0.0817 (0.88)
Lnft	0.0336 (0.18)	−0.0853 (−0.51)	0.297 (1.42)	−0.1244 (−0.72)	−0.1642 (−1.02)
Lnifa	4.0193*** (4.93)	1.4973*** (1.81)	3.6660*** (3.55)	1.6851*** (2.00)	0.5239 (0.63)
Lnofdi		0.2662*** (6.02)	0.2511*** (4.56)		0.1995*** (4.39)

模型	1	2	3	4	5
因变量	Iui	Iui	lnnpg	Iui	Iui
Lnnpg				0.3861***	0.2655***
				(5.52)	(3.76)
组内 R^2	0.7811	0.8332	0.8737	0.8266	0.8515
组间 R^2	0.0195	0.0188	0.8783	0.0188	0.0174
总体 R^2	0.0054	0.0846	0.6759	0.0471	0.2300
F 值	24.43***	16.16***	13.53***	17.40***	17.54***

注: * 、** 、*** 分别表示相关系数在 10% 、5% 、1% 水平上显著，括号内为方差膨胀因子。

（2）人力资本和研发强度的调节作用。

本研究利用自变量与调节变量的交互项来检验调节作用，检验结果如表3所示。首先是人力资本的调节作用，模型8中交互项系数显著为正（$\beta = 0.0474$，$p < 0.01$），证明人力资本正向调节对外直接投资对技术创新的积极影响，H5a 得证；模型7表明，交互项的系数显著为正（$\beta = 0.0242$，$p < 0.05$），证明人力资本正向调节对外直接投资对产业结构升级的积极影响，H5b 得证。

其次是研发强度的调节作用。模型11中交互项系数为 0.0607（$p < 0.01$），显著为正，证明研发强度在对外直接投资与技术创新之间起正向调节作用，H6a 成立；模型10中交互项系数显著为正（$\beta = 0.0208$，$p < 0.1$），研发强度正向调节对外直接投资对产业结构升级的积极影响，H6b 成立。

表3   **hc 和 rd 的调节效应检验结果**

模型	6	7	8	9	10	11
因变量	Iui	Iui	lnnpg	iui	iui	Lnnpg
Lnfdi	0.0557	-0.0019	-0.2771**	-0.015	0.041	-0.172
	(0.57)	(-0.02)	(-2.39)	(-0.15)	(0.43)	(-1.56)
Lnft	-0.1145	-0.1146	0.2397	-0.2061	-0.0913	0.2797
	(-0.69)	(-0.69)	(1.19)	(-1.11)	(-0.55)	(1.47)
Lnifa	1.0984	1.9175**	4.4890***	1.7399**	1.5064*	3.6927***
	(1.31)	(2.28)	(4.41)	(2.07)	(1.84)	(3.93)
Lnofdi	0.2429***	0.2575***	0.2341***	0.2653***	0.2725***	0.2697***
	(5.39)	(5.88)	(4.41)	(6.03)	(6.22)	(5.36)
hc	0.1311**					
	(2.05)					

模型	6	7	8	9	10	11
因变量	Iui	Iui	lnnpg	iui	iui	Lnnpg
rd				0.0558 (1.47)		
Lnof×hc	0.0242 ** (2.09)	0.0474 *** (3.38)				
Lnof×rd					0.0208 * (1.97)	0.0607 *** (5.01)
组内 R^2	0.8391	0.8393	0.8851	0.8363	0.8387	0.8963
组间 R^2	0.0000	0.0289	0.8587	0.0376	0.0172	0.8800
总体 R^2	0.2086	0.0498	0.6360	0.0626	0.0868	0.6831
F 值	10.6 ***	17.07 ***	15.87 ***	15.08 ***	15.99 ***	17.02 ***

注：* 、**、***分别表示相关系数在 10%、5%、1% 水平上显著，括号内为方差膨胀因子。

3. 稳健性检验

产业结构升级会因指标构建体系的不同而得到不同结果。本文用第三产业占 GDP 的比重衡量产业升级水平（陈静，2003）来代替文中所用衡量指标来检验本研究的稳健性，第三产业占 GDP 比重用 prop 表示。表 4 列出了关键的回归结果，将模型 2 和模型 3 对比可以看出，在加入中介变量技术创新之后，对外直接投资对产业结构升级的影响系数 $\beta = 0.0161(p<0.01)$，变得不显著，表明技术创新起着完全中介作用。模型 4~7 则是人力资本和研发强度的调节效应的检验，各交互项系数均显著($\beta = 0.0474$，$p<0.01$；$\beta = 0.0084$，$p<0.01$；$\beta = 0.0607$，$p<0.01$；$\beta = 0.0056$，$p<0.01$），表明本研究的其他假设同样成立，原有分析结果稳健有效。

表4　　　　　　　　　　　　稳健性检验结果

模型	1	2	3	4	5	6	7
因变量	Prop	Prop	Prop	lnnpg	Prop	lnnpg	Prop
Lnfdi	0.0136 (1.16)	−0.0033 (−0.26)	0.0071 (0.58)	−0.2771 ** (−2.39)	−0.0106 (−0.93)	−0.1720 (−1.56)	0.0026 (0.21)
Lnft	0.0124 (0.54)	0.0052 (0.23)	−0.0079 (−0.38)	0.2397 (1.19)	−0.0050 (−0.25)	0.2797 (1.47)	0.0036 (0.17)
Lnifa	0.0662 (0.67)	−0.0865 (−0.78)	−0.2483 * (−2.31)	0.0449 *** (4.41)	0.0601 (0.60)	3.6927 *** (3.93)	−0.0841 (−0.81)

模型	1	2	3	4	5	6	7
因变量	Prop	Prop	Prop	lnnpg	Prop	lnnpg	Prop
Lnofdi		0.0161 *** (2.71)	0.0050 (0.85)	0.2341 *** (4.41)	0.0131 ** (2.51)	0.2697 *** (5.36)	0.0178 *** (3.19)
Lnnpg			0.0441 *** (2.81)				
Lnof×hc				0.0474 *** (3.38)	0.0084 *** (6.14)		
Lnof×rd						0.0607 *** (5.01)	0.0056 *** (4.15)
组内 R^2	0.1953	0.2432	0.3700	0.8851	0.4302	0.8963	0.3417
组间 R^2	0.0067	0.0498	0.0003	0.8587	0.0636	0.8800	0.0919
总体 R^2	0.0138	0.0674	0.0032	0.6360	0.1018	0.6831	0.1184
F 值	88.45 ***	75.73 ***	89.94 ***	15.87 ***	85.81 ***	17.02 ***	73.43 ***

注：*、**、***分别表示相关系数在10%、5%、1%水平上显著，括号内为方差膨胀因子。

六、讨论与结论

通过以上实证分析，本文得出以下结论：(1)对外直接投资对产业结构升级有促进作用，这与以往研究学者得出的研究结论一致。(2)技术创新在对外直接投资与产业结构升级之间起着中介作用。对外直接投资可以通过逆向技术溢出提高我国的技术创新能力，进而影响国内产业结构升级；(3)人力资本和研发强度正向调节对外直接投资与技术创新的关系。人力资本和研发强度均为吸收能力指标，地区吸收能力会影响对外直接投资的逆向技术溢出的吸收与转化，从而对提升国内技术创新能力造成差异，这与李梅等学者的研究结论保持一致。(4)人力资本和研发强度正向调节对外直接投资与产业结构升级的关系。

现有文献大多是单独研究OFDI对产业结构升级的影响，或者是OFDI逆向技术溢出引起的母国技术创新，区别于已有研究，本文将三者纳入同一框架，采用2003—2015年我国省际面板数据进行实证分析，讨论了技术创新在OFDI对产业结构升级影响过程中的中介作用，并引入了人力资本和研发强度两个变量，统一分析了它们在OFDI、技术创新和产业结构升级之间关系的作用。结论表明，我国对外直接投资通过技术创新的途径能够引导母国产业结构升级，对OFDI与产业结构升级之间的关系以及作用途径做出了一些补充。

从实践角度看，首先，政府应继续推进"走出去"国家战略，鼓励并推动有竞争力的国内跨国企业开展对外直接投资，尤其是要加大技术获取型对外直接投资力度。其次，提高各区域的基础吸收能力，各地区政府要积极制定政策以促进吸收更多的OFDI逆向技术溢出,从而优化地区产业结构。最后,我国政府应稳步提高国内教育水平和质量,加强自主创新人才建设,积极做好研发人才的选拔、培养和引进工作,增加国内自主研发方面的支持力度和投入强度,积极推动国内各领域和主体的自主创新行为,以期通过技术创新来全面优化地区产业结构。

◎ 参考文献

[1] 安同信,范跃进,曾庆美.新常态下中国利用 FDI 促进产业转型升级的障碍与对策研究——基于日本、韩国的经验[J].济南大学学报(社会科学版),2017(1).

[2] 曹荣鹏.中国企业对外直接投资绩效研究[D].泉州:华侨大学学位论文,2015.

[3] 陈静,叶文振.产业结构优化水平的度量及其影响因素分析——兼论福建产业结构优化的战略选择[J].中共福建省委党校学报,2003(1).

[4] 陈岱方,陈希.城市贫困人口的人口学特征及其防贫研究[J].清华大学学报(哲学社会科学版),2016(6).

[5] 董维维,庄贵军,王鹏.调节变量在中国管理学研究中的应用[J].管理学报,2012,9(12).

[6] 高洪利,李莉,陈靖涵,等.政府研发支持行为影响高科技企业外部融资吗——基于组织合法性理论的解释[J].南开管理评论,2017(6).

[7] 贺俊.技术创新、制度创新与产业升级——"产业政策与创新"两岸学术研讨会会议综述[J].中国工业经济,2014(9).

[8] 侯珺然.基于技术创新的日本产业结构升级探析[C]// 全国日本经济学会 2011 年年会暨灾后重建与经济社会发展学术研讨会,2011.

[9] 胡柏清.我国对外直接投资逆向技术溢出效应研究[D].长沙:湖南大学学位论文,2014.

[10] 霍忻.中国对外直接投资逆向技术溢出的产业结构升级效应研究[D].北京:首都经济贸易大学学位论文,2016.

[11] 贾妮莎,韩永辉,邹建华.中国双向 FDI 的产业结构升级效应:理论机制与实证检验[J].国际贸易问题,2014(11).

[12] 赖永剑,贺祥民.外资企业空间聚集与内资企业出口产品质量——基于 270 个城市的空间动态面板数据模型[J].云南财经大学学报,2018(1).

[13] 李东坤,邓敏.中国省际 OFDI,空间溢出与产业结构升级——基于空间面板杜宾模型的实证分析[J].国际贸易问题,2016(1).

[14] 李梅,柳士昌.对外直接投资逆向技术溢出的地区差异和门槛效应——基于中国省际面板数据的门槛回归分析[J].管理世界,2012(1).

[15] 李优树.对外直接投资与企业国际竞争力[J].同济大学学报(社会科学版),2002,13(6).

[16] 鲁万波,常永瑞,王叶涛.中国对外直接投资、研发技术溢出与技术进步[J].科研管理,2015,36(3).

[17]潘颖,刘辉煌.中国对外直接投资与产业结构升级关系的实证研究[J].统计与决策,2010(2).

[18]苏文喆,李平.对外直接投资对中国技术创新影响的地区非线性研究[J].中国科技论坛,2014(10).

[19]陶爱萍,盛蔚.金融发展、技术创新与产业升级[J].工业技术经济,2015(11).

[20]王魁超.技术创新对我国产业结构升级的推动作用研究[D].锦州:渤海大学学位论文,2013.

[21]王丽,韩玉军.OFDI逆向技术溢出与母国产业结构优化之间的关系研究[J].国际商务(对外经济贸易大学学报),2017(5).

[22]汪琦.对外直接投资对投资国的产业结构调整效应及其传导机制[J].国际贸易问题,2004(5).

[23]王英,周蕾.我国对外直接投资的产业结构升级效应——基于省际面板数据的实证研究[J].中国地质大学学报(社会科学版),2013,13(6).

[24]温忠麟,张雷,侯杰泰,等.中介效应检验程序及其应用[J].心理学报,2004,36(5).

[25]谢婷婷,郭艳芳.环境规制、技术创新与产业结构升级[J].工业技术经济,2016,35(9).

[26]徐伟.国有控股公司控股方行为及其治理绩效实证研究[M].北京:经济科学出版社,2016.

[27]徐伟,张荣荣,刘阳,等.分类治理、控股方治理机制与创新红利——基于国有控股上市公司的分析[J].南开管理评论,2018(3).

[28]杨建清.中国对外直接投资产业升级效应的区域比较研究[J].云南财经大学学报,2015(2).

[29]杨建清,周志林.我国对外直接投资对国内产业升级影响的实证分析[J].经济地理,2013,33(4).

[30]尹忠明,李东坤.中国对外直接投资对国内产业升级的作用机理——基于不同投资动机的探讨[J].北方民族大学学报,2015(1).

[31]俞颖,苏慧琨,李勇.区域金融差异演进路径与机理[J].中国工业经济,2017(4).

[32]张蕴萍,陈言,张明明.中国货币政策对城乡收入结构的非对称影响[J].学习与探索,2017(10).

[33]赵宸宇,李雪松.对外直接投资与企业技术创新——基于中国上市公司微观数据的实证研究[J].国际贸易问题,2017(6).

[34]赵伟,古广东,何元庆.外向FDI与中国技术进步:机理分析与尝试性实证[J].管理世界,2006(7).

[35]周昌林,魏建良.产业结构水平测度模型与实证分析——以上海、深圳、宁波为例[J].上海经济研究,2007(6).

[36]朱陈松,张晓花,朱昌平,等.对外直接投资逆向技术溢出与企业研发强度:基于门槛效应的研究[J].科技进步与对策,2015(15).

[37] Amighini, A. A., Rabellotti, R. Outward FDI from developing country MNEs as a channel for technological catch-up[J]. *Social Science Electronic Publishing*, 2010, 23(2).

[38] Barrios, S., Görg, H., Strobl, E. Foreign direct investment, competition and industrial development in the host country[J]. *European Economic Review*, 2005, 49(7).

[39] Blomstrom, M., Konan, D. E., Lipsey, R. E. FDI in the restructuring of the Japanese economy[J]. *Social Science Electronic Publishing*, 2000.

[40] Brezis, E. S., Krugman, P. R., Tsiddon, D. Leapfrogging in international competition: A theory of cycles in national technological leadership[J]. *American Economic Review*, 1993, 83(5).

[41] Cantwell, J., Tolentino, P. E. E. Technological accumulation and third world multinationals[M]. University of Reading. Department of Economics, 1990.

[42] Chen, J. E., Zulkifli, S. A. M. Malaysian outward FDI and economic growth[J]. *Procedia-Social and Behavioral Sciences*, 2012, 65.

[43] Chen, J., Yang, F. Human capital heterogeneity and regional industrial upgrading: An analysis based on the latest research literature[J]. *Journal of Zhejiang University*, 2014, 44 (5).

[44] Driffield, N., Love, J. H., Taylor, K. Productivity and labour demand effects of inward and outward FDI on UK industry[J]. *Manchester School*, 2008, 77(2).

[45] Jang, Y. J., Hyun, H. J. Comparative advantage, Outward foreign direct investment and average industry productivity: Theory and evidence[J]. *Korean Economic Review*, 2013, 31 (2).

[46] Jian-Jun, W. U., Qiu, Y. A research of the technological innovation effect through China's outward direct investment: From the perspective of the R&D inputs and outputs[J]. *Modern Economic Science*, 2013.

[47] Li, M. Human capital, R&D input and OFDI's reverse technology spillovers[J]. *World Economy Study*, 2010(10).

[48] Mani, S. Outward foreign direct investment from India and knowledge flows, the case of three automotive firms[J]. *Asian Journal of Technology Innovation*, 2013, 21(sup1).

[49] Tao, A., Sheng, W. Financial development, Technological innovation and industrial upgrading[J]. *Journal of Industrial Technological Economics*, 2015(11).

[50] Wang, C., Wang, L., Management, S. O., et al. The influences on OFDI's reverse technology spillovers from innovation of the host country—the moderating effect of institutional distance[J]. *Technology & Innovation Management*, 2016, 37(6).

[51] Wang, Y., Bai, X., Cheng, Y. Endowment Structure, Technological Innovation and Industrial Structure Upgrading[C]// Portland International Conference on Management of Engineering and Technology, 2017.

[52] Yang, J. Q. A comparative study on the regional industrial upgrading effect of China's outward foreign direct investment[J]. *Journal of Yunnan University of Finance & Economics*,

2015(2).

[53]Zhou, K., Zhang, B., Gu, Z., et al. The Impact of Scientific and Technological Innovation on Industrial Upgrading—Empirical Analysis based on Provincial Panel Data of China[J]. *Journal of Industrial Technological & Economics*, 2016, 35(8).

Outward FDI, Technological Innovation and Industrial Upgrading

Wu Xianming[1]   Hou Yanjie[2]

(1, 2 Economics and Management School of Wuhan University, Wuhan, 430072)

Abstract: The existing literature on the impact of China's outward foreign direct investment on the upgrading of industrial structure is scarce. This paper selects the top 10 provincial inter-provincial panel data of China's OFDI from 2003 to 2015, investigates the ways in which OFDI plays an important role in upgrading the industrial structure. Technological innovation serves as an intermediary variable and tests the regulatory role of human capital and R&D intensity. The findings are as follows: (1) OFDI plays a significant role in promoting the upgrading of domestic industrial structure; (2) Technological innovation plays a partial mediating role in the positive impact of OFDI and industrial upgrading; (3) Human capital and R&D strength positively regulate the relationship between OFDI and technological innovation. (4) Human capital and R&D intensity positively regulate the relationship between OFDI and upgrading of industrial structure.

Key words: Outward FDI; Industrial upgrading; Technological innovation; Human capital; R&D intensity

专业主编：陈立敏

母子公司知识转移渠道、研发协同与产品创新绩效关系研究

——吸收能力的调节作用 *

● 陈志军[1] 马鹏程[2] 董美彤[3]

(1, 2, 3 山东大学管理学院 济南 250100)

【摘 要】研发协同是母子公司协同运作的重要形式,丰富的知识转移渠道是进行有效研发协同的前提。本文从知识基础观出发,构建了知识转移渠道的不同形式对母子公司研发协同以及子公司产品创新绩效影响的理论模型,并考虑潜在吸收能力和实际吸收能力在主效应中的调节作用。经实证研究发现:正式与非正式知识转移渠道均能促进母子公司研发协同,且二者存在显著的互补效应;母子公司研发协同与子公司产品创新绩效显著正相关,且在正式知识转移渠道与产品创新绩效之间起部分中介作用;潜在吸收能力强化了知识转移渠道与母子公司研发协同间的正向关系,实际吸收能力进一步促进了母子公司研发协同对子公司产品创新绩效的正向作用。本文研究拓展了母子公司研发协同的前置因素,验证了不同吸收能力的作用环节以及作用方式在研发协同过程中的差异性,丰富了吸收能力理论在集团研究中的应用,也为产品创新实践提供理论指导。

【关键词】母子公司;研发协同;知识转移渠道;吸收能力

中图分类号:F270 文献标识码:A

1. 引言

创新是引领社会发展的第一动力,而企业是创新最为重要的主体之一。企业形式多种多样,我国大企业主要表现为集团制经营,由多个企业构成,而非单体公司。相关研究表明,企业集团在新兴市场经济中扮演着主要的角色(Khana & Yafeh, 2007;黄俊和张天舒,2010),相比于单体企业,隶属于企业集团的子公司是更重要的创新主体,但现有文献对

---

* 本文是国家自然科学基金面上项目"企业集团内部网络特征与子公司技术创新关系研究"(项目批准号:71672102);省部级——山东省社会科学规划研究项目重点项目"企业集团内部管理模式与子公司技术创新的关系研究"(项目批准号:18BSJJ14)的阶段性成果。

通讯作者:董美彤,E-mail:dongmt1127@163.com。

子公司创新的研究相比于单体企业来讲较少，使研究子公司创新这一话题变得日益迫切。

在竞争环境日趋复杂的情况下，仅仅依靠企业内部资源已无法满足企业不断发展的需求，创新转化为企业间交互、合作的动态过程，因此企业间合作研究成为产品创新的有效形式（Maggitti et al.，2013）。相较于单体企业，集团隶属子公司在寻求企业间合作研发的过程中，除了与集团外部独立企业的纵向合作研发（与供应商、科研机构等的研发合作）外，也可以从母公司获取知识、技术等资源，通过与母公司的合作研发实现产品创新（陈志军等，2014）。母子公司研发协同是集团内合作研发的重要表现形式之一，其通过制度协同、技术协同以及信息协同三个有效机制实现（陈志军等，2018），与外部企业的合作创新相比，母子公司间的研发协同建立在相互依赖与信任的合作关系上，二者的长期交往促进了彼此间知识、技术和信息的交流与分享（Andersson et al.，2007；Ciabuschi et al.，2007）；与此同时，母子公司间所具有的互惠特性也降低了双方在合作过程中的机会主义行为（Kim & Lui，2015），在拓展子公司企业研发合作伙伴范围的同时提高了合作研发的质量，使其相对于单体企业具有天然的优势（Figueiredo，2011）。Oehmichen 和 Puck（2016）的研究也指出，母公司是集团隶属企业获取创新资源的重要渠道，母公司的资源提供促进了各成员企业绩效的提高。

如上文所述，母子公司研发协同是集团内合作研发协同运作的重要表现形式，促进了知识在组织间的高效利用，进而提升了创新的效率和质量，探究母子公司研发协同的实现过程兼具理论与实践意义。首先，基于知识基础观的视角，母子公司间研发协同过程依赖于二者知识转移机制（陈志军等，2017），但现有研究大多聚焦于母公司管控策略，较少探究合作双方的互动过程和行为，而正式与非正式的知识转移机制是实现研发合作的重要基础（徐笑君等，2010；Buckley et al.，2005）。此外，正式与非正式的知识转移机制在研发协同过程中的单独以及交互作用也值得进一步探讨；其次，以往研究大多将创新绩效作为创新结果的衡量指标，但在企业实践中创新有多种类型，包括组织创新、产品创新、流程创新等多种形式，不同创新类型的实现基础有差异（Ballot et al.，2015），现有研究较少关注研发协同对于特定创新类型的影响，产品创新作为创新实现的主要形式，需要对其进行进一步的细化探索；最后，研发协同的作用链条缺乏权变视角与关键情境变量的引入，吸收能力作为企业将外部知识吸收、转换并利用的关键因素（Rothaermel & Alexandre，2009），能够加强外部知识获取与创新绩效之间的关系（Grimpe & Sofka，2009）。不同类型吸收能力在企业创新过程中发挥的作用有所差异（Zahra & George，2002），但现有研究对实际与潜在两种吸收能力在不同阶段发生的异质性作用尚缺乏数据支持，有待于进行进一步的实证检验。

基于上述逻辑，本研究从知识基础观的视角出发，以集团研发子公司为样本，发现了"知识转移渠道—研发协同—产品创新绩效"这一作用链条，并进一步研究不同知识转移渠道之间可能存在的互补效应；在此基础上引入潜在吸收能力与实际吸收能力，研究两种吸收能力在研发协同的不同阶段发挥的调节作用，以期打开研发协同作用机理以及实现过程的黑箱。本研究可能的贡献在于：（1）拓展母子公司研发协同的前置因素，聚焦于母子公司知识转移渠道，分析并检验了正式与非正式知识转移渠道在集团内部合作研发与促进产品创新绩效过程中发挥的作用，弥补了现有理论的空白；（2）创新性地提出了正式与非正式两种知识转移渠道的互补效应，二者除了可单独促进研发协同外，也可在这一过程中相互补充，促进显性知识与隐性知识的融合，更好地促进产品开发，从而为现有理论提供数据支持；(3)探索两种吸收能力在母子公司研发协同不同阶段的调节作用，证明两种能力的作用环节以及作用方式存在差异性，既丰富了吸收能力理论在集团研究中的应用，也为集团公司的产品创新实践提供了理论支持。

2. 文献基础与研究假设

知识基础观(KBV)强调知识是企业的核心资源，企业的战略优势来源于其获取知识资源的一系列活动，同时企业应拥有有效管理和使用知识的关键能力(Barney，1991；Kogut & Zander，1993；Blomstermo & Harman，2003)。知识的创造和学习均发生在个体层面，只有将其与组织情境相结合，这种对知识的获取、转换和利用才能在企业层面产生。知识在组织中的转移和传播是其得以充分利用的重要前提(肖振红等，2017)，具体在集团情境下，母子公司间的有效知识转移渠道也将成为影响其协同研发效益与效率的重要因素(Kogut & Zander，1993)。

2.1 集团知识转移渠道与母子公司研发协同

知识转移渠道是指集团内母子公司进行知识转移的媒介和途径。借鉴已有文献(徐笑君，2010；关涛，2012)，其大致可分为两大类：第一类是以文字编码传播或嵌入工具为形式，建立正规的体系、文件和统一的标准，如母子公司内部工作手册交换、产品或专利技术转移以及电子数据共享等，将其界定为正式知识转移渠道；第二类是以人际互动或嵌入惯例为形式，在社会化过程中进行知识转移，如面对面访谈、工作轮换、跨部门管理团队等，将其界定为非正式知识转移渠道。交流沟通是企业间合作研发的重要影响因素，有利于企业发现知识的潜在价值，促进显性和隐性知识的共享和转移(Persson，2006；徐笑君，2010)。当正式与非正式的知识转移渠道较丰富时，有利于技术和社会知识在合作双方间的传递和分享，进而提升产品创新过程中的研发协同。

研发协同的本质是在组织间建立研发的协同响应机制，母子公司研发协同是发生在集团母公司与子公司之间的合作研发，具体体现在研发制度协同、研发技术协同和研发信息协同三个方面(陈志军等，2018)。不同于单体企业间的合作，母子公司研发协同建立在长期交往、彼此信任的基础上，更强调集团内部各要素通过相互配合或优势互补，产生各要素单独行为所不能产生的整体效果，并且集团内制度、文化等因素的协同会促使研发成为组织内部一种自发行为(白俊红等，2008)。本文认为，母子公司间的正式知识转移渠道丰富性将提高其研发协同的水平。首先，母公司通过正式知识转移渠道进行研发制度、文件和技术标准等文字信息的传播和转移，共享集团规范和惯例，在集团内部塑造知识共享的企业文化，增进了研发制度协同，促进研发协同过程中合作双方知识、技术的渗透和交融(Liebowitz，2001)，保证了产品创新过程的顺利进行。其次，借助于正式知识转移渠道，母子公司间高强度与高质量的互动能够使产品线、专利、设备等完成高效率的转移(吴松强等，2017)，降低了合作开发过程中潜在的技术壁垒，促进了双方对知识和技术的理解与吸收，进而增强了知识转移效果，提高研发协同效率，促进研发技术协同。最后，电子信息平台等正式知识转移渠道的建立有利于研发信息的共享，母公司作为集团网络中的信息中枢，通过通畅的正式知识转移渠道往往能将有关信息第一时间提供给子公司，促进母子公司研发成员间充分而广泛的交流，提高信息、知识的传播速度和质量，确保及时和全方位研发信息的获得，进而有利于集团内部对知识、技术进行有效整合（Fleming et al.，2007），促进了研发信息协同。

基于此，提出假设：

H1a：母子公司间正式知识转移渠道越丰富，母子公司研发协同程度越高。

母子公司间非正式知识转移渠道的丰富性也将促进研发协同水平提高。首先，非正式知识渠道借助于群体性或人际活动使母子公司间具有更多的信息交换和知识共享的机会，有助于团队合作，明确团队目标（Sparrowe et al.，2001），降低母公司统一研发制度推行过程中的障碍。同时，丰富的非正式知识转移渠道提高了成员彼此间的互动程度，有助于彼此分享价值观、信念，密集的沟通交流在一定程度上也有利于增强团队的协调性（Reagans & Zuckerman，2001），为研发协同奠定了制度基础。其次，人员的流动有利于知识的转移，提高母子公司在研发技术上的协同，如工作轮换、跨部门管理团队等。人员是企业中人的要素，管理与研发相关知识具有较高的人员嵌入性，相关人员的转移可以在很大程度上实现此类知识的传播和转移（Giuliani，2008），同时跨部门研发人员通过与其他部门的合作，保持与各团队中研发人员的良好个人关系（Guler & Nerkar，2012），有助于识别不同团队具有互补知识的人员，通过改善团队结构和形成新团队促进研发技术协同。最后，非正式渠道能够跨越组织间壁垒，促进员工的自由交流和沟通（Krackhardt & Hanson，1993），获得政策、标准外的技术与社会经验，同时获取竞争对手及市场最新的研发信息（Allen，1971），提高集团内部合作双方信息传递的频率和质量，促进母子公司间的信息融合，增进了研发信息协同，提高了研发合作的效率与效果。

基于此，提出假设：

H1b：母子公司间非正式知识转移渠道越丰富，母子公司研发协同程度越高。

2.2 母子公司研发协同与子公司产品创新绩效

研发具有促进内部创新和充分挖掘吸收外部信息的双重功效（Cohen & Levinthal，1989），结合母子公司合作研发的具体情境，本文认为，以母子公司为主体的研发协同能够对子公司产品创新绩效产生正向影响。第一，母子公司在研发制度上的协同使得双方遵从统一的研发流程与制度，降低了二者在合作过程中的沟通与协作成本，加之双方稳定的合作关系（张华，2016），有利于达成合作契约、规避风险和降低不确定性，也使其在合作过程中能够敏锐地捕捉创新机会，提高合作创新的效率（杨颖和李宇啸，2017），提高子公司产品创新绩效；第二，创新活动所需的知识资源具有一定的隐形性和难以复制性，子公司通过研发协同与母公司保持良好的交互环境，有助于其挖掘集团网络中有价值的知识信息，促进关键共性技术注入子公司内部（Okamuro et al.，2011），克服单体企业的创新能力约束，提高子公司新产品开发与新市场开拓的能力，提高子公司产品创新绩效；第三，母子公司共享研发信息而产生的协同能够拓展集团内部获取信息的范围，提升企业的产品开发能力。依托于集团公司内部正式和非正式的知识转移渠道，母子公司间进行频繁的信息沟通，促使子公司更容易获取外部研发信息，准确地把握市场变化趋势，有效地进行产品创新规划（王龙伟等，2006），同时，共享研发信息能够减少企业与市场间的信息不对称，有效提高子公司面对市场的应变能力，缩短了新产品开发的时间，使子公司获得先发优势，提高新产品开发能力，促进绩效提高（Grant，1996；Khanna & Rivkin，2006）。

基于此，提出假设：

H2：母子公司研发协同程度越高，子公司产品创新绩效越好。

2.3 母子公司研发协同在集团知识转移渠道与子公司产品创新绩效间的中介作用

已有研究聚焦于单体企业，认为丰富的知识转移渠道能够直接作用于企业新产品的开发，提高产品创新绩效（Barczak et al.，2007）。考虑集团公司具体情境，本文认为，丰富的知识转移渠道除了直接促进子公司产品创新绩效外，也可以通过影响母子公司间的研发协同进而正向作用于子公司产品创新绩效。一方面，正式的知识转移渠道通过建立正式的研发制度、决策标准和操作流程减少组织间冲突（Dyer & Song，1998），在母子公司之间形成和谐信任的合作氛围，减少合作过程中双方对彼此实施机会主义行为的概率和滥用有价值的知识行为的顾虑（Kim & Lui，2015），保证母子公司协同研发顺利高效进行，进而促进产品创新绩效提高；另一方面，非正式的知识转移渠道有利于成员间彼此分享价值观、信念等，提高企业内部成员对集团目标、企业文化与创新理念的认同，在一定程度上有利于提升团队的协调性（Reagans & Zuckerman，2001），协调性优化了协同研发过程中的知识流动、整合和创造环节，因而有助于及时分析和应对新产品开发过程中出现的问题，提高子公司面对市场的灵活性与应变能力，促进子公司新产品创新绩效。结合上述研究假设H1a、H1b 和 H2，母子公司间正式和非正式的知识转移渠道越丰富，母子公司研发协同程度越高，而研发协同程度越高，子公司产品创新绩效越好。

基于此，提出假设：

H3a：母子公司研发协同在正式知识转移渠道与子公司产品创新绩效间起中介作用。

H3b：母子公司研发协同在非正式知识转移渠道与子公司产品创新绩效间起中介作用。

2.4 正式知识转移渠道与非正式知识转移渠道的交互作用

为研究企业的知识资源如何被创造和利用，Nonaka（1991）依据知识创造的过程将知识分为经验知识、概念知识、系统知识、常规知识。根据 Nonaka（1994）的观点，按知识的可编码程度可将其分为显性知识和隐性知识两类。显性知识是可以通过文字等形式化符号进行编码并可清晰表达的结构化知识，如研发制度、技术、产品设计等；而隐性知识是隐含于过程与行动中且难以阐明的非结构化知识，如个人经验或诀窍、解决问题的方式和组织惯例等。显性知识与隐性知识的不同特性，决定了各自传播方式和转移渠道的差异。一般而言，显性知识更容易通过正式知识转移渠道进行转移（Li et al.，2010），而隐性知识由于其黏滞性和根植性，正式的沟通机制对其传递的促进作用较小，通常借助人员流动、人际沟通等非正式知识转移渠道实现转移（Thomas & Heights，2002；Koskinen & Vanharanta，2002）。在知识的转移与吸收过程中，隐性知识与显性知识并不是完全分离的，存在着知识显隐相互转化与相互促进的可能（王灏，2013）。在集团内部，子公司所获取的显性技术知识可以直接用于产品创新的流程中，促进其与母公司在研发合作过程中知识、技术的融合，同时，隐性知识的传播克服了母子公司间的语境距离，增加企业间共同知识，使显性知识得以被深入、全面地诠释，提高知识获取的有效性，也促进了接收方对知识的吸收与再利用（Grant，1996；Spender，1996）。由此可见，显性知识与隐性知识在公司间知识转移的过程中发挥着相互补充的作用。因此，本文认为，集团内部正式知识转移渠道与非正式知识转移渠道同时存在时，有利于母子公司间知识的高效率转移与利用，进而对协同研发的促进作用更强。

基于此，提出假设：

H4：正式知识转移渠道与非正式知识转移渠道对母子公司研发协同的促进作用相互补充。

2.5 潜在吸收能力与实际吸收能力的调节作用

在企业间知识转移的过程中，涉及企业对外部知识的重新组合和创造，需要组织具备识别知识价值并加以吸收、利用的能力，即组织的吸收能力（Cohen & Levinthal，1989）。已有研究表明，吸收能力在促进知识流动过程中发挥着重要作用，为企业合作研发及创新提供了调节机制（张振刚等，2015）。然而，不同类型吸收能力在知识转移与企业创新过程中发挥的作用不尽相同。Todorova 等（2007）指出，吸收能力体现为两个方面，一是能够识别外部信息与知识并根据知识价值进行筛选，二是通过员工经验或管理机制等方式推动有价值知识的加工与利用。前者注重新知识的获取和同化，是促成协同行为的关键因素（解学梅等，2015），而后者注重知识的加工和利用，是将所获得知识转化为创新成果的重要因素。因此，本文借用Zahra 和 George（2002）对吸收能力的细分，将获取与消化能力统称为潜在吸收能力，转换和利用能力统称为实际吸收能力，进一步探讨不同吸收能力的调节作用。

母子公司间丰富的知识转移渠道为二者的研发协同提供了潜在可能性，在此基础上，跨边界的知识搜索、识别与分析能力成为促进协同行为产生的关键因素。知识获取能力促使子公司在面对可获取的外部显性或隐性知识时，有能力识别、评估和获取新知识。知识获取作为企业吸收知识的初始阶段，决定了所得知识的质量（Skiera et al.，1998）。知识消化能力通过分析、理解过程，进一步将子公司接收到的知识内化为自身的知识。潜在吸收能力是保证知识传播与转移效率的基础（杨慧军和杨建君，2016），能够减少子公司搜寻外部知识的成本，并缓和子公司获取新知识过程中潜在的风险，提高知识通过渠道转移的效率，帮助组织跨越组织与技术边界（Rothaermel & Alexandre，2009），进而更好地实现合作双方知识、技术的渗透和交融，市场信息的融合，以及政策、标准外的技术与社会经验的共享，促进子公司对通过母子公司间知识转移渠道所得知识的利用。综上分析，本文认为潜在吸收能力较强的子公司通过正式或非正式的知识转移渠道能够获得更多的母子公司研发协同行为。

基于此，提出假设：

H5a：潜在吸收能力在正式知识转移渠道与母子公司研发协同间的关系中起着正向调节作用。

H5b：潜在吸收能力在非正式知识转移渠道与母子公司研发协同间的关系中起着正向调节作用。

吸收能力理论认为，吸收新知识可以使组织变得更具有创新性和灵活性，相比不吸收新知识的组织有更高的创新绩效水平（Cohen & Levinthal，1989，1990；Fang & John，2009）。在实践中，部分企业可能拥有很强的获取新知识的潜力，却无法将这些知识真正投入使用（Baker et al.，2003），对此，Zahra 和 George（2002）认为潜在的吸收能力并不能直接带来创新能力的提高，实际吸收能力才是将新知识转化为能力的关键。转换能力根据企业发展的惯例，促进所得知识与原有知识的有效融合，结合良好的企业知识利用能力，使整合后的知识应用于创新性活动中。可见，实际吸收能力中的转换和利用过程促进组织获取的知识直接转化为竞争优势，进而增进产品创新等创新活动。已有研究表明，较高的实际吸收能力能够缩短创新成果的转化周期，提高企业面对环境变化的反应速度与应变能力（张振刚等，2015）。潜在吸收能力是保证知识传播与转移效率的基础，而实际吸收能力是提高知识转移与利用效率的关键。

在以母子公司为主体的集团合作研发过程中，子公司会从母公司处获得更专业复杂的技术、经验等新知识，如何将这些知识转化为自身可利用的知识，并应用于技术更新和产品服务升级过程中，是提升创新绩效的关键（Leal-Rodríguez et al.，2014）。当子公司具有较高水平的实际吸收能力时，能够促进其将从集团网络中挖掘的有价值的知识信息同化为可理解的知识，更好地实现知识重组与更迭，同时，能够促使子公司在合作过程中更敏锐地捕捉到创新机会，提高其新产品开发与新市场开拓的能力，有效地进行产品创新规划，获得先发优势，增益研发协同至新产品创新绩效的促进作用。综上，本文认为，子公司的实际吸收能力更好地促进母子公司研发协同与子公司新产品创新绩效之间的正向关系。

基于此，提出假设：

H6：实际吸收能力在母子公司研发协同与子公司产品创新绩效的关系中起着正向调节作用。

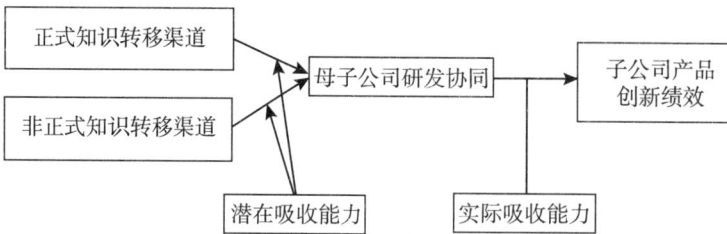

图 1　理论模型与研究假设

3. 研究设计

3.1　样本选择与数据来源

本文采用调查问卷的方法，于 2017 年 7 月至 11 月面向全国隶属于集团的研发子公司发放问卷并回收，问卷填写人主要是被调研企业的（副）总经理、研发部门主管以及其他核心成员。问卷题项采用 5 分制，正式调查阶段共发放问卷 170 份，回收 145 份，删除无效问卷后得到有效问卷 105 份。在抽样方法上，由于针对集团研发子公司的大样本调查难度很大，因此本文采用方便抽样方法。从样本统计情况看，被调查企业有以下特征：在地区分布上，涵盖山东、山西、广东、江苏和海南等地区；在产权性质上，国有企业占 23.8%，外资企业、民营企业等非国有企业占 76.2%；在企业规模上，小规模企业（100 人以内）占 53.3%，中等规模企业（100～300 人）占 32.4%，大规模企业占 14.1%；在企业年龄上，成立不超过 5 年的占 34.3%，超过 10 年的占 53.3%。

3.2　变量测量

3.2.1　被解释变量

产品创新绩效。参考 Ciabuschi et al.（2016）和 Baker（1999）的量表，测量了子公司产品的开发速度、市场占有率等指标，共包括 3 个题项，具体题项如"与贵公司所在行业的其他企业相比，贵公司新产品的开发速度更快"等。该变量信度值 $\alpha = 0.90$。

3.2.2　解释变量

正式知识转移渠道。借鉴徐笑君（2010）的量表，从内部信息交换、电子信息交流平台以及员工培训三个方面测量知识转移渠道的丰富程度，共 3 个题项，具体题项如"贵公司和总部有基于互联网（或内部网）的电子信息交流平台"。该变量信度值 $\alpha = 0.87$。

非正式知识转移渠道。借鉴徐笑君（2010）的量表，从内部讨论会、视频会议、跨部门管理团队、非正式沟通 4 个方面测量知识转移渠道多寡及丰富程度，共 4 个题项，具体题项如"贵公司和总部有频繁的、面对面的工作讨论会（或视频会议）"。该变量信度值 $\alpha = 0.85$。

母子公司研发协同。借鉴陈志军等（2014）开发的研发协同水平量表，测量了母子公司的研发制度协同水平、技术协同水平以及信息协同水平，具体包括"贵公司的制定研发管理制度由母公司统一制定"等 9 个题项。该变量信度值 $\alpha = 0.95$。

潜在吸收能力。参考张洁等（2012）和张振刚等（2015）的量表，描述了组织从外部环境获取知识的过程，共 4 个题项，具体题项如"我们能很快识别新技术知识可能给企业带来的变化"。该变量信度值 $\alpha = 0.84$。

实际吸收能力。参考张洁等（2012）和张振刚等（2015）的量表，描述了组织将已获取的外界知识进行消化与利用的过程，共 4 个题项，具体题项如"我们能很快使用已消化的新技术进行新产品开发"。该变量信度值 $\alpha = 0.82$。

3.2.3　控制变量

本文共选取 8 个控制变量以控制解释变量外的其他因素的干扰，具体说明如下（见表1）：子公司规模可能会影响母子公司合作研发过程（陈志军等，2014），故将子公司规模列为控制变量；子公司所在地区的经济发展水平与是否上市影响其资源获得（陈志军和郑丽，2016），进而对绩效水平产生影响，因此将二者列为控制变量；子公司的成立年限、所有权类型以及所处生命周期的不同阶段将对创新实践产生影响，故将三者列为控制变量；母公司控股比例与来自母公司的高管比例体现了母公司对子公司管控的集分权程度，影响子公司管理层权力，进而将对创新行为产生影响，故列为控制变量。

变量定义说明见表1。

表1   **变量定义说明**

变量类型	变量名称	变量代码	量表出处或变量描述
被解释变量	产品创新绩效	PIP	Ciabuschi 等（2016）
解释变量	正式知识转移渠道	FCC	徐笑君（2010）
	非正式知识转移渠道	ICC	徐笑君（2010）
	母子公司研发协同	BIS	陈志军等（2014）
	潜在吸收能力	PAC	张洁等（2012）；张振刚等（2015）
	实际吸收能力	AAC	张洁等（2012）；张振刚等（2015）
控制变量	子公司所处生命周期	Cycle	1、2、3分别代表初创期、成长期、成熟期
	来自母公司高管比例	Executive	来自母公司的高管占子公司所有高管的比例
	成立年限	Age	公司从成立开始到当年的年数
	企业所有权性质	Ownership	若公司为国有企业，则取1，否则取0
	是否上市	Listed	若公司是上市公司，则取1，否则取0
	地区	Area	若公司位于东部地区取1，否则取0
	子公司规模	Ssize	公司员工数的自然对数
	母公司控股比例	Ratio	母公司所持有的子公司的股权比例

3.2.4 模型构建

首先，建立回归模型以检验正式知识转移渠道、非正式知识转移渠道与母子公司研发协同，母子公司研发协同与子公司产品创新绩效之间的关系，以及母子公司研发协同在知识转移渠道与产品创新绩效之间的中介作用：

$$BIS = \alpha + \beta_1 \times FCC + \beta_2 \times ICC + \sum \gamma \times Controls + \varepsilon \qquad (1)$$

$$PIP = \alpha + \beta \times BIS + \sum \gamma \times Controls + \varepsilon \qquad (2)$$

$$PIP = \alpha + \beta_1 \times FCC + \beta_2 \times BIS + \sum \gamma \times Controls + \varepsilon \qquad (3)$$

$$PIP = \alpha + \beta_1 \times ICC + \beta_2 \times BIS + \sum \gamma \times Controls + \varepsilon \qquad (4)$$

其次，为检验正式知识转移渠道与非正式知识转移渠道在促进母子公司研发协同过程中的交互作用，建立以下模型：

$$BIS = \alpha + \beta_1 \times FCC + \beta_2 \times ICC + \beta_3 \times FCC \times ICC + \sum \gamma \times Controls + \varepsilon \qquad (5)$$

最后，建立以下模型检验潜在吸收能力、实际吸收能力的调节效应：

$$BIS = \alpha + \beta_1 \times FCC + \beta_2 \times PAC + \beta_3 \times FCC \times PAC + \sum \gamma \times Controls + \varepsilon \qquad (6)$$

$$BIS = \alpha + \beta_1 \times ICC + \beta_2 \times PAC + \beta_3 \times ICC \times PAC + \sum \gamma \times Controls + \varepsilon \quad (7)$$

$$PIP = \alpha + \beta_1 \times BIS + \beta_2 \times AAC + \beta_3 \times BIS \times AAC + \sum \gamma \times Controls + \varepsilon \quad (8)$$

4. 数据分析与讨论

4.1 测量工具的信度与效度

本研究采用 Cronbach's alpha 系数检验各个量表的信度，发现各个变量的信度值均大于 0.8，说明问卷具有良好的信度。表 3 列出了验证性因子分析的具体结果，以检验变量的区分效度，可以发现：相对于五因子以及单因子模型，六因子模型拟合性较好（X2/Df = 1.78；P ≤ 0.01；RMSEA = 0.09；TLI = 0.87；CFI = 0.89）。其次，每个潜变量对应的标准化因子载荷都在 0.6 以上，如表 2 所示，表明量表具有良好的结构效度。另外，计算各研究变量因子间的相关系数后发现，它们均小于对角线上的 AVE 平方根，从而证明了量表具有较好的区分效度。为了排除同源误差的干扰，本文进行了 Harman 单因子分析，结果显示，第一个因子只解释了 39.2% 的方差，小于 50%，证明同源误差对本研究的干扰较小。

表 2   **收敛效度检验**

题项	载荷系数	AVE
FCC1	0.78	0.70
FCC2	0.82	
FCC3	0.89	
ICC1	0.87	0.60
ICC2	0.85	
ICC3	0.74	
ICC4	0.61	
BIS1	0.86	0.67
BIS2	0.80	
BIS3	0.89	
BIS4	0.90	
BIS5	0.83	
BIS6	0.82	
BIS7	0.75	
BIS8	0.73	

题项	载荷系数	AVE
BIS9	0.77	
IP1	0.82	0.75
IP2	0.91	
IP3	0.87	
PAC1	0.82	0.62
PAC2	0.84	
PAC3	0.84	
PAC4	0.62	
AAC1	0.82	0.57
AAC2	0.77	
AAC3	0.75	
AAC4	0.66	

表3　　　　　　　　　　　　　　　验证性因子分析结果

模型	X^2/Df	P	RMSEA	TLI	CFI
六因子模型	1.78	≤0.01	0.09	0.87	0.89
五因子模型 a	1.99	≤0.01	0.10	0.84	0.86
五因子模型 b	2.76	≤0.01	0.12	0.77	0.79
五因子模型 c	2.28	≤0.01	0.11	0.79	0.81
五因子模型 d	2.40	≤0.01	0.12	0.77	0.79
五因子模型 e	2.44	≤0.01	0.12	0.76	0.79
单因子模型 f	3.85	≤0.01	0.17	0.51	0.55

注：$n = 105$；a 将知识转移正式渠道与非正式渠道合并为一个潜在因子；b 将母子公司研发协同与产品创新绩效合并为一个潜在因子；c 将潜在吸收能力与实际吸收能力合并为一个潜在因子；d 将知识转移正式渠道与潜在吸收能力合并为一个潜在因子；e 将产品创新绩效与潜在吸收能力合并为一个潜在因子；f 将所有项目归属于同一个潜在因子。

4.2　描述性统计与相关性分析

表4是对本文涉及变量的描述性统计。从统计结果可以看出，子公司产品创新绩效均值为3.6132，标准差为0.9717，说明样本企业整体产品创新水平不高，同时个体间存在较大差异。正式知识转移渠道均值为3.8603，非正式知识转移渠道均值为3.6333，标准差分别为0.8961、0.8591，说明在集团公司内部，母子公司间既存在较丰富的正式知识

转移渠道，也存在较丰富的非正式知识转移渠道，这也符合中国情境下企业集团的特点。母子公司研发协同水平整体较高，平均值为 3.7460，标准差为 0.8571，说明不同集团内部研发协同水平差异较大。

表4   主要变量描述性统计

变量代码	均值	标准差	最小值	最大值
PIP	3.6132	0.9717	1	5
FCC	3.8603	0.8961	1	5
ICC	3.6333	0.8591	1	5
BIS	3.7460	0.8571	1	5
PAC	3.9976	0.7274	1.75	5
AAC	3.8302	0.7492	1.75	5
Cycle	1.7905	0.4318	1	3
Executive	0.4327	0.3813	0	1
Age	11.9524	8.4254	0	36
Ownership	0.2381	0.4280	0	1
Listed	0.1333	0.3416	0	1
Area	0.9333	0.2506	0	1
Ssize	4.7665	1.5045	1.6094	9.3927
Ratio	0.7980	0.2399	0.2000	1

进一步对各变量之间的相关性做出考察，结果如表5所示。解释变量与被解释变量之间具有较显著的相关关系，说明模型的主效应是合理的。各变量之间的关系需要通过多元回归分析进一步验证。

4.3 多元回归分析

为检验假设，按照前述模型进行回归，结果如表6所示。从模型2可以看出，母子公司研发协同与正式知识转移渠道、非正式知识转移渠道均显著正相关（β 分别为 0.2718、0.4354，$p<0.05$），说明正式和非正式知识转移渠道越丰富，越能够促成母子公司的研发协同行为，验证了假设 H1a 和 H1b。模型3以模型2为基础，引入两种知识转移渠道的交互项，以检验二者同时存在时的交互效应，结果显示，交互项在5%的统计水平上显著为正，系数为 0.1452，说明正式知识转移渠道与非正式知识转移渠道在促进母子公司研发协同的过程中存在互补效应，假设 H4 得证。模型4和模型5分别检验了潜在吸收能力在正式知识转移渠道、非正式知识转移渠道促进母子公司研发协同过程中的调节效应，交互项 FCC×PAC 和 ICC×PAC 均在5%的统计水平上显著大于0，系数分别为 0.1519、0.1409，说明潜在吸收能力进一步促进了知识转移渠道对研发协同的积极影响，假设 H5a、H5b 通过检验，调节效应如图2、图3所示。

表5

変量相关系数

变量	1	2	3	4	5	6	7	8	9	10	11	12	13	14
1. PIP	1													
2. FCC	0.1917**	1												
3. ICC	0.1302	0.7593***	1											
4. BIS	0.2668**	0.5960***	0.5981***	1										
5. PAC	0.1739*	0.2038**	0.2522***	0.2557***	1									
6. AAC	0.1771*	0.3198***	0.3335***	0.3290***	0.6218***	1								
7. Cycle	-0.0087	0.0230	0.0372	0.0194	-0.0397	0.0897	1							
8. Executive	-0.0660	-0.1082	-0.1593	-0.0614	0.0407	0.0510	-0.4615***	1						
9. Age	0.0622	0.0356	0.0952	-0.0826	0.2357**	0.1253	0.4994***	-0.3414***	1					
10. Ownership	-0.0340	-0.1381	-0.0741	-0.1306	0.2401**	-0.0977	-0.1437	0.2093*	0.0085	1				
11. Listed	-0.1058	-0.0328	-0.1021	-0.0109	0.0976	0.0979	0.1912*	-0.3423**	0.1292	-0.0877	1			
12. Area	-0.1050	0.1579	0.0975	0.0497	-0.1190	-0.0985	0.4028	-0.2857**	0.2762**	-0.1195	0.1048	1		
13. Ssize	-0.0119	-0.0680	-0.0536	-0.2107**	0.0009	-0.0721	0.330***	-0.3362***	0.5028***	-0.1041	0.1650*	0.1781*	1	
14. Ratio	0.0410	0.0369	-0.1149	0.1044	0.0006	-0.0951	-0.1875	0.3441***	-0.3209***	0.3065***	-0.0048	-0.0128	-0.2687**	1

表6

回归分析结果

被解释变量	BIS					PIP				
	模型 1	模型 2	模型 3	模型 4	模型 5	模型 6	模型 7	模型 8	模型 9	模型 10
Cycle	0.4829 (1.54)	0.6040*** (2.73)	0.5744*** (2.71)	0.5672** (2.37)	0.6288*** (2.80)	0.0680 (0.18)	-0.1232 (-0.34)	0.0950 (0.26)	-0.1719 (-0.47)	-0.1961 (-0.56)
Executive	-0.2876 (-0.93)	0.0521 (0.24)	0.1387 (0.64)	-0.0221 (-0.09)	0.1069 (0.47)	-0.4298 (-1.15)	-0.3159 (-0.89)	-0.3176 (-0.88)	-0.3406 (-0.98)	-0.4483 (-1.28)
Age	-0.0124 (-0.85)	-0.0139 (-1.33)	-0.0139 (-1.39)	-0.0113 (-0.95)	-0.0219** (-1.98)	0.0395** (2.24)	0.0444*** (2.65)	0.0436*** (2.57)	0.0498*** (3.31)	0.0375** (2.26)
Ownership	-0.2456 (-1.11)	-0.1911 (-1.19)	-0.2317 (-1.50)	-0.1493 (-0.85)	-0.3421** (-2.12)	-0.4110 (-1.54)	-0.3137 (-1.23)	-0.2830 (-1.08)	-0.1985 (-0.78)	-0.2772 (1.12)
Listed	-0.3719 (-1.42)	0.0042 (0.02)	0.0690 (0.37)	-0.0736 (-0.36)	-0.0602 (-0.31)	-0.4018 (-1.27)	-0.2550 (-0.84)	-0.2434 (-0.78)	-0.2452 (-0.82)	-0.3616 (-1.21)
Area	0.2851 (0.80)	-0.1814 (-0.69)	-0.1668 (-0.66)	-0.1723 (-0.61)	0.0736 (0.28)	-0.8907** (-2.07)	-1.0034** (-2.46)	-1.2167*** (-2.84)	-1.1365*** (-2.75)	-0.8381** (-2.09)
Ssize	-0.1743** (-2.46)	-0.1402*** (-2.79)	-0.1278*** (-2.64)	-0.1545*** (-2.85)	-0.1275** (-2.50)	-0.1353 (-1.58)	-0.0663 (-0.79)	-.1310 (-1.60)	-0.0691 (-0.83)	0.0111 (0.13)
Ratio	0.3962 (0.87)	0.4214 (1.28)	0.5112 (1.61)	0.1612 (0.47)	0.5873* (1.82)	0.7439 (1.35)	0.5871 (1.12)	.5202 (0.97)	0.3340 (0.64)	0.7490 (1.47)

被解释变量	BIS					PIP				
	模型 1	模型 2	模型 3	模型 4	模型 5	模型 6	模型 7	模型 8	模型 9	模型 10
自变量										
FCC		0.2718** (2.30)	0.3863*** (3.15)	0.5500*** (5.96)				0.4522** (2.34)	0.3321* (1.72)	
ICC		0.4354*** (3.85)	0.4041*** (3.70)		0.5425*** (6.25)			-0.1616 (-0.88)	-0.3540 (-1.80)	
中介变量										
BIS							0.3958*** (2.84)		0.4418** (2.30)	0.3467** (2.51)
调节变量										
PAC				0.0996 (0.85)	0.1306 (1.17)					
AAC										0.1333 (0.91)
FCC×ICC			0.1452** (2.43)							
FCC×PAC				0.1519** (2.10)						
ICC×PAC					0.1409** (2.12)					
BIS×AAC										0.2292* (1.88)
X^2	15.06*	98.32***	112.89***	78.40***	97.92***	12.63	22.24***	20.77**	27.73***	28.75***

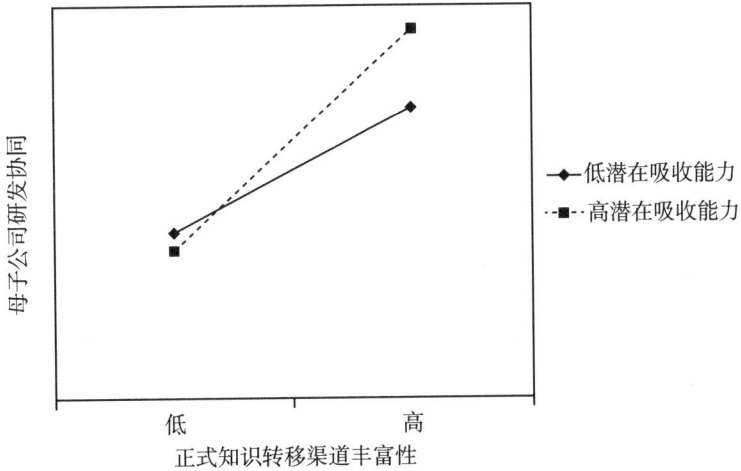

图2 调节效应图：潜在吸收能力-正式渠道丰富性

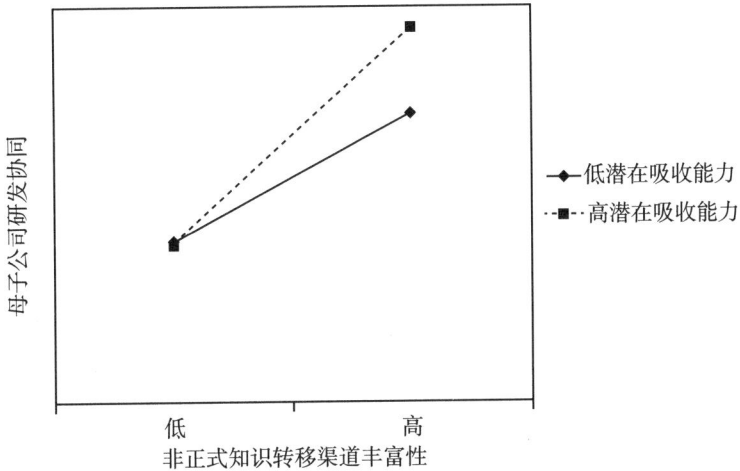

图3 调节效应图：潜在吸收能力-非正式渠道丰富性

模型7检验了母子公司研发协同对子公司产品创新绩效的影响，结果显示母子公司研发协同在1%的统计水平上显著正相关于子公司产品创新绩效($\beta = 0.3958$)，假设H2得证。借鉴Baron和Kenny(1986)的方法，进一步检验母子公司研发协同的中介效应，根据模型8、9，正式知识转移渠道与子公司产品创新绩效在5%的统计水平上显著正相关($\beta = 0.4522$)，引入母子公司研发协同这一变量后，正式知识转移渠道与子公司产品创新绩效的正相关关系仍显著($p < 0.1$)，但这一关系强度减弱($\beta = 0.3321$)，说明母子公司研发协同在正式知识转移渠道与子公司产品创新绩效之间发挥着部分中介的作用，中介效应占比为19.96%，验证了假设H3a。同理，对母子公司研发协同在非正式知识转移渠道与产品创新绩效关系中的中介作用进行检验，没有通过显著性验证，因此假设H3b未得证。

最后，模型 10 检验了实际吸收能力在母子公司间研发协同促进子公司产品创新绩效过程中的调节效应，交互项 BIS×AAC 在 10% 的统计水平上显著大于 0，系数为 0.2292，说明实际吸收能力进一步促进了母子公司研发协同行为对子公司产品创新绩效的积极作用，假设 H6 通过检验，具体调节效应图如图 4 所示。

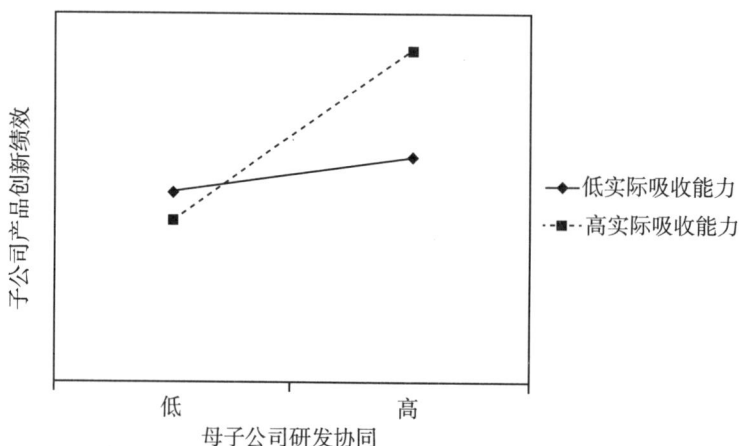

图 4　调节效应图：实际吸收能力-母子公司研发协同

5. 结论与启示

本文从知识基础观出发，聚焦于母子公司研发协同过程，探讨了正式与非正式两种知识转移渠道对母子公司研发协同以及子公司产品创新绩效的影响机理，并探索吸收能力在这一过程中的调节作用，得出以下结论：(1)正式知识转移渠道与非正式知识转移渠道均对母子公司研发协同具有促进作用，即知识转移渠道越丰富，越有利于母公司与子公司的研发合作；(2)母子公司研发协同与子公司产品创新绩效显著正相关，即母子公司研发协同程度越高，越有利于子公司在技术、规模及信息上取得优势，从而促进其产品创新；(3)母子公司研发协同在正式知识转移渠道与产品创新绩效之间起部分中介作用，即丰富的正式知识转移渠道除了可直接作用于子公司产品创新外，也可通过促进母子公司间的研发协同对子公司产品创新绩效产生影响；而母子公司研发协同在非正式知识转移渠道与子公司产品创新绩效之间并不存在明显的中介效应；(4)正式知识转移渠道与非正式知识转移渠道同时存在时，对母子公司研发协同的促进作用更强；(5)吸收能力在集团内知识转移渠道促进子公司产品创新的过程中发挥着积极的调节效应，潜在吸收能力加强了知识转移渠道丰富性与母子公司研发协同间的正向关系，实际吸收能力进一步促进了母子公司研发协同对子公司产品创新绩效的正向作用。

本文的理论启示：(1)发现了"知识转移渠道—研发协同—产品创新绩效"这一作用链条，指出母子公司间沟通渠道的丰富性对母子公司研发协同具有促进作用，其也可以通过直接影响以及通过提升母子公司研发协同来影响子公司产品创新绩效，弥补了现有理论的不足；(2)检验了两种知识转移渠道的交互作用，发现母子间正式知识转移渠道与非正式知识转移渠道除了可单独促进研发协同外，两者也可在促进研发协同的过程中相互补充，促进显性知识与隐性知识的融合，更好地促进新产品的开发，从而进一步补充了现有理论；(3)进一步探索了吸收能力的两种形式在母子公司研发协同的不同阶段的调节作用，潜在吸收能力促进了正式、非正式知识转移渠道丰富性与母子公司研发协同间的正向关系，而实际吸收能力正向调节了母子公司研发协同对子公司产品创新绩效的正向作用，验证了两种吸收能力作用环节以及作用方式的差异性，进一步丰富了吸收能力理论在企业集团研究中的应用。

本文的实践启示：(1)研究发现无论正式的知识转移渠道还是非正式的知识转移渠道，均可以提高母子公司研发协同程度，两种沟通机制并存时更有助于母子公司实现研发协同，因此，在集团公司管理实践中，母公司应正确处理文件、制度等正式知识转移渠道与人际交流等非正式知识转移渠道的关系，二者不可分割，相辅相成；同时母公司应注重沟通制度的建设，在研发过程中及时与子公司进行正式与非正式的沟通，及时了解子公司情况，以确保产品创新过程的顺利进行；(2)探讨了不同吸收能力在母子公司研发协同的不同阶段的调节作用，启示企业在实践活动中应注重吸收能力的培养，不断积累新知识，并对员工进行定期培训，在合作研发的不同阶段选择与之匹配的研发人员，以增进新产品创新绩效。

本文的局限性：(1)样本数量不限于某一个行业，保证了研究的普遍适用性，但不同行业产品创新的特点存在着显著差异，有针对性地进行研发协同探索可能会得出针对性更强的结论；(2)受一手数据局限，难以获取企业准确的财务指标(如 ROA、资产负债率等)，在一定程度上影响结论的可靠性。

◎ 参考文献

[1]白俊红，陈玉和，李婧．企业内部创新协同及其影响要素研究[J]．科学学研究，2008(2)．

[2]陈志军，王晓静，徐鹏．企业集团研发协同影响因素及其效果研究[J]．科研管理，2014，35(3)．

[3]陈志军，赵月皎．集团公司控制与协同辨析[J]．济南大学学报，2017(1)．

[4]关涛．知识特性对跨国公司选择知识转移工具的影响[J]．科研管理，2012，33(5)．

[5]王龙伟，李垣，刘益．信息交流、组织能力与产品创新的关系研究[J]．研究与发展管理，2006(4)．

[6]王灏．光电子产业区域创新网络构建与演化机理研究[J]．科研管理，2013，34(1)．

[7]吴松强，苏思骐，沈忠芹，宗峻麒．产业集群网络关系特征对产品创新绩效的影响——环境不确定性的调节效应[J]．外国经济与管理，2017，39(5)．

[8]肖振红，刘昂，周文．网络演化博弈视角下的跨国公司逆向知识转移动态过程研究[J]．管理评论，2017(11)．

[9]解学梅，吴永慧，赵杨．协同创新影响因素与协同模式对创新绩效的影响——基于长

三角 316 家中小企业的实证研究[J]. 管理评论，2015，27(8).

[10]徐笑君. 文化差异对美资跨国公司总部知识转移影响研究[J]. 科研管理，2010，31(4).

[11]杨慧军，杨建君. 外部搜寻、联结强度、吸收能力与创新绩效的关系[J]. 管理科学，2016，29(3).

[12]杨颖，李宇啸. 研发协同的影响因素和绩效评价：文献综述[J]. 科研管理，2017(S1).

[13]张华. 合作稳定性、参与动机与创新生态系统自组织进化[J]. 外国经济与管理，2016，38(12).

[14]张洁，戚安邦，熊琴琴. 吸收能力形成的前因变量及其对企业创新绩效的影响分析——吸收能力作为中介变量的实证研究[J]. 科学学与科学技术管理，2012，33(5).

[15]张蕴萍，陈言，张明明. 中国货币政策对城乡收入结构的非对称影响[J]. 学习与探索，2017(10).

[16]张振刚，陈志明，李云健. 开放式创新、吸收能力与创新绩效关系研究[J]. 科研管理，2015，36(3).

[17]Allen, T. J, Communications, technology transfer, and the role of technical gatekeeper[J]. *Management*, 1971, 1(1).

[18]Andersson, U., Forsgren, M., Holm, U. Balancing subsidiary influence in the federative MNC：A business network view[J]. *Journal of International Business Studies*, 2007, 38(5).

[19]Baker, T., Miner, A. S., Eesley, D. T. Improvising firms：Bricolage, account giving and improvisational competencies in the founding process[J]. *Research Policy*, 2003, 32(2).

[20]Baker, W. E., Sinkula, J. M. The synergistic effect of market orientation and learning orientation on organizational performance[J]. *Journal of the Academy of Marketing Science*, 1999, 27(4).

[21]Ballot, G., Fakhfakh, F., Galia, F., et al. The fateful triangle：Complementarities in performance between product, process and organizational innovation in France and the UK[J]. *Research Policy*, 2015, 44(1).

[22]Barczak, G., Sultan, F., Hultink, E. J. Determinants of IT usage and new product performance[J]. *Journal of Product Innovation Management*, 2007, 24(6).

[23]Beers, C. V., Zand, F. R&D Cooperation, partner diversity, and innovation performance：An empirical analysis[J]. *Journal of Product Innovation Management*, 2014, 31(2).

[24]Ciabuschi, F., Dellestrand, H., Martín, O. M. Internal embeddedness, headquarters involvement, and innovation importance in multinational enterprises [J]. *Journal of Management Studies*, 2011, 48(7).

[25]Ciabuschi, F., Forsgren, M., Martín, O. M. Value creation at the subsidiary level：Testing the MNC headquarters parenting advantage logic[J]. *Long Range Planning*, 2016.

[26] Cohen, W. M., Levinthal, D. A. Innovation and learning: The two faces of R&D[J]. *The economic journal*, 1989, 99(397).

[27] Coleman, J. *Foundations of social theory*[M]. Cambridge: The Belknap Press of Harvard University Press, 1990.

[28] Dyer, B., Song, X. M. Innovation Strategy and Sanctioned Conflict: A New Edge in Innovation? [J]. *Journal of Product Innovation Management*, 1998, 15(6).

[29] Fang, H., Rice, J. The role of absorptive capacity in facilitating "Open Innovation" outcomes: A study of australian smes in the manufacturing Sector[J]. *International Journal of Innovation Management*, 2009, 13(02).

[30] Fleming, L., Mingo, S., Chen, D. Collaborative brokerage, generative creativity, and creative success[J]. *Administrative Science Quarterly*, 2007, 52(3).

[31] Giuliani, E. Multinational corporations and patterns of local knowledge transfer in Costa Rican high-tech industries[J]. *Development & Change*, 2008, 39(3).

[32] Grant, R. M. Prospering in dynamically-competitive environments: Organizational capability as knowledge integration[J]. *Organization Science*, 1996, 7(4).

[33] Grant, R. M. Toward a knowledge-base theory of the firm [J]. *Strategic Management Journal*, 1996, 17(S2).

[34] Grimpe, C., Sofka, W. Search patterns and absorptive capacity: Low— and high-technology sectors in European countries[J]. *Research Policy*, 2009, 38(3).

[35] Guler, I., Nerkar, A. The impact of global and local cohesion on innovation in the pharmaceutical industry[J]. *Strategic Management Journal*, 2012, 33(5).

[36] Khanna, T., Rivkin, J. W. Interorganizational ties and business group boundaries: Evidence from an emerging economy[J]. *Organization Science*, 2006, 17(3).

[37] Kim, Y., Lui, S. S. The impacts of external network and business group on innovation: Do the types of innovation matter? [J]. *Journal of Business Research*, 2015, 68(9).

[38] Khanna T., Yafeh Y. Business groups in emerging markets: Paragons or parasites? [J]. *Social Science Electronic Publishing*, 2007, 45(2).

[39] Kogut, B., Zander, U. Knowledge of the firm and the evolutionary theory of the multinational corporation[J]. *Journal of International Business Studies*, 1993, 24(4).

[40] Kogut, B., Zander, U. Knowledge of the firm, combinative capabilities, and the replication of technology[J]. *Organization science*, 1992, 3(3).

[41] Koskinen, K. U., Vanharanta, H. The role of tacit knowledge in innovation processes of small technology companies[J]. *International Journal of Production Economics*, 2002, 80(1).

[42] Krackhardt, D., Hanson, J. R. Informal networks: The company behind the chart. [J]. *Harvard Business Review*, 1993, 71(4).

[43] Leal-Rodríguez, A. L., Roldán, J. L. Ariza-Montes, J. A., et al. From potential absorptive capacity to innovation outcomes in project teams: The conditional mediating role of the realized absorptive capacity in a relational learning context[J]. *International Journal of Project Management*, 2014, 32(6).

[44] Li, J. J., Poppo, L., Zhou, K. Z. Relational mechanisms, formal contracts, and local knowledge acquisition by international subsidiaries [J]. *Strategic Management Journal*, 2010, 31(4).

[45] Liebowitz, J. Knowledge management and its link to artificial intelligence [J]. *Expert Systems with Applications*, 2001, 20(1).

[46] Maggitti, P. G., Smith, K. G., Katila, R. The complex search process of invention[J]. *Research Policy*, 2013, 42(1).

[47] Nonaka, I. A dynamic theory of organizational knowledge creation. [J]. *Organization Science*, 1994, 5(1).

[48] Okamuro, H., Kato, M., Honjo, Y., Determinants of R&D cooperation in Japanese start-ups[J]. *Research Policy*, 2011, 40(5).

[49] Persson, M. The impact of operational structure, lateral integrative mechanisms and control mechanisms on intra-MNE knowledge transfer[J]. *International Business Review*, 2006, 15(5).

[50] Reagans, R., Zuckerman, E. W. Networks, diversity, and productivity: The social capital of corporate R&D teams[J]. *Organization Science*, 2001, 12(4).

[51] Robertson, P. L., Casali, G. L., Jacobson, D. Managing open incremental process innovation: Absorptive Capacity and distributed learning[J]. *Research Policy*, 2012, 41(5).

[52] Rothaermel, F. T., Alexandre, M. T. Ambidexterity in Technology sourcing: the moderating role of absorptive capacity[J]. *Organization Science*, 2009, 20(4).

[53] Skiera, B., Albers, S., Kim, L. Crisis construction and organizational learning: Capability building in catching-up at hyundai motor[J]. *Organization Science*, 1998, 9(4).

[54] Sparrowe, R. T., Liden, R. C., Wayne, S. J. Social networks and the performance of individuals and groups[J]. *Academy of Management Journal*, 2001, 44(2).

[55] Todorova, G., Durisin, B. Absorptive capacity: Valuing a reconceptualization [J]. *Academy of management review*, 2007, 32(3).

[56] Wind, J., Mahajan, V. Issues and opportunities in new product development: An introduction to the special issue[J]. *Journal of Marketing Research*, 1997, 34(1).

[57] Zahra, S. A., George, G. Absorptive capacity: A review, reconceptualization, and extension[J]. *Academy of Management Review*, 2002, 27(2).

Knowledge Transfer Channels of Parent-Subsidiary Companies, R&D Collaboration and the New Product Innovation Performance of Subsidiaries

—The Moderating Effect of Absorptive Capacity

Chen Zhijun[1]   Ma Pengcheng[2]   Dong Meitong[3]

(1, 2, 3   School of Management of Shandong University, Jinan, 250100)

Abstract: R&D collaboration is an important form of cooperation in business group, and rich knowledge Transfer channels, are the prerequisites for R&D collaboration. Based on RBV, this paper constructs a theoretical model of the influence of knowledge Transfer channels, on R&D coordination of parent-subsidiary companies and subsidiaries' innovation performance of new products. Potential absorptive capacity and actual absorptive capacity are also introduced as context variables to explore moderating effect on main effects. By using 105 R&D subsidiaries questionnaires, the results show that both formal and informal knowledge transfer channels, can promote the collaboration between the parent and subsidiary companies, and there is a significant complementary effect between the two knowledge transfer channels. The R&D collaboration between the parent and subsidiary companies is significantly and positively related to the new product innovation performance of the subsidiaries. The R&D collaboration plays a role of partial mediation between formal channels of communication and subsidiary's product innovation performance. What's more, potential absorptive capacity has strengthened the positive relationship between the richness of knowledge transfer channels, and the R&D collaboration between parent and subsidiary companies, Then the actual absorptive capacity further promoted the positive effect of R&D collaboration and product innovation performance of subsidiaries. This paper expands front factors of R&D collaboration between parent and subsidiary companies, and verifies the differences in the functions and linkages of different absorption abilities, enriching the application of absorptive capacity theory in group research, providing suggestions on how to improve the innovation performance of new products in management practice.

Key words: Parent-subsidiary companies; R&D collaboration; knowledge transfer channels; Absorptive capacity

专业主编：陈立敏

网络嵌入性、风险承担与商业模式创新

——基于环境不确定性的调节作用[*]

● 王罡[1,2]

（1　武汉大学经济与管理学院　武汉　430072；

2　武汉大学中国产学研合作问题研究中心　武汉　430072）

【摘　要】基于已有研究对网络嵌入性与商业模式创新之间关系的研究不足，本研究揭示了企业风险承担对网络嵌入性（网络中心度和关系性嵌入）与商业模式创新之间关系的中介效应，并探讨了环境不确定性的调节效应。基于 252 家中国企业的调研数据，实证分析结果显示：（1）网络中心度对企业风险承担和商业模式创新均存在正向影响，而关系性嵌入对企业风险承担和商业模式创新均存在倒 U 形影响；（2）风险承担对网络嵌入性（网络中心度和关系性嵌入）与商业模式创新之间的关系起到了部分中介作用；（3）环境不确定性负向调节网络中心度与风险承担之间的正向关系，而正向调节关系性嵌入与风险承担之间的倒 U 形关系。

【关键词】网络嵌入性；风险承担；环境不确定性；商业模式创新

中图分类号：F272.2　　文献标识码：A

1. 引言

在信息爆炸的知识经济时代，随着市场技术的快速更替、消费者市场需求的日新月异、竞争对手的模仿学习，商业模式的生命周期也随之缩短（Zott et al. , 2011）。一套成功的商业模式如果不能随着市场环境的变化快速做出调整，也必将失去其价值空间（Amit & Zott, 2012）。例如，凭借着崭新的商业模式，ofo 在 2014 年成立以后快速建立了在共享单车行业中的竞争优势。然而随着密码锁技术的发展、骑行用户消费习惯的改变和摩拜单车、好骑单车等竞争对手的模仿与挑战，ofo 依靠原有的商业模式已很难为其带来创新性

＊　基金项目：国家自然科学基金青年项目"新创企业创业网络对商业模式创新的影响机理研究：中介、调节及结构化效应分析"（项目批准号：71402128）；湖北省级教学改革项目"基于虚拟仿真实验教学的大学生创业能力培养模式研究"（项目批准号：2015021）。

通讯作者：王罡，Email：jiwuyou@ foxmail. com。

竞争优势。在经历了三年快速发展的阶段以后，ofo面临着管理层剧变、资金链紧张等众多危机。因此，企业需要用动态、持续的眼光来看待商业模式，保持商业模式的持续创新，以适应环境发展的需要（Achtenhagen et al.，2013）。

商业模式创新研究已经引起战略、创业及创新等领域国内外学者的广泛关注（Casadesus-Masanell & Zhu，2013；庞长伟等，2015）。商业模式创新是企业以新的经营理念对内外部资源进行重新配置和组合，以新的价值创造过程来实现企业发展与成长（Amit & Zott，2012；Zott et al.，2011）。然而，对于企业而言，商业模式创新不可能是闭门造车的结果。一方面，商业模式创新涉及企业人事、技术等方方面面的变革与改进，需要大量的资源消耗，特别是当内部资源无法支撑企业变革时，企业势必要从外部寻求资源支持（Achtenhagen et al.，2013）；另一方面，商业模式创新意味着企业需要与供应商、顾客等市场主体建立新的合作关系来实现共赢的目标，也将受到外部市场主体的影响和制约（Amit & Zott，2012）。因此，凭借企业所嵌入的外部网络来促进企业自身商业模式创新，已成为广大企业保持其商业模式竞争优势的重要手段（孟迪云等，2016）。尽管如此，以往关于网络嵌入性的研究也发现，当企业过度嵌入现有网络时，高强度的网络联系会妨碍目标企业拓展新的合作、阻碍其发现利用新的市场机会，从而不利于企业创新和财务绩效（Tsai，2009）。因此，关于网络嵌入性对商业模式创新的促进作用，我们应该具体分析并探索其中的影响机制（吴增源等，2018）。然而，除了少数研究以外，针对两者关系的实证研究有所不足，对其中介机制分析的缺乏更是严重阻碍了我们对网络嵌入性影响企业商业模式创新作用机制的理解（孟迪云等，2016）。

商业模式创新是对企业原有价值链的再调整，包含对行业内原有竞争规则的改变、市场渠道的重新开发、业务体系的重新设计，与技术创新一样需要巨大的资源投入、蕴含了高度的风险（Chesbrough，2007）。因此，企业在进行商业模式创新时，需要较强的风险承担意愿来容忍商业模式创新失败所带来的风险。与此同时，企业通过外部网络嵌入也可以降低资源获取的难度与成本，与其他企业共同分担风险，提高了自身抵抗风险的能力，从而有利于提高其风险承担意愿（Doganova & Eyquem-Renault，2009）。因此，本研究认为风险承担在企业网络嵌入性推动商业模式创新的过程中起到了一定的传输机制的作用。然而现有研究却并未对其中介效应进行有效推理与实证检验。

企业通过嵌入网络提高风险承担意愿与能力以进行商业模式创新的重要动机，是为了抓住市场环境变化所带来的机会，应对市场环境变化所带来的挑战（Amit & Zott，2012）。因此，在分析网络嵌入性与企业风险承担之间的关系时，有必要将环境不确定性的权变效应纳入模型中。

基于此，本研究使用了风险承担视角来整合网络嵌入观点与商业模式创新研究，以打开网络嵌入性到商业模式创新的黑箱，探讨"网络嵌入性-风险承担-商业模式创新"的中介传导机制。本研究进一步将环境不确定性纳入模型中，以检验其对网络嵌入性与企业风险承担关系的调节效应。

2. 理论分析与研究假设

2.1 商业模式创新

在战略及创新创业领域，大量文献已通过理论探究、实证检验、案例分析等方法研究了成功的商业模式及商业模式创新对企业建立竞争优势的重要作用(Guo et al.，2016；Zott & Amit，2010)。Mitchell & Coles (2003)认为对商业模式的创新涉及企业经营的方方面面，例如，所提供的产品或服务的改变、企业外部合作关系的调整、新的市场定位与顾客维护方式、新的成本结构与收益来源等。因此，商业模式创新是一项高风险、高资源消耗的活动。Zott 和 Amit (2010)认为虽然一个企业的商业模式创新是对其资源、能力、经营活动的一系列重新组合配置，但应该重点从内容、结构和治理三个方面来衡量其商业模式的创新程度。其中内容方面应关注企业是否针对变化了的顾客需求进行了新的产品或服务设计；结构方面应关注企业是否在产业价值链中寻找了新的定位、企业之间是否出现了新的合作方式；治理方面则应关注企业是否在顾客、合作伙伴与竞争者中引入了新的利益分配规则、新的盈利方式。这三个方面相互关联，在企业变革其商业模式时，往往会牵一发而动全身(Zott & Amit，2010；Zott et al.，2011)。

2.2 网络嵌入性和商业模式创新

网络嵌入性(network embeddedness)，是指企业在以往经营活动中累积形成的与其他企业日常化、稳定化的联系(Gilsing et al.，2008)。虽然网络嵌入性对企业创新的重要性得到了学术界的广泛认可(Paruchuri，2010；Kang & Park，2012)，但不同的学者对其具体影响得出了不同的结论(Ahuja，2000；Tsai，2009；Zeng et al.，2010)。从基于资源的观点出发，大部分学者认为网络嵌入有助于企业获取知识、捕捉机会、建立信任，从而提升企业创新绩效(Ahuja，2000；Zeng et al.，2010)；尽管如此，也有学者发现过度嵌入的网络会阻碍企业寻找新的机会、获取资源、限制企业的战略与行动视野，从而不利于企业创新(Tsai，2009)。网络嵌入性与企业创新研究结论的不一致，我们认为至少有三类原因：第一，网络嵌入性存在不同的维度，因此具有不同的影响与作用机制，例如 Granovetter (1985)将网络嵌入分为结构性嵌入(structural embeddedness)和关系性嵌入(relational network embeddedness)，Nahapiet 和 Ghoshal (1998)认为网络的嵌入还包括认知性嵌入；第二，网络嵌入本身在带来资源的同时，也伴随着来自外部网络的干预和影响，因此会产生积极和消极两方面的作用(Tsai，2001)；第三，企业创新不仅包括产品技术方面的创新，也包含商业模式的创新(Amit & Zott，2012)。因此，在本文中，我们关注不同类型的网络嵌入性对企业商业模式创新的影响。

本研究采取了被学术界广泛认可的 Granovetter 的观点，将网络嵌入性划分为结构性嵌入和关系性嵌入两种类型(Granovetter，1985)。其中，结构性嵌入指的是网络的整体结构特征，主要关注行为主体在整个网络结构中所处位置的情况(Granovetter，1985)。以前的研究通常用网络密度、网络规模、网络中心度、网络稳定性等指标来衡量结构性嵌入程度

（Tsai & Ghoshal，1998；Ma et al.，2009；Mazzola et al.，2015）。尽管如此，网络结构性嵌入的这些不同指标并不具有一致性，不能将其视为一个单一变量。例如，在网络规模小的情况下，主体企业仍然可以处于中心位置。其中，网络中心度表征了企业在网络中的重要程度，中心度高的企业在所处网络中占据优势位置，拥有更多的信息渠道，越能获取创业所需的异质性资源，越能接近更多的互补性技能（Nooteboom，2004）。在本文中，我们用其中一个指标"网络中心度"来表征主体企业在网络中的结构性嵌入程度。关系性嵌入是指主体企业与其他企业之间的信任、相互理解、信息交流以及共同行动的程度，例如，企业与其他企业联系的紧密程度、联系频率、信任等。

企业嵌入开放性的合作网络中，有利于企业通过外部网络获取新的信息、资源、合作和机会，因此有利于优化、重新设计企业现有的商业模式（McEvily & Marcus，2005）。首先，企业通过外部的网络嵌入，使企业突破内部资源的限制，可以通为网络来配置商业模式创新所需要的资源；其次，网络嵌入有利于企业发现外部市场中新的商机，借鉴其他企业的商业模式，为企业优化自身商业模式提供必要的素材；最后，网络嵌入有利于企业拓展与外部企业的合作，与行业内外的利益相关者建立新的合作关系。因此，网络嵌入在当前的开放式创新环境中被认为是商业模式创新成功的一项重要保证。尽管如此，基于过度关系性嵌入的负面效应（McEvily & Marcus，2005；Nahapiet & Ghoshal，1998），网络中心度和关系性嵌入会对企业的商业模式创新产生不同的作用机理。

网络中心度意味着企业在网络中处于有利的位置。企业更容易从其他企业那里获取商业模式创新所需要的资源（Giuliani & Bell，2005）；企业更容易在网络中选择质量较高的合作伙伴，来共同打造新的商业模式；当其他企业进行商业模式变革并重新构建合作网络时，也倾向于选择处于网络中心的优势企业，进而从外部推动网络中心的企业进行商业模式创新。因此，网络中心度对企业商业模式创新呈现出正向的促进作用。

关系性嵌入意味着企业与其他合作企业存在更强的信任关系、相互理解以及共同行动规划（Gulati & Sytch，2007；McEvily & Marcus，2005）。信任关系有利于企业在商业模式变革中更容易形成新的合作关系，同时降低彼此之间的机会主义行为，有利于商业模式创新的开展；相互理解意味着企业更容易从外部获取到有价值的资源信息，提高其对知识的吸收能力，为商业模式创新提供更好的创意。尽管如此，与其他企业过度的关系性嵌入会给企业带来负面的影响（Gulati & Sytch，2007；Xiao & Tsui，2007）。例如，现有的强关系嵌入所带来的知识同构，会妨碍企业的战略视野，限制企业的创新性思维，妨碍企业探索新的商业模式；高强度的关系性嵌入也会固化企业间的合作模式，不利于企业对现有合作关系进行变革（Tsai，2001）；同时，高强度的关系嵌入也会使企业之间产生连锁效应，造成荣辱与共的局面，企业自身商业模式的变革会受到合作企业的种种制约和干预（Warren et al.，2004；Uzzi，1997）。因此，我们认为关系性嵌入与商业模式创新之间存在倒 U 形关系。

基于以上讨论，本研究提出如下假设：

H1a：网络中心度和企业商业模式创新存在正相关关系。

H1b：关系性嵌入和企业商业模式创新存在倒 U 形关系。

2.3 风险承担和商业模式创新

风险承担，即企业面对不确定性以及高风险项目时愿意承担风险、资源投入的态度，源于战略管理领域企业家导向的研究（Lumpkin & Dess，1996）。创新性、风险承担、首创性被认为是衡量企业家导向最重要的三个维度（Wiklund & Shepherd，2003）。一系列研究证明了企业家导向作为一个整体对企业创新活动有正向促进作用（Lumpkin & Dess，1996；Wiklund & Shepherd，2003）。尽管如此，一些学者认为企业家导向的各个维度对企业经营活动的影响并不是同等重要，因此有必要将这些维度独立出来分别研究其对企业创新活动的影响（Covin et al.，2006）。与传统的产品创新活动相比，商业模式创新同样蕴含着高风险、失败的不确定性，需要企业进行大量的资源投入来重新设计企业业务流程、进行价值链重塑等活动（Chesbrough，2010；Casadesus-Masanell & Zhu，2013）。加强对劳动力资源的技能培训，提高他们的劳动技能（陈岱云，2016）。当企业具备较高的风险承担意愿与能力时，能够容忍商业模式创新失败所带来的风险时，企业才会去从事高风险、高资源消耗的商业模式创新活动。因此，本研究提出如下假设：

H2：风险承担和商业模式创新存在正相关关系。

2.4 网络嵌入和风险承担

位于网络中心的企业在网络中处于更有利的位置，因此更容易从外部获取资源（Giuliani & Bell，2005）。资源获取难度的降低、资源的相对充足有利于提高企业抵抗风险的能力以及资源投入的意愿。此外，处于网络中心的企业更容易选取到质量较高的合作伙伴，这些质量较高的合作伙伴同样更容易具备抵抗风险的能力，从而有助于其共同分担潜在的风险。此外，处于网络中心位置，通常也意味着企业自身具备了较好的资源和能力。因此，我们认为处于网络中心的企业具有更强的风险承担意愿。

高关系性嵌入所带来的与其他市场主体间的信任、信息共享、相互理解及共同行动会在一定程度上提高企业的风险承担意愿。这体现在：企业间的相互理解、信息共享有助于企业从外部获取有价值的信息资源，增强其对项目风险的识别能力（McEvily & Marcus，2005）；企业间的信任可以加强不确定环境中企业间的合作，提高企业的生存能力，为企业风险承担行为起到一个"减震器"的作用（Giuliani & Bell，2005）；企业间的共同行动也使其他企业分担了主体企业所承担的风险（Gulati & Sytch，2007）。

尽管如此，当企业过度嵌入在关系网络中时，企业的风险承担意愿会受到其他合作企业的制约。在关系嵌入程度较高的网络中，企业之间形成了密切的利益共同体，呈现出"一损俱损，一荣俱荣"的局面（Uzzi，1997）。由于担心该企业的冒险行为可能会损害双方的共同利益，其他企业会通过游说、劝说、甚至中断现有合作等方式来劝说该企业规避高风险的行为，以保障自己的权益（Warren et al.，2004）。主体企业为了不影响企业间现有的合作活动，会重新审视自身的冒险活动。

基于以上讨论，本研究提出如下假设：

H3a：网络中心度和企业风险承担存在正相关关系。

H3b：关系性嵌入和企业风险承担存在倒 U 性关系。

2.5 风险承担的中介作用

综上所述，本研究认为企业的网络嵌入会影响企业的风险承担意愿，而企业风险承担意愿的变化会进一步影响其从事高风险、高资源消耗的商业模式创新活动。例如，网络中心位置的优势会提高企业风险承担意愿，进而推动企业敢于承担高风险的商业模式创新活动；关系性嵌入所提供的企业间信任、知识共享、共同行动会在一定程度上提高企业的风险承担意愿，使企业敢于将资源投入在高风险的商业模式创新当中；高度嵌入的关系网络所造成的企业间干预行为，也会降低企业的风险承担意愿，从而不利于商业模式创新活动的开展。这个过程体现了网络嵌入性向商业模式创新转化过程中风险承担的中介作用。因此，本研究提出如下假设：

H4a：风险承担对网络中心度与商业模式创新的正向关系具有中介效应。网络中心度会通过正向影响企业风险承担，进行促进商业模式创新。

H4b：风险承担对关系性嵌入与商业模式创新的倒 U 性关系具有中介效应。企业关系性嵌入会通过倒 U 形曲线效应影响企业风险承担，进而影响了商业模式创新，促成了关系性嵌入与商业模式创新之间的倒 U 形关系。

2.6 环境不确定性的调节作用

企业所面临的市场环境状况通常可以用复杂性、包容性和不确定性来描述（Dess & Beard，1984）。环境复杂性是指当前市场内如供应商、消费者、潜在的和现有的竞争者、替代产品等各种市场要素的规模和数量，这些市场要素的数量越多、规模越大则意味着市场越复杂；环境包容性是指市场在企业发展方面所能提供的资源支持和成长空间；不确定性反映了市场要素变化的快慢和程度（Lumpkin & Dess，2001）。在市场快速变化的新兴经济体中，环境不确定性被认为是描述企业所面临环境最为重要的特点，国内外一系列研究调查了环境不确定性对企业经营行为的调节作用（Wang et al.，2013）。环境不确定性可以通过顾客需求变化的快慢、市场技术的更新换代速度和竞争对手行为的可预测程度来衡量（Lumpkin & Dess，2001；Wang et al.，2013）。我们认为环境不确定性对网络中心度和关系性嵌入与企业风险承担之间的关系发挥了不同类型的调节作用。

环境不确定性会削弱网络中心度对企业风险承担的正向影响。首先，在环境不确定性较高的情况下，顾客需求偏好发生了新的变化，市场上出现新的技术代替现有技术，原有产品、技术等资源的价值降低（Wang et al.，2013）。网络中心度越高，意味着企业在现有技术、产品、顾客等资源方面拥有的优势也越明显。这样，环境不确定性对其资源价值的损害也越大。其次，环境不确定性所带来的顾客需求变化和技术变动，为网络中的其他企业提供了一个降低对网络中心企业依赖的机会。从资源依赖理论的观点出发，当其他企业降低了对本企业的依赖时，该企业从网络中获取资源的能力也会降低（Hillman et al.，2009）。综合以上观点，环境不确定性在损害网络中心企业所拥有资源价值的同时，也减弱了其从外部获取资源的能力，从而降低了网络中心企业的风险承担意愿。因此，我们提出如下假设：

H5a：环境不确定性负向调节网络中心度对企业风险承担的正向效应。

尽管如此，我们认为环境不确定性会加强关系性嵌入对企业风险承担的影响。一方面，环境不确定性会加强关系性嵌入对企业风险承担的正向影响。在环境动荡较低的情况下，企业对未来的风险相对容易预测，也容易控制。本企业即使与其他合作企业不存在更强的信任关系、相互理解以及共同行动规划，企业也可以相对容易地预测到潜在的机会行为、市场风险等，从而产生一定的风险承担意愿。随着环境不确定性的提高，企业自身越来越难以预测可能出现的市场风险、潜在的机会行为等。高关系嵌入所带来的信任将有利于企业降低对潜在机会行为的担忧；企业之间的相互理解、信息共享将增强企业的吸收能力，帮助企业识别可能出现的市场风险；共同行动规划通过在企业之间分担风险，也增强了企业面对环境不确定性所带来风险的抵御能力。

另一方面，环境不确定性也加强了过度关系性嵌入对企业风险承担所带来的负面影响。在环境不确定性较低的情况下，与本企业关系密切的其他企业对市场上潜在的风险相对容易预测，自身面临的风险也相对较低，风险承担能力也较强。因此，对本企业的冒险行为并不会做过多干涉。但随着环境不确定性的提高，其他企业自身也开始面临更多的市场风险，因此无法有效帮助目标企业分担潜在的风险。此外，在环境不确定性较高的情况下，市场风险往往难以预测，过度关系性嵌入的其他企业越发担心目标企业失败的冒险行为殃及自身，从而劝阻目标企业的冒险行为。综合以上观点，在环境不确定性较高的情况下，过度关系性嵌入的其他企业不但难以有效分担目标企业面临的风险，还会倾向于阻碍目标企业去承担风险。因此，我们提出如下假设：

H5b：环境不确定性正向调节关系性嵌入对企业风险承担的倒 U 形效应。

综合以上假设，研究的理论模型如图 1 所示。

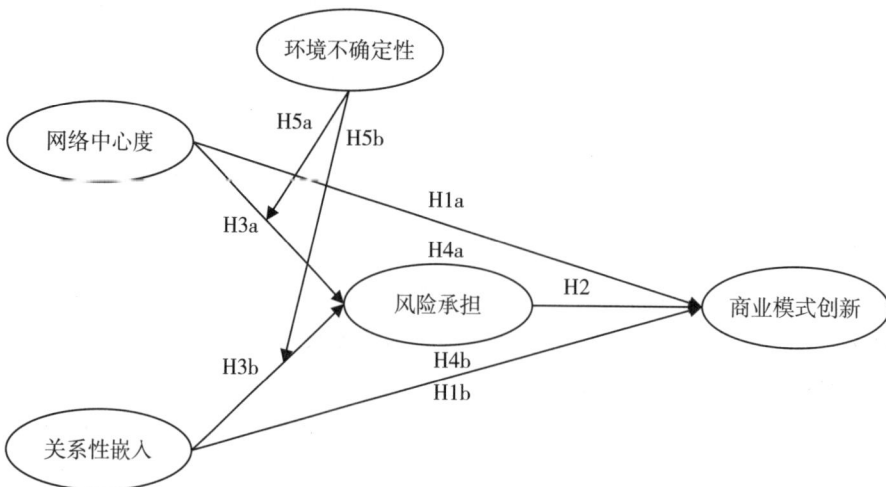

图 1　理论模型

3. 研究设计

3.1 样本和数据收集

本研究采用问卷调研的方式来收集数据。在问卷设计的过程中，主要参考国外高水平学术文章进行变量的选取和度量指标的确定，同时结合中国实际情况对具体的度量指标进行了有针对性的调整。在正式调研之前，我们在西安高新区随机选取了 5 家企业进行预调研，并根据反馈结果对问卷进行了部分调整。在正式调研中，我们选择了陕西、河南、湖北、广东等省份来进行集中调研。调研对象涵盖了中国西部、华北、华中、华东、华南地区的企业，有利于消除区域文化发展不平衡所带来的误差。

本次调研共发放问卷 500 份，回收 352 份，在剔除无效问卷后获得有效问卷 252 份，问卷有效率为 50.5%，问卷填写人是企业的中高层管理者。我们还采用 T 检验方法在企业大小、行业属性和企业发展阶段等方面对回答者和未回答者进行差异比较研究，结果显示两个样本在相关测量指标上不存在显著差异（$p>0.1$）。因此，我们认为未回应偏差问题不显著。我们同时采用了 Harman 单因子检验来评估潜在的同源方差问题（Podsakoff，1986），对所有题项进行因子分析，产生的 5 个因子共解释了 67.34% 的变异，其中第一个因子解释了 28.67% 的方差。因此，同源方差问题处于可以接受的范围。

3.2 变量测量

本文的研究变量都只有一个程度的概念，而且这些变量很难通过定量的客观数据来衡量，因此我们采用李克特（Likert）7 级量表来测量这些变量。受访者按 1~7 之间的数字来主观评定特定问题与企业自身情况的赞同程度：1 代表非常不赞同，7 代表非常赞同。各指标描述详情见表 1。

（1）网络中心度。基于 Freeman（1978）的研究，借鉴陶秋燕和孟猛猛（2017）的测量方法，本研究采用了三个指标来测量企业在网络中所处的位置。

（2）关系性嵌入。根据 Gulati & Sytch（2007）和 McEvil & Marcus（2005）的观点，本研究采用了四个指标来测量企业的关系性嵌入。

（3）风险承担。基于在企业家导向研究中，风险承担的测量已经比较成熟。本研究沿用了 Covin et al.（2006）测量风险承担的三个指标。

（4）环境不确定性。基于 Wang et al.（2013）对环境不确定性的定义，本研究采用了六个指标来进行测量。

（5）商业模式创新。基于 Zott & Amit（2010）和 Guo et al.（2016）对商业模式概念的定义，并参照国内企业的实际情况，本研究采用了四个指标来进行测量。

（6）控制变量。

本研究选择了企业年龄、企业规模、所有制类型、所有制类型、产业增长、企业发展阶段作为控制变量。企业年龄，用企业成立到被调研时持续经营年数的对数来测量；企业规模通过计算全企业员工人数的自然对数来测量；如果是国有企业或国有控股企业，则所有制类型为 1，反之则为 0；如果是高新技术企业，行业类型值为 1，反之则为 0；本研究采用 Likert 五级量表对产业增长速度进行打分：贵公司所在行业发展非常迅速(1 为非常不符合，5 为非常符合)。

表1 变量的信度效度检验

变量	测 量 指 标	因子载荷
关系性嵌入 $\alpha = 0.90$ AVE = 0.78	(1) 贵公司与合作企业之间信任程度很高	0.84
	(2) 贵公司与合作企业维持着高频率的联系	0.89
	(3) 贵公司与合作企业间信息共享很频繁	0.90
	(4) 贵公司经常与其他企业合作解决现实中面临的问题.	0.90
网络中心度 $\alpha = 0.89$ AVE = 0.82	(1) 同行企业对我们的产品和技术能力很认可	0.90
	(2) 其他企业经常与我们进行技术交流	0.91
	(3) 本企业的经营策略和经营行为对同行企业有较大影响	0.91
风险承担 $\alpha = 0.87$ AVE = 0.79	(1) 贵公司更倾向于选择高风险、高回报的项目	0.89
	(2) 贵公司更倾向于采用大胆、迅速的行动来达到公司目标	0.89
	(3) 贵公司倾向于采取大胆、积极的态度来应对不确定的环境	0.88
环境不确定 $\alpha = 0.86$ AVE = 0.60	(1) 贵公司所在行业顾客需求变化很快	0.77
	(2) 贵公司所在行业顾客对产品的忠诚度变化很快	0.82
	(3) 市场上现有的产品过时速度越来越快	0.83
	(4) 行业内技术变革的速度非常快	0.64
	(5) 市场竞争难以预测	0.83
	(6) 同行之间的竞争越来越激烈	0.73
商业模式创新 $\alpha = 0.84$ AVE = 0.69	(1) 贵公司的商业模式提供了新颖的增值产品或服务	0.85
	(2) 贵公司的商业模式采用了新颖的企业合作方式	0.84
	(3) 贵公司的商业模式采用了新颖的顾客交易方式	0.88
	(4) 贵公司的商业模式创造了新颖的盈利方式	0.74

3.3 信度和效度检验

本研究采用 Cronbach's α 系数来评价相关变量的信度(Cronbach, 1951)。由表1可知，所有变量的 α 系数均超过 0.7，说明所有变量均可以通过信度检验；所有变量的 AVE 值均显著大于 0.60，所有测量指标的负载因子也超过了 0.6，由此可以判断所有变量均具有良好的收敛效度(Bagozzi & Yi, 1988)；通过表2可以看到，所有变量的 AVE 平方根均大于其所在行及所在列的相关系数，由此可以证明所有变量之间具有良好的区别效度(Fornell & Larcker, 1981)。因此，信度、效度检验可以通过。

表 2
描述性统计和相关系数表

变量名称	1	2	3	4	5	6	7	8	9	10	11
1. 企业年龄[a]	**1**										
2. 企业规模[a]	0.45***	**1**									
3. 所有制类型	0.13*	0.10	**1**								
4. 行业类型	−0.01	−0.05	−0.02	**1**							
5. 产业增长	0.16*	0.08	−0.13*	0.10	**1**						
6. 发展阶段	0.25***	0.18**	0.06	0.06	0.17**	**1**					
7. 网络中心度	−0.10	−0.03	−0.01	−0.03	−0.08	0.08	**0.90**				
8. 关系性嵌入	0.07	0.11	−0.09	0.04	0.16	0.09	0.33***	**0.88**			
9. 风险承担	0.00	0.05	−0.06	0.01	0.04	−0.02	0.20***	0.38***	**0.89**		
10. 环境不确定性	0.07	0.04	0.01	−0.09	0.14	0.09	0.14*	0.22***	0.20***	**0.77**	
11. 商业模式创新	−0.07	0.01	0.01	−0.06	0.10	0.00	0.34***	0.45***	0.37***	0.18*	**0.83**
均值	1.17	2.70	0.32	0.19	3.61	2.51	3.07	3.98	3.17	4.85	4.76
方差	0.28	0.84	0.47	0.39	0.86	0.56	1.21	1.01	1.03	1.01	0.96

注：$n = 252$；a 表示 Log-transformed；* 表示 $p < 0.05$，** 表示 $p < 0.01$，*** 表示 $p < 0.001$；对角线为对应变量 AVE 的平方根。

3.4 实证分析

在对理论模型进行实证检验之前，我们首先检验了相关变量之间的相关性，结果如表 2 所示：相关系数矩阵表明了所有变量之间均存在显著的相关性，相关性分布在 0.2 到 0.45 之间，因此适合做多层回归模型。模型中所有变量的方差膨胀因子（VIF 值）均小于 4，说明多重共线性问题不显著。此外，由于在模型中涉及变量的平方项，我们对相关变量进行了标准化处理，再对变量做相乘运算。

遵照 Baron 和 Kenny（1986）检验中介效应的三步回归法，本研究采用 SPSS20 进行多层回归分析来验证理论模型中的相关假设，如表 3 所示。模型 1 检验了所有控制变量对企业风险承担的影响。模型 2 在模型 1 的基础上，加入了网络中心度、关系性嵌入、关系性嵌入度的平方项；模型 2 的 F 值为 2.83（$p < 0.001$），证明模型 2 对解释风险承担有显著性意义；ΔR^2 为 0.163 证明网络中心度、关系性嵌入、关系性嵌入的平方项对解释企业风险承担的来源有显著性意义；网络中心度的标准化系数为（$\beta = 0.127$，$p < 0.05$），证明网络中心度对风险承担具有显著的正向影响，H3a 得到支持；关系性嵌入的标准化系数（$\beta = 0.346$，$p < 0.001$）、关系性嵌入平方项的标准化系数（$\beta = -0.122$，$p < 0.01$），证明关系性嵌入对风险承担有倒 U 形的影响，H3b 得到支持。

模型 3 检验了所有控制变量对企业商业模式创新的影响。模型进一步加入了网络中心度、关系性嵌入、关系性嵌入的平方项；模型 4 的 F 值为 4.335（$p < 0.001$），证明模型 4 对解释商业模式创新有显著性意义；ΔR^2 为 0.232 证明网络中心度、关系性嵌入、关系性嵌入的平方项对解释商业模式创新的来源有显著性意义；网络中心度的标准化系数为（$\beta = $

0.220，$p<0.001$），证明网络中心度对商业模式创新具有显著的正向影响，H1a 得到支持；关系性嵌入的标准化系数（$\beta=0.419$，$p<0.001$）、关系性嵌入平方项的标准化系数（$\beta=-0.195$，$p<0.001$），证明关系性嵌入对商业模式创新有倒 U 形的影响，H1b 得到支持。模型 5 在模型 3 的基础上加入了中介变量风险承担，模型的 F 值为 4.571（$p<0.001$）、ΔR^2 为 0.169，证明风险承担有助于解释商业模式创新的来源；风险承担的标准化系数（$\beta=0.400$，$p<0.001$），证明风险承担对商业模式创新有正向影响，H2 得到支持。

模型 6 提供了包含所有控制变量、自变量、中介变量的全模型。相对于模型 4，模型 6 的 F 值为 5.116（$p<0.001$）、ΔR^2 为 0.059，证明加入所有变量的全模型比其他模型在解释商业模式创新方面更有说服力。所有自变量的影响虽然显著，但标准化回归系数的绝对值均显著变小。因此，根据 Baron 和 Kenny（1986）关于中介效应的检验原则可知，风险承担在关系性嵌入和商业模式创新的关系中发挥倒 U 形中介作用，在网络中心度和商业模式创新的关系中发挥部分中介的作用，H4a 和 H4b 得到支持。

表 3　　　　　　　　　　　　　　　中介效应分析

变量名称	风险承担			商业模式创新		
	模型 1	模型 2	模型 3	模型 4	模型 5	模型 6
控制变量						
企业年龄	-0.118	-0.089	-0.209***	-0.144**	-0.140*	-0.128*
企业规模	0.138*	0.089	0.024	-0.091	-0.088	-0.100+
所有制类型	0.057	0.036	-0.032	-0.058	-0.042	-0.053
行业类型	-0.077	-0.083	0.111+	0.115+	0.143*	0.136*
产业增长	0.079	0.053	0.125*	0.099*	0.118*	0.091*
企业发展阶段	-0.057	-0.079	0.039	-0.021	0.020	-0.011
自变量						
网络中心度		0.127*		0.220***		0.199***
关系性嵌入		0.346***		0.419***		0.318***
关系性嵌入的平方		-0.122**		-0.195***		-0.174***
中介变量						
风险承担					0.400***	0.268***
R^2	0.041	0.204	0.061	0.293	0.216	0.352
Adjusted R^2	0.010	0.132	0.018	0.226	0.169	0.283
ΔR^2		0.163***		0.232***	0.155***	0.059***
F Value	1.342	2.836***	1.414	4.335***	4.571***	5.116***

注：$N=252$；+表示 $p<0.10$，* 表示 $p<0.05$，** 表示 $p<0.01$，*** 表示 $p<0.001$。

为了进一步检验模型中的调节效应，本研究采用了多层回归模型的方法来进行检验，如表 4 所示。为了避免潜在的多重共线性问题，所有自变量和调节变量之间的交互项、平方项，在加入回归模型之前都做了标准化处理，再对其做相乘运算。模型 1 反映了控制变量对企业风险承担的影响，模型 2 反映了自变量加入后对企业风险承担的影响。模型 9 在模型 8 的基础上纳入了调节变量环境不确定性，结果发现模型 9 的解释效力（$F=2.371$，

$p < 0.01$；Adjusted $R^2 = 0.126$）相对于模型 8（$F = 2.836$，$p < 0.01$；Adjusted $R^2 = 0.132$）而言并没有得到显著提高，说明仅仅将调节变量单独加入模型中并不能有效解释企业风险承担的变化。在模型 10 中，我们进一步加入了调节效应网络中心度×环境不确定性、关系性嵌入×环境不确定性、关系性嵌入的平方×环境不确定性，结果发现模型的解释效力得到了显著提高（$\Delta R^2 = 0.066$），表明调节效应的加入对解释企业风险承担的来源有显著意义。网络中心度×环境不确定性的标准化回归系数（$\beta = -0.252$，$p < 0.001$），表明环境不确定性对网络中心度与风险承担之间的正向关系起到了负向的调节作用，H5a 得到支持。关系性嵌入×环境不确定性的标准化回归系数（$\beta = 0.095$，$p > 0.1$）、关系性嵌入的平方×环境不确定性的标准化回归系数（$\beta = -0.303$，$p < 0.001$），表明环境不确定性对关系性嵌入与风险承担之间的倒 U 形关系起到了正向的调节作用。

表 4　　　　　　　　　　　　　　　　调节效应分析

变量名称	风险承担			
	模型 1	模型 2	模型 9	模型 10
控制变量				
企业年龄	-0.118	-0.089	-0.081	-0.069
企业规模	0.138 *	0.089	0.076	0.077
所有制类型	0.057	0.036	0.035	0.054
行业类型	-0.077	-0.083	-0.078	-0.097
产业增长	0.079	0.053	0.053	0.047
企业发展阶段	-0.057	-0.079	-0.071	-0.069
自变量				
网络中心度		0.127 *	0.106 +	0.106 +
关系性嵌入		0.346 ***	0.349 ***	0.373 ***
关系性嵌入的平方		-0.122 **	-0.102 *	-0.179 ***
调节变量				
环境不确定性			0.143 ***	0.229 ***
调节效应				
网络中心度×环境不确定性				-0.252 ***
关系性嵌入×环境不确定性				0.095
关系性嵌入的平方×环境不确定性				-0.303 ***
R^2	0.041	0.204	0.217	0.283
Adjusted R^2	0.010	0.132	0.126	0.179
ΔR^2		0.163	0.013	0.066
F Value	1.342	2.836 ***	2.371 **	2.716 ***

注：$N = 252$；+表示 $p < 0.10$，* 表示 $p < 0.05$，** 表示 $p < 0.01$，*** 表示 $p < 0.001$。

为了进一步检验模型中的调节效应，了解网络中心度、关系性嵌入、环境不确定性和商业模式创新之间的关系，本研究进一步绘制了自变量、调节变量与因变量之间的三维交互图，如图 2 所示。如图 2a 所示，随着环境不确定性的提高，网络中心度与商业模式创新之间的斜率逐渐变低，这说明环境不确定性削弱了网络中心度对商业模式创新的正向影响，支持 H5a。如图 2b 所示，随着环境不确定性的提高，在关系性嵌入较低的情况下，关系性嵌入与商业模式创新之间的斜率变得更高；在关系性嵌入过高的情况下，关系性嵌入与商业模式创新之间的斜率也下降得更厉害；这集中反映在关系性嵌入与商业模式创新之间的倒 U 形关系凸显得更加明显，支持 H5b。

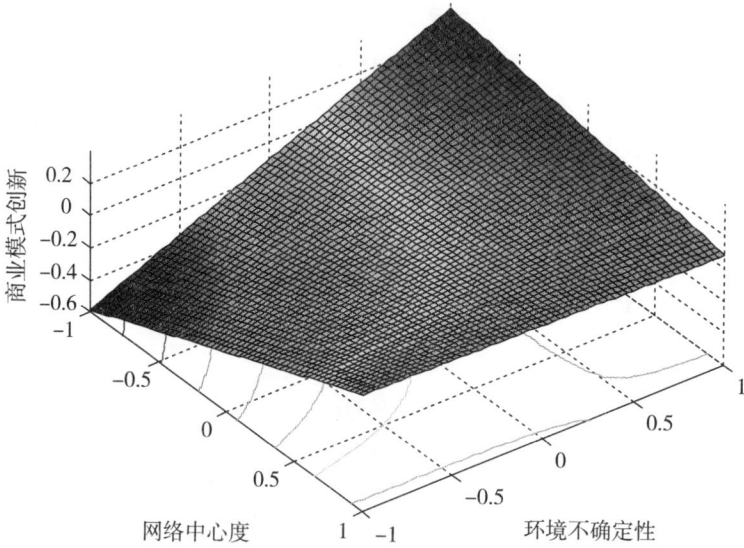

图 2a　环境不确定性对网络中心度的调节效应

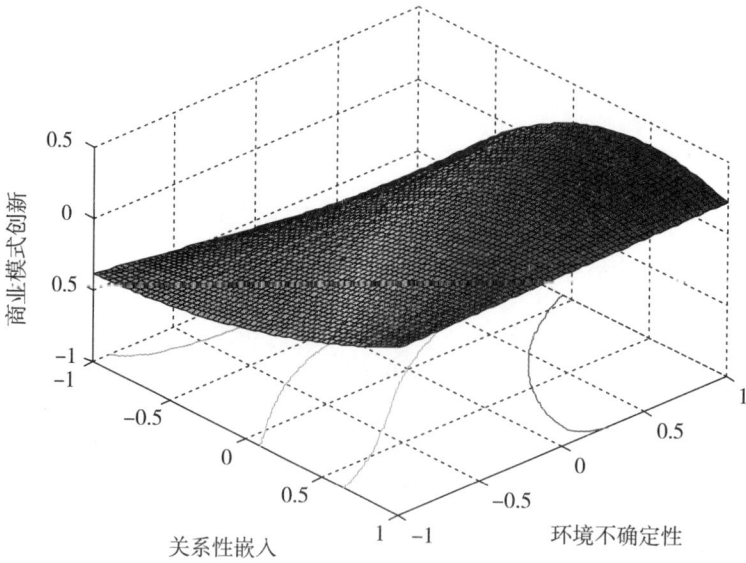

图 2b　环境不确定性对关系性嵌入的调节效应

4. 研究结论及启示

4.1 研究结论

基于当前对网络嵌入性与商业模式创新关系之间的研究不足，本研究利用风险承担观点提出了"网络嵌入性-风险承担-商业模式创新"的中介理论模型并探索了环境不确定性的调节作用，通过252家中国企业的问卷数据进行了实证检验，所有假设得到了实证支持。本文的研究结果对理论和实践方面都有一些潜在的贡献。

第一，本研究聚焦于企业家导向研究中风险承担的概念，揭示了网络嵌入影响商业模式创新的中介传输机制，打开了"网络嵌入-商业模式创新"路径的黑箱。虽然已有关于商业模式创新的研究确认了网络嵌入特性（如信任、信息共享、共同解决问题、网络密度、网络中心性等）对商业模式创新的影响，但对企业网络嵌入如何影响商业模式创新却知之甚少。本研究有助于增强对企业网络如何影响商业模式创新问题的理解，深化网络理论在创新创业领域的相关研究。

第二，本研究基于网络关系性嵌入和网络结构性嵌入的不同特点，发现不同于网络结构性嵌入的正向影响，网络关系性嵌入在提高企业风险承担意愿、商业模式创新的同时，也会带来负面影响，整体呈现出倒U形的曲线效应。以往网络嵌入的研究发现强关系会导致企业之间的连锁效应，引发企业间的相互干预、相互影响（Gulati & Sytch，2007；Xiao & Tsui，2007）。本研究中的倒U形关系在一定程度上印证了关系嵌入度过高所带来的负面效应。此外，本研究有助于深化社会网络理论中关于网络嵌入类型的研究。

第三，本研究探索了环境不确定性的调节效应，发现其对网络中心度和关系性嵌入的影响发挥着迥然不同的调节效应。环境不确定性负向调节网络中心度与风险承担之间的正向关系，主要是基于环境不确定性会损害网络中心企业自身资料和能力的价值，以及会降低网络中其他企业对其的依赖，从而削弱了网络中心度对企业风险承担的正向影响。而环境不确定性会正向调节关系性嵌入与风险承担之间的倒U形影响，主要是基于环境不确定性会增强关系嵌入性所带来的信任、共同行动的重要性。尽管如此，环境不确定性也增加了高关系嵌入所带来的负面连锁效应，削弱了合作关系企业的风险分担能力。因此本研究有助于人们理解在动荡环境中，不同类型的网络嵌入性对企业的综合影响，加深人们对网络嵌入性作用机制的认识。

4.2 研究启示

本研究对中国企业管理实践也有一定的启示，首先，在当前激烈的市场竞争中，风险无处不在。网络嵌入性不仅有助于企业获取资源，同时也有利于其抵抗内外部风险。尤其是在进行商业模式变革活动时，企业更应该注意通过建立外部网络来提升企业的风险承担能力，以抵御商业模式创新所带来的潜在风险。其次，企业的管理者应该注意到网络嵌入性可能对企业带来不利的影响。与合作企业的关系性嵌入在带来资源、提升能力的同时，也在一定程度上会限制企业的战略视野、影响企业的自主决策。因此，关系性嵌入对企来说是一把双刃剑，管理者需要适当平衡与其他企业的合作关系，趋利避害，在利用合作带来信息资源的同时，注意规避企业合作所带来的连锁干预效应。再次，企业的管理者也应该意识到动荡的市场环境也可能颠覆通常情况下对网络嵌入性的认识。比如，企业应该在动荡的环境中尽可能避免与其他企业合作过度密切，以免"城门失火，殃及池鱼"。最后，管理者也要意识到处于网络中心的优势并不是一成不变的，环境不确定性的提高会降低网络中心企业的优势，也为处于网络边缘的企业提供了追赶的机会。管理者应该把握好不确定环境所带来的机遇与挑战。

4.3 研究局限及展望

本研究还存在以下几方面的不足，希望未来的研究可以加以改进：第一，本研究的样本基本截面数据，对中介效应的因果关系解释存在一定局限；未来研究可以采取面板数据或时间序列的方法对中介效应做进一步验证。第二，本研究中网络关系性嵌入和网络中心度的测量主要基于企业管理者的主观评判，因此与企业的真实情况可能存在一定偏差；未来研究可以借鉴社会网络的方法，通过客观的数据来衡量企业的网络嵌入程度。第三，本研究采用了网络中心度来表征结构性嵌入，但结构性嵌入的程度还可以网络密度、网络规模、网络稳定性等指标来衡量，未来研究可以进一步检验其他类型的结构性嵌入对企业商业模式创新所带来的影响。

◎ 参考文献

[1] 陈岱云，陈希. 城市贫困人口的人口学特征及其防贫研究——基于山东省三个城市的调查. 清华大学学报(哲学社会科学版)，2016(6).

[2] 刘锡良，周彬蕊，许坤. 企业风险承担差异：所有制特性抑或禀赋特征[J]. 经济评论，2018(5).

[3] 孟迪云，王耀中，徐莎. 网络嵌入性对商业模式创新的影响机制研究[J]. 科学学与科学技术管理，2016，37 (11).

[4] 庞长伟，李垣，段光. 整合能力与企业绩效：商业模式创新的中介作用[J]. 管理科学，2015，28(5).

[5] 陶秋燕，孟猛猛. 网络嵌入性、技术创新和中小企业成长研究[J]. 科研管理，2017，38(S1).

[6] 吴增源，易荣华，张育玮，伍蓓. 新创企业如何进行商业模式创新？——基于内外部新知识的视角[J]. 中国软科学，2018(3).

[7] Achtenhagen, L., Melin, L., Naldi, L. Dynamics of business models strategizing, critical capabilities and activities for sustained value creation[J]. *Long Range Planning*, 2013, 46 (6).

[8] Ahuja, G. Collaboration networks, structural holes, and innovation：A longitudinal study [J]. *Administrative Science Quarterly*, 2000, 45 (3).

[9] Amit, R., Zott, C. Creating value through business model innovation [J]. *MIT Sloan*

Management Review, 2012, 53 (3).

[10] Bagozzi, R. P., Yi, Y. On the evaluation of structural equation models[J]. *Journal of the Academy of Marketing Science*, 1988, 16 (1).

[11] Baron, R. M., Kenny, D. A. The moderator-mediator variable distinction in social psychological research: Conceptual, strategic, and statistical considerations[J]. *Journal of Personality and Social Psychology*, 1986, 51 (6).

[12] Casadesus-Masanell, R., Zhu, F. Business model innovation and competitive imitation: The case of sponsor-based business models[J]. *Strategic Management Journal*, 2013, 34 (4).

[13] Chesbrough, H. Business model innovation: It's not just about technology anymore[J]. *Strategy & leadership*, 2007, 35 (6).

[14] Covin, J. G., Green, K. M., Slevin, D P. A comment and empirical results pertaining to the dimensionality of EO[J]. *Entrepreneurship Theory and Practice*, 2006, 30 (1).

[15] Cronbach, L. J. Coefficient alpha and the internal structure of tests[J]. *Psychometrika*, 1951, 16 (3).

[16] Dess, G. G., Beard, D. W. Dimensions of organizational task environments [J]. *Administrative Science Quarterly*, 1984(2).

[17] Doganova, L., Eyquem-Renault, M. What do business models do? Innovation devices in technology entrepreneurship[J]. *Research Policy*, 2009, 38 (10).

[18] Freeman, L. C. Centrality in social networks conceptual clarification[J]. *Social Networks*, 1978, 1(3).

[19] Fornell, C., Larcker, D. F. Structural equation models with unobservable variables and measurement error: Algebra and statistics[J]. *Journal of Marketing Research*, 1981(3).

[20] Gilsing, V., Nooteboom, B., Vanhaverbeke, W., et al. Network embeddedness and the exploration of novel technologies: Technological distance, betweenness centrality and density [J]. *Research Policy*, 2008, 37 (10).

[21] Granovetter, M. Economic action and social structure: The problem of embeddedness[J]. *American Journal of Sociology*, 1985, 91 (3).

[22] Giuliani, E., Bell, M. The micro-determinants of mesolevel learning and innovation: Evidence from a Chilean wine cluster[J]. *Research Policy*, 2005, 34 (1).

[23] Gulati, R., Sytch, M. Dependence asymmetry and joint dependence in interorganizational relationships: Effects of embeddedness on a manufacturer's performance in procurement relationships[J]. *Administrative Science Quarterly*, 2007, 52 (1).

[24] Guo, H., Su, Z., Ahlstrom, D. Business model innovation: The effects of exploratory orientation, opportunity recognition, and entrepreneurial bricolage in an emerging economy [J]. *Asia Pacific Journal of Management*, 2016, 33 (2).

[25] Hillman, A. J., Withers, M. C., Collins, B. J. Resource dependence theory: A review [J]. *Journal of Management*, 2009, 35 (6).

[26] Kang, K., Park, H. Influence of government R&D support and inter-firm collaborations on innovation in Korean biotechnology SMEs[J]. *Technovation*, 2012, 32 (1).

[27] Lin, J., Fang, S., Fang, S., et al. Network embeddedness and technology transfer performance in R&D consortia in Taiwan[J]. *Technovation*, 2009, 29 (11).

[28] Lumpkin, G. T., Dess, G. G. Clarifying the entrepreneurial orientation construct and linking it to performance[J]. *Academy of Management Review*, 1996, 21 (1).

[29] Ma, X., Yao, X., Xi, Y. How do interorganizational and interpersonal networks affect a firm's strategic adaptive capability in a transition economy? [J]. *Journal of Business Research*, 2009, 62(11).

[30] Mazzola, E., Perrone, G., Kamuriwo, D. S. Network embeddedness and new product development in the biopharmaceutical industry: The moderating role of open innovation flow [J]. *International Journal of Production Economics*, 2015(160).

[31] McEvily, B., Marcus, A. Embedded ties and the acquisition of competitive capabilities [J]. *Strategic Management Journal*, 2005, 26 (11).

[32] Mitchell, D., Coles, C. The ultimate competitive advantage of continuing business model innovation[J]. *Journal of Business Strategy*, 2003, 24 (5).

[33] Nahapiet, J., Ghoshal, S. Social capital, intellectual capital, and the organizational advantage[J]. *Academy of Management Review*, 1998, 23 (2).

[34] Paruchuri, S. Intraorganizational networks, interorganizational networks, and the impact of central inventors: A longitudinal study of pharmaceutical firms[J]. *Organization Science*, 2010, 21 (1).

[35] Podsakoff, P. M., Organ, D. W. Self-reports in organizational research: Problems and prospects[J]. *Journal of Management*, 1986, 12 (4).

[36] Uzzi, B. Social structure and competition in interfirm networks: The paradox of embeddedness[J]. *Administrative Science Quarterly*, 1997.

[37] Wang, G., Jiang, X., Yuan, C., et al. Managerial ties and firm performance in an emerging economy: Tests of the mediating and moderating effects[J]. *Asia Pacific Journal of Management*, 2013, 30(2).

[38] Warren, D. E., Dunfee, T. W., Li, N. Social exchange in China: The double-edged sword of guanxi[J]. *Journal of Business Ethics*, 2004, 55 (4).

[39] Wiklund, J., Shepherd, D. Knowledge-based resources, entrepreneurial orientation, and the performance of small and medium sized businesses[J]. *Strategic Management Journal*, 2003, 24 (13).

[40] Xiao, Z., Tsui, A. S. When brokers may not work: The cultural contingency of social capital in Chinese high-tech firms[J]. *Administrative Science Quarterly*, 2007, 52 (1).

[41] Zeng, S., Xie, X., Tam, C. Relationship between cooperation networks and innovation performance of SMEs[J]. *Technovation*, 2010, 30 (3).

[42] Zott, C., Amit, R. Business model design: an activity system perspective[J]. *Long Range*

Planning, 2010, 43 (2-3).

[43] Zott, C., Amit, R., Massa, L. The business model: Recent developments and future research[J]. *Journal of Management*, 2011, 37 (4).

Network Embeddedness, Risk Taking and Business Model Innovation
—The Moderating Effects of Environmental Turbulence

Wang Gang[1,2]

(1 Economics and Management School of Wuhan University, Wuhan, 430072;

2 Research Center for China Industry-University-Research

Institute Collaboration of Wuhan University, Wuhan, 430072)

Abstract: Based on the scant research on the relationship between network embeddedness and business model innovation, this study reveals the meditating role of risk taking on the relationship between network embeddedness and business model innovation, and explores the moderating effects of environmental turbulence. The empirical results based on 252 Chinese firms show that: (1) Network centrality has a positive effect on risk taking and business model innovation, while relation embeddedness has an inverted-U effect. (2) Risk taking partially mediates the relationship between network embeddedness and business model innovation. (3) Environmental turbulence negatively moderates the positive relationship between network centrality and risk taking, while positively moderates the inverted-U relationship between relation embeddedness and risk taking.

Key words: Network embeddedness; Risk taking; Environmental turbulence; Business model innovation

专业主编：陈立敏

心理所有权如何影响员工行为

——探讨领导-部属交换和团队关系冲突的调节效应 *

● 梁　果[1]　赵琛徽[2]

（1　浙江万里学院商学院　宁波　315000；2　中南财经政法大学工商管理学院　武汉　430072）

【摘　要】本文探讨了心理所有权对员工行为的影响机制。通过两轮收集到 219 份企业员工问卷数据，结果表明：促进性心理所有权正向影响组织公民行为；防御性心理所有权正向影响工作排斥行为；相比低质量的领导-部属交换，高质量的领导-部属交换更能增强促进性心理所有权对组织公民行为的正向影响；相比低水平团队关系冲突，高水平团队关系冲突更能增强防御性心理所有权对工作排斥行为的正向影响。研究不仅从理论上验证了心理所有权存在积极和消极影响的动机根源和情景边界，而且从实践上为企业激励员工积极行为和抑制消极行为提供了借鉴。

【关键词】促进性心理所有权；防御性心理所有权；领导-部属交换；团队关系冲突；工作排斥行为

中图分类号：F273.1；F272.92　　文献标识码：A

1. 引言

员工只有把企业当成自己的才会永远坚守。但不能忽视的是企业中大量存在的秉持"打工心态"的员工，他们缺乏的"主人翁意识"、淡漠的奉献精神、责任意识以及集体观念，影响了企业的效率和效益。因此，不仅实务界对培养员工"主人翁意识"的呼吁声高涨，组织行为领域也将塑造"主人翁意识"（也称心理所有权）作为重要视角，用于留住并改善员工工作表现的研究（Bernhard & O'Driscoll，2011；李锐等人，2012）。

* 基金项目：本文获得教育部人文社会科学研究青年基金项目"家族涉入管理对职业经理人消极领导行为的影响机制研究：基于心理所有权失衡视角"（项目批准号：16YJC630063）；第五轮宁波市哲学社会科学学科带头人培养对象培育项目"家族性资源、职业经理人认知动机与企业创新能力的关系研究"；宁波市软科学项目"创新引领、职业化运营与企业高质量发展：基于宁波典型创新型家族企业的研究"（项目编号：2018A10006）；浙江万里学院科研发展基金项目"家族涉入管理对企业创新的影响机理研究：职业经理人认知动机视角"的资助。

通讯作者：梁果，Email：lgg184@163.com。

有关心理所有权影响已有丰富成果，但结论不一致。心理所有权积极影响的研究表明，心理所有权对员工基于组织的自尊(潘孝富等人，2012)、敬业度(邱敏等人，2015)、主动行为(梁果和李锡元，2014)、组织公民行为(吕福新和顾姗姗，2007)等均有积极影响。然而，心理所有权也存在消极影响，过强的心理所有权会引起破坏组织的反常举动，对其他员工的工作、生活造成威胁(Robinson & Bennett，1995)，不利于员工的分享，造成知识隐藏行为(姜荣萍和何亦名，2014)。是什么造成了心理所有权影响结果的不同呢？Pierce 等(2009)推测基于不同动机来源和形成路径(如效能动机和控制路径)是主要原因(Pierce et al.，2009)，但并未进行实证检验。为了证实 Pierce 等(2009)的推测，Avey 等(2009)基于调节焦点理论，构建促进和防御动机下的心理所有权对员工行为的影响模型，但实证研究结果并没有得到支持(Avey et al.，2009)。

组织公民行为是一种有利于组织的角色外行为，能够从整体上提高组织效能(Organ，1988)。心理所有权与组织公民行为的关系已被证实(Avey et al.，2009；吕福新等人，2007)，将组织公民行为作为结果变量，则是进一步强化心理所有权对其积极影响的研究。工作排斥在组织中普遍存在，中国学者对职场排斥的研究才刚起步(陈晨等人，2017)，尚未有心理所有权和工作排斥行为的关系研究。另外，心理所有权具有较强的情景依赖，领导-部属交换作为主流的上下级关系构念，在心理所有权作用于员工行为的情景作用，需要更多实证研究的检验。团队关系冲突作为自变量和中介变量的研究，有丰富的研究成果，而作为调节变量的研究相对较少。

为此，我们将在 Avey 等(2009)研究的基础上，深入探讨心理所有权对员工行为的影响。本研究的理论贡献主要有以下几点，首先，证实了 Pierce 等(2009)对心理所有权不同动机来源可能是导致其消极行为来源的推测，并验证了 Avey 等对心理所有权促进和防御维度划分的适用性。其次，丰富了心理所有权的结果变量，发现了心理所有权基于促进和防御两个方面的影响。最后，拓展了心理所有权作用于员工行为的情景边界。验证了基于社会交换和比较视角下领导-部属交换的关键调节效应，丰富了基于注意力资源观和环境威胁论视角下团队关系冲突的边界效应。整个研究将以往有关单维度心理所有权研究纳入两维度模型中，全面考虑心理所有权不同方面的影响路径和情景边界，推进了心理所有权的理论研究。

2. 理论背景与研究假设

2.1 心理所有权和调节焦点理论

心理所有权源于西方学术界对于财产所有权或正式所有权的引申与推导(郑晓明等人，2017)。Pierce 等(1990)将心理所有权定义为人们对(物质或非物质形态的)目标客体所产生的拥有感，即个体将所有物视作"自我"一部分的心理状态，不同于组织承诺、组织认同、组织承诺和内部化等概念，其关键在于心系目标和占有感觉(Pierce & Furo，1990)。

调节焦点理论是 Higgins(1997)提出的，是指个体在面临问题时，会在促进焦点和防御焦点下进行自我调节。Higgins(2002)指出促进性调节焦点与抑制性调节焦点之间的关系是相互独立的，实证研究也证明两种焦点的独立性（Neubert &Wu，2009）。Avey 等（2009）提出了促进性心理所有权与防御性心理所有权，正是基于调节焦点理论，对心理所有权进行了划分，并独立进行了实证研究。其中促进性心理所有权包含自我效能感、归属感、自我认同、责任感；防御性心理所有权，是个体感觉到拥有的目标可能会受到外部实体侵犯时可能产生的防御心理，借鉴了领地感概念（Brown & Lawrence，2005），在 Avey 等（2009）的研究中得到运用。

2.2 促进性心理所有权与组织公民行为

心理所有权能够有效地预测员工的工作态度和行为（Pierce & Furo，1990；Pendleton et al.，1998；陈浩，2011）。研究表明心理所有权与组织公民行为之间存在显著的正向关联。Van Dyne 等（2004）检验了心理所有权与员工工作满意度、组织承诺、以组织为基础的自尊、工作绩效和组织公民行为等变量的关系，结果显示心理所有权与上述变量之间都存在显著的正向关联，并能提升对员工基于组织的自尊和组织公民行为两个变量的额外解释力（Van Dyne & Pierce，2004）。心理所有权与组织公民行为在总体和各层面（社会、组织、群体和自我）上均呈现显著的正向关联（吕福新等人，2007）。

当个体对目标物产生所有感时会倾向于喜欢目标物，对目标物会形成更积极的评价，把自我和所有物积极地整合在一起；所有权感会激发对所有物的责任感，催生出责任意识，产生一系列积极的效应，做出超于期望的组织公民行为、利他行为，愿意为心理所有权目标承担风险，会主动做出旨在捍卫、保护和改善所有权目标的行为（李锐等人，2012）。基于此，我们提出如下假设：

H1：促进性心理所有权正向影响组织公民行为。

2.3 防御性心理所有权与工作排斥行为

Avey 等（2009）基于调节焦点理论，借鉴 Brown 的领地性概念，定义了防御性心理所有权（Avey et al.，2009；陈浩等人，2012），属于心理所有权"注重防止"的一面（储小平等人，2011）。虽然防御性心理所有权有利于满足个体归属感、空间需要的心理动机（Altman，1975），但对自我身份的过于看重，在理清人际关系的同时也阻碍了人际交往的协作和深入发展。在领地性意识已经根深蒂固的组织中，成员会担心侵犯他人的领地而不愿意涉足他人的领地，承担新的角色，或者与同事合作及交流与工作有关的信息（Brown & Lawrence，2005）。

工作排斥是工作场所中个体主观感知到的他人对自己的忽略、排斥和拒绝，是社会排斥在组织情境中的具体表现（Hitlan et al.，2006；Ferris et al.，2008）。Baumeister 和 Tice（1990）曾提出，个体受到社会排斥的主要原因是缺乏能力、违反行为规则、行为偏执或具有社会非赞许行为等。由于领地行为对分享、合作以及共同努力为实现组织目标提出了挑战（Brown & Robinson，2007）。团队内部特别是不同领地性意识的员工交往时，往往会因为领地性较高的个体过于强调自我而忽视领地性较低个体的感受，导致领地性较低个体产生一种挫败感（储小平等人，2011）。由此我们可以推断，对于组织中不愿意分享、拒绝合作和交流、交换意愿低的个体来说，大大降低了人际交往中被期待的交换意愿和交换价值，容易被同事和领导贴上太注重保护自己、以自我为中心的负面"标签"，久而久之更容易成为"边缘化"的人而被孤立或排斥。基于此，我们提出如下假设：

H2：防御性心理所有权正向影响工作排斥行为。

2.4 领导-部属交换的调节效应

Graen 和 Dansereau 等（1972）首次提出了领导-部属交换理论，重点在于描述领导与部属的相互关系，主要是指领导者与不同的下属表现出亲疏远近的交换关系。这种差异的原因在于领导者时间和精力的有限性，对不同的部属进行区分并建立起不同关系（Graen & Cashman，1975）。Hui 等（2004）研究发现，相比于员工与组织的关系，员工与领导者之间的关系对员工行为的影响更大（Hui et al.，2004）。尤其是在"以关系为导向"的中国情境下，组织内部人际关系的发展对员工职业发展有着重要的影响，领导-部属交换成为组织输入与输出之间重要的桥梁（蒋文凯等人，2016）。根据社会交换理论，员工拥有高质量领导-部属交换能够获得领导更多的信任、关注和授权，工作态度更加积极主动。同样，对组织来说，高质量领导-部属交换会增强员工对领导的认同，进而强化其对组织的认同，员工能够获得更多关于组织的使命、文化和价值观等信息，并将它们内化为自己的目标、价值观，从而更好地定义自己属于组织的一员（涂乙冬和李燕萍，2012），表现出主人翁意识、乐于奉献精神，促使了更多组织公民行为的产生。基于此，我们提出如下假设：

H3：领导-部属交换对促进性心理所有权与组织公民行为之间的关系有显著的正向调节作用。相比低质量的领导-部属交换，高质量的领导-部属交换更能增强促进性心理所有权对组织公民行为的正向影响。

领导与某个团队成员之间的关系并非独立存在，而是处于领导与其他成员关系的环境当中，并且相互影响。同样，员工能够感知到同事与领导关系的差别，并且能够分辨"圈内人"和"圈外人"（朗艺和王辉，2017）。领导对无形资产的分配，本身也会引发圈外同事对资源分配中立和公平性的质疑，个体对公平性的判断会受到自己与决策者社会关系质量的影响，不公平的感觉会损害员工的自尊（Tylert et al.，1996）。在与他人的比较中，领导-部属交换质量的差异会引发个体的心理不平衡，对和自己有着不同领导-部属交换质量的同事，个体往往会表现出负面态度（Tsehhm et al.，2013）。相比"圈内人"的下属会因为与领导-部属交换质量高而提高"内部人身份感知"（汪林等人，2009），被划分为"圈外人"的下属则因为低质量领导-部属交换造成自我组织身份认知的迷茫和缺失，导致其对组织和领导的认同下降，强化了自我被组织疏离和排斥的感知。基于此，我们提出如下假设：

H4：领导-部属交换对防御性心理所有权与工作排斥行为之间的关系有显著的负向调节作用。相比低质量的领导-部属交换，高质量的领导-部属交换更能削弱防御性心理所有权对工作排斥行为的正向影响。

2.5 团队关系冲突的调节效应

大多研究将团队内冲突分为任务冲突和关系冲突（Amason，1996；Jehn，1995），Jehn和 Mannix（2001）将团队内冲突细分为过程冲突、任务冲突和关系冲突三种。过程和任务冲突更倾向于认知方面，而关系冲突则更强调人际互动层面。关系冲突指的是情感上的摩擦和紧张，人际关系上的不和谐，对其他组织成员有不喜欢、厌恶和恼火等感觉

（Amason，1996）。关系冲突的存在对组织都是不利的，这一点已成共鸣（Jehn，1995；Jehn & Mannix，2001；Shah & Jehn，1993）。团队关系冲突促使团队成员将本该投注到具体工作上的时间和精力转移到了对人的关注上（Simons & Peterson，2000）。根据注意力资源理论，注意力作为一种认知资源是有限的，并随着刺激、任务的增加，其消耗速度和数量也会增加（Kahneman，1973）。情绪可以更快地吸引注意力，并延迟注意力时长（Posner & Petersen，1990），当信息中带有的情绪刺激越多，挤占注意力意资源越多（Bargh，1989）。我们可以推断，人与人之间的摩擦、紧张程度越高，注意力资源的消耗就越多，有效投入目标物的注意力资源越少。同时，紧张的人际关系会引发个体生气、不信任、沮丧等一系列负面情绪（Jehn，1995），所传递的消极情绪信号，会长时间占用个体注意力，严重限制成员的认知能力和信息处理能力，削弱个体对组织的投入及自我效能，从而降低个体的心理所有权水平，减少积极行为的产出。基于此，我们提出如下假设：

H5：团队关系冲突关系对促进性心理所有权与组织公民行为之间的关系有显著的负向调节作用。相比低水平团队关系冲突，高水平团队关系冲突更能削弱促进性心理所有权对组织公民行为的正向影响。

根据威胁—僵化理论，当个体遇到环境威胁时，往往依赖过去经验，在可控范围内采取行动，行为趋于保守（Staw et al.，1981）。其主要原因是个体为了减少损失，在自我认知可控范围内，往往会强化领地意识，守好自己一方领土，这样一方面可以降低受侵犯可能，另一方面也增强了自我控制力，增加心理安全。相关研究也表明，如个体在关系冲突中感受到威胁，他们会选择退缩、防守的策略，不断压缩自己的心理安全范围，同时拒绝合作（周明建等人，2014）。由此我们可以推断，随着团队关系冲突加剧，个体感知到的威胁越大，个体对环境的可控制越弱，越容易通过宣召自我领地来增强可控性。在发生关系冲突的团队中，团队成员之间会进行负面沟通（Griffith et al.，2003）。负面沟通的增加会强化成员彼此间的厌恶程度，即团队关系冲突水平越高，成员之间的厌恶程度越高。基于此，我们提出如下假设：

H6：团队关系冲突对防御性心理所有权与工作排斥行为之间的关系有显著的正向调节作用。相比低水平团队关系冲突，高水平团队关系冲突更能增强防御性心理所有权对工作排斥行为的正向影响。

综上，本研究的理论模型如图1所示。

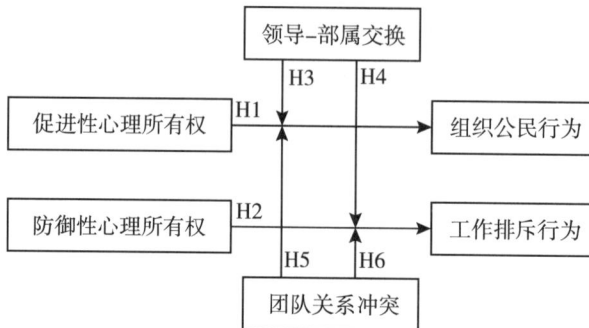

图 1 研究的理论模型

3. 研究设计

3.1　研究方法与数据收集

本研究的数据通过两轮问卷来收集。时点 1 的问卷包含促进性心理所有权、领导-部属交换、组织公民行为等变量，共发放问卷 359 份，回收有效问卷 308 份，有效回收率为 85.79%。时点 2 的问卷包含防御性心理所有权、团队关系冲突、工作排斥行为等变量，共发放问卷 349 份，回收有效问卷 274 份，有效回收率为 78.51%，最终有效配对 219 套。样本中男性占 47%，管理层占比达到 43.8%；85.4% 的人具有大专及以上学历；30~40 岁占比为 89.5%；工龄 1~5 年占比 37.4%，5~10 年占比 43.9%。研究样本主要集中在武汉、台州、杭州、无锡的机械制造、医药以及金融等 3 个行业，填写人员大多从事行政和专业技术工作。

3.2　变量测量

研究主要采用国内外权威期刊上所使用的成熟量表。对于源自英文的量表，为保证跨文化量表的精确性，我们邀请了 2 名英语专业的研究生，2 名人力资源专业的博士生进行双向的"翻译-回译"程序对问卷进行翻译，邀请了 2 名企业中从事人力资源工作的主管，以及 3 名员工对翻译的问卷进行评论和修改，以降低问卷题项上的语义、内容等可能存在的歧义，以提高问卷质量。所有变量均采用李克特 5 点计分法(1 = 非常不同意，5 = 非常同意)。

(1)促进性心理所有权。采用 Chi 和 Han(2008)的量表，包括"这个单位/公司是我的""这个单位/公司是我们的"等 4 个题项。

(2)防御性心理所有权。采用 Brown(2005)领地性概念，该量表在 Avey 等(2009)的研究中已经得到了验证。包括"我觉得有必要保护自己的物品，以防被同事占用""我觉得有必要防止同事过多分取我的项目利益"等 4 个题项。

(3)组织公民行为。组织公民行为的测量采用 Farh，Hackett 和 Liang(2007)的量表进行测量，包含利他行为、责任感和建议行为。包括"我会帮助工作负荷过重的同事""我会帮助新员工适应工作环境"等 9 个题项。

(4)工作排斥行为。采用 Ferris 等(2008)编制的问卷，进行工作排斥行为的测量。包括"别人忽视你的存在""你发现别人看都不看你一眼"等 10 个题项。

(5)领导-部属交换。采用我国学者王辉，牛雄鹰等(2004)等编制的量表，并得到了实证验证。包括"如果我不是故意犯错，领导会为我辩护""我非常喜欢我的领导的为人"等 12 个题项。

(6)团队关系冲突。采用已经得到广泛应用 Jehn(1995)的团队的关系冲突量表。包括"团队成员之间常有私人恩怨""团队成员之间暗地里互相较劲"等 4 个题项。

(7)控制变量。选择性别、学历、年龄、工作年限、职位、企业性质、职级和企业规模作为控制变量。这些企业及个人因素有可能对心理所有权产生影响，但在研究中企业规模、性别并未对心理所有权产生影响,年龄、工龄和职级则对心理所有权存在影响(储小平和刘清兵,2005)。吕福新等的研究证实了企业规模、企业性质和企业人数与心理所有权无关(吕福新和顾姗姗,2007)。员工的性别、年龄、教育程度、工作年限的差异会影响工作场所排斥行为(皮垚卉,2012)。因此,本研究重点选择性别、年龄、教育程度、工作年限、职位等作为控制变量进行探讨。

4. 实证分析

4.1 同源误差分析

为了检测同源误差对研究假设的影响,本研究采用了2种方式来降低或检测同源误差的问题。(1)采用了2轮数据发放和收集的方法,来降低同源误差,在一定程度上避免由于同一时点、同一被试等收集数据带来的同源误差问题。(2)采用了 Harman's 单因子检验方法评估和检测同源方差。Harman's 单因子检验将所有变量所有测量条目全部放在一起进行因子分析,未旋转的情况下,它解释的变异量33.867%,因子旋转后,最大一个因子仅17.809%,即最大因子均不能解释大部分变异的现象,所以存在的同源误差不足以影响研究结论(Ashford & Tsui,1991)。

4.2 测量工具的效度分析

为检验研究使用变量的概念区分性,我们使用 AMOS20.0 进行验证性因子分析。问卷变量的题项一共43条,有效样本219份,样本数和题项之比为5.09:1,达到了学者们建议的5:1的要求。虽然样本量达到了结构方程模型的分析比要求的标准,但整体来说样本的数量还是比较少,所以我们根据 Kishton 等(1994)的建议运用打包方法,对数据进行了处理。具体做法如下:促进性心理所有权、防御性心理所有权、组织公民行为、工作排斥行为、领导-部属交换、团队关系冲突分别打成两个包,即将测量的变量进行探索性因子分析,所有测量条目负荷在1个因子上,得到测量条目由低到高的因子负荷,将若干个最高的条目和最低的条目取平均值组合一个因子,将若干个负荷值位于中间的条目组合为另一个因子,然后进行验证性因子分析。

本研究同时比较了6个不同的因子分析,如表1所示:6因子显著优于其他因子模型,各项指标均处于可接受的范围内,表明概念有较好的区分效度,代表了6个不同的构念。

表1　　　　　　　　　　　　　验证性因子分析

模型	χ^2	df	χ^2/df	REMEA	CFI	NFI	GFI	RMR
6 因子模型	97.906	75	1.305	0.037	0.989	0.956	0.945	0.02
5 因子模型	315.508	80	3.944	0.116	0.889	0.858	0.811	0.036
4 因子模型	520.525	84	6.197	0.154	0.794	0.766	0.754	0.065

模型	χ^2	df	χ^2/df	REMEA	CFI	NFI	GFI	RMR
3 因子模型	709.773	87	8.158	0.181	0.706	0.68	0.702	0.079
2 因子模型	733.785	89	8.245	0.182	0.695	0.67	0.701	0.079
1 因子模型	789.143	90	8.768	0.189	0.67	0.645	0.68	0.079

注：6 因子模型：促进性心理所有权、防御性心理所有权、组织公民行为、工作排斥行为、领导-部属交换、团队关系冲突。

5 因子模型：促进性心理所有权+防御性心理所有权、组织公民行为、工作排斥行为、领导-部属交换、团队关系冲突。

4 因子模型：促进性心理所有权+防御性心理所有权、组织公民行为+工作排斥行为、领导-部属交换、团队关系冲突。

3 因子模型：促进性心理所有权+防御性心理所有权、组织公民行为+工作排斥行为、领导-部属交换+团队关系冲突。

2 因子模型：促进性心理所有权+防御性心理所有权+组织公民行为+工作排斥行为、领导-部属交换+团队关系冲突。

1 因子模型：促进性心理所有权+防御性心理所有权+组织公民行为+工作排斥行为+领导-部属交换+团队关系冲突。

4.3 描述性统计分析

表2 变量的均值、标准误和相关系数

变量	M	SD	1	2	3	4	5	6	7	8	9
1 性别	1.53	0.5	—								
2 教育程度	2.09	0.534	0.041	—							
3 年龄	2.72	0.686	-0.189**	0.083	—						
4 工作年限	4	1.343	-0.113	-0.045	0.639**	—					
5 职位	3.25	0.978	-0.043	0.220**	0.057	-0.032	—				
6 促进性心理所有权	3.228	0.73	-0.036	-0.148*	-0.085	-0.051	-0.253**	—			
7 防御性心理所有权	3.107	0.838	0.006	0.068	-0.065	-0.036	0.025	-0.153*	—		
8 组织公民行为	3.88	0.52	-0.087	-0.127	-0.036	-0.009	-0.189**	0.610**	-0.180**	—	
9 工作排斥行为	1.734	0.517	-0.015	0.164*	0.06	-0.043	0.234**	-0.396**	0.227**	-0.430**	—

注：*表示 $p<0.05$，**表示 $p<0.01$，***表示 $p<0.001$，下同。在性别上，男性为1，女性为2。在年龄上，由小到大依次为：1.20 岁以下，2.20~30 岁，3.31~40 岁，4.41~50 岁，5.50 岁以上。在教育程度上，由低到高依次为：1. 大专以下，2. 大学专科，3. 大学本科及以上。在职位上，由低到高依次为：1. 普通员工，2. 基层，3. 中层，4. 高层。

表 2 显示了各个层次变量的均值、标准差和相关系数。由表 2 可知，促进性心理所有权与组织公民行为显著正相关（$r=0.610$，$p<0.01$），假设 1 得到验证；防御性心理所有权与工作排斥行为正相关（$r=0.227$，$p<0.01$），假设 2 得到验证。

4.4　调节效应分析

本研究采用分层回归方法检验调节作用。首先，将自变量（促进性心理所有权、防御性心理所有权）和调节变量（领导-部属交换、团队关系冲突）做中心化处理，再将自变量分别和不同的调节变量相乘后得到交互项。按照分层回归分析步骤，检验领导-部属交换、团队关系冲突的调节效应。

表 3　　　　　　　　　　　　　　领导-部属交换的调节效应

变量	M1	M2	M3	M4	M5	M6	M7	M8
性别	-0.098	-0.065	-0.051	-0.051	-0.002	0.000	-0.030	-0.029
年龄	-0.032	-0.001	0.078	0.097	0.101	0.121	0.023	0.038
教育程度	-0.083	-0.028	-0.016	-0.005	0.107	0.091	0.059	0.054
工作年限	-0.008	0.013	-0.024	-0.049	-0.096	-0.101	-0.075	-0.083
职位	0.000	-0.035	0.017	0.025	0.201***	0.198***	0.082	0.080
促进性心理所有权		0.596***	0.28***	0.256***				
领导-部属交换			0.51***	0.637***				
领导-部属交换×促进性心理所有权				0.21***				
F 值	2.39*	21.59***	32.553***	32.238***				
ΔF 值	2.39*	111.396***	61.417***	14.958***				
R^2	0.053	0.379	0.519	0.551				
ΔR^2	0.031	0.326	0.141	0.032				
防御性心理所有权						0.22**	0.127*	0.141*
领导-部属交换							-0.478***	-0.464***
领导-部属交换×防御性心理所有权								-0.059
F 值					3.446**	4.937**	14.006***	12.368***
ΔF 值					3.446**	11.537**	60.159***	0.933
R^2					0.075	0.123	0.317	0.320
ΔR^2					0.053	0.048	0.194	0.003

注：＊表示 $p<0.05$，＊＊表示 $p<0.01$，＊＊＊表示 $p<0.001$。

由表3可以看出：促进性心理所有权对组织公民行为的直接影响为（$r = 0.596$, $p < 0.001$）；领导-部属交换对组织公民行为的影响为（$r = 0.51$, $p < 0.001$）；交互项领导-部属交换×促进性心理所有权对组织公民行为的影响为（$r = 0.21$, $p < 0.001$），且加入交互项后，整个模型的解释力度增加了 3.2%（ΔR^2），ΔF 值在 $p < 0.001$ 水平下显著，说明领导-部属交换对促进性心理所有权和组织公民行为之间的调节效应显著。

防御性心理所有权对工作排斥行为的直接影响为（$r = 0.22$, $p < 0.01$）；领导-部属交换对工作排斥行为的影响为（$r = -0.478$, $p < 0.001$）；交互项领导-部属交换×防御性心理所有权对工作排斥行为的影响为（$r = -0.059$, ns），且加入交互项后，整个模型的解释力度增加了 0.3%（ΔR^2），ΔF 值没达到显著水平，说明领导-部属交换对防御性心理所有权和组织公民行为之间的调节效应不显著。由此，假设1、2、3得到验证，假设4没得到验证。

为进一步解释调节效应的关系，根据 Aiken 和 West（1991）推荐的简单坡度分析程序，将领导-部属交换按照高于均值一个标准差和低于均值一个标准差将调节变量分组，依次对高、低水平上的领导-部属交换进行促进性心理所有权对组织公民行为回归分析，并将结果绘制成图，如图2所示。

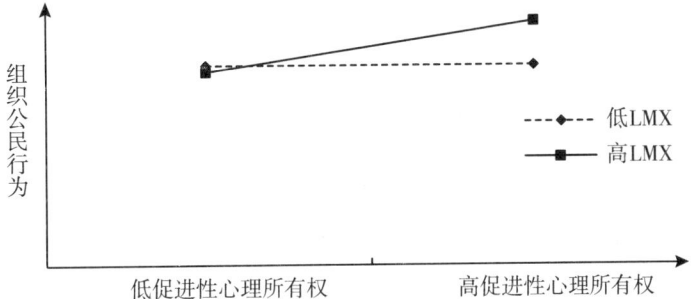

图2　领导-部属交换对促进性心理所有权-组织公民行为关系的调节

从图2可以看出，领导-部属交换对促进性心理所有权和组织公民行为之间的调节作用显著。且相比低质量领导-部属交换，高质量领导-部属交换更能强化促进性心理所有权和组织公民行为之间的关系。

表4　　　　　　　　　　　　　　**团队关系冲突的调节效应**

变量	M1	M2	M3	M4	M5	M6	M7	M8
性别	−0.098	−0.065	−0.067	−0.069	−0.002	0.000	0.005	0.008
年龄	−0.032	−0.001	0.021	0.018	0.101	0.121	−0.023	−0.007
教育程度	−0.083	−0.028	−0.026	−0.023	0.107	0.091	0.073	0.066
工作年限	−0.008	0.013	−0.006	−0.002	−0.096	−0.101	−0.001	−0.007
职位	−0.173	−0.035	−0.023	−0.014	0.201	0.198	0.105	0.091

变量	M1	M2	M3	M4	M5	M6	M7	M8
促进性心理所有权		0.596***	0.57***	0.584***				
团队关系冲突			-0.103+	-0.111				
团队关系冲突×促进性心理所有权				-0.086				
F 值	2.39*	21.59***	19.142***	17.175***				
ΔF 值	2.39*	111.396***	3.146+	2.468				
R^2	0.053	0.379	0.388	0.396				
ΔR^2	0.031	0.326	0.009	0.008				
防御性心理所有权					0.220***	0.088	0.126*	
团队关系冲突						0.568***	0.562***	
团队关系冲突×防御性心理所有权								0.129*
F 值					3.446**	4.937***	20.357***	18.868***
ΔF 值					3.446**	11.537**	99.166***	5.444*
R^2					0.075	0.123	0.403	0.418
ΔR^2					0.053	0.048	0.28	0.015

注：+ 表示 $p<0.1$，* 表示 $p<0.05$，**表示 $p<0.01$，***表示 $p<0.001$.

从表 4 可以看出，团队关系冲突对组织公民行为的影响为（$r=-0.103$，$p<0.1$）；交互项团队关系冲突×促进性心理所有权对组织公民行为的影响为（$r=-0.086$，ns），且加入交互项后，整个模型的解释力度增加了 0.8%（ΔR^2），ΔF 值没达到显著水平，说明团队关系冲突对促进性心理所有权和组织公民行为关系的调节效应不显著。假设 5 没有得到验证。

团队关系冲突对工作排斥行为的影响为（$r=0.568$，$p<0.001$）；交互项团队关系冲突×防御性心理所有权对工作排斥行为的影响显著（$r=0.129$，$p<0.05$），且加入交互项后，整个模型的解释力度增加了 1.5%（ΔR^2），ΔF 值在 $p<0.05$ 水平下显著，说明团队关系冲突对防御性心理所有权和工作排斥行为之间的调节效应显著。假设 6 得到验证。

将团队关系冲突按照高于均值一个标准差和低于均值一个标准差将调节变量分组，依次在高、低水平团队关系冲突上对防御性心理所有权和工作排斥行为进行回归分析，并将结果绘制成图，如图 3 所示。

从图 3 可以看出，团队关系冲突对防御性心理所有权和工作排斥行为之间的调节作用显著。相比低水平团队关系，高水平团队关系冲突情境下，防御性心理所有权和工作排斥行为之间的正向关系更加显著。

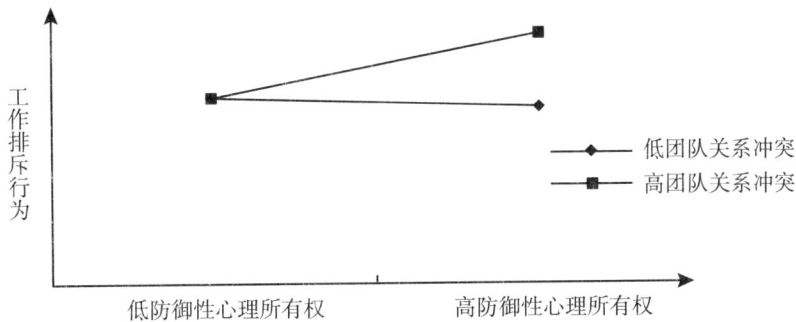

图 3　团队关系冲突对防御性心理所有权-工作排斥行为关系的调节

5. 讨论

5.1　研究结论与实践启示

5.1.1　研究结论

假设 1 和假设 2 通过了检验，表明促进性心理所有权与组织公民行为正向关联，防御性心理所有权与工作排斥行为正向关联，证实了心理所有权既有积极影响也有消极作用，佐证了调节焦点理论用于界定心理所有权促进和防御两维度的观点，也印证了 Avey 等在 2009 年提出的心理所有权两维度模型（Avey et al., 2009），且证实了 Pierce 等在 2009 年提出的不同动机心理所有权可能是其消极影响的原因（Pierce & Jussila, 2009）。

假设 3 通过了检验，表明领导-部属交换在强化促进性心理所有权对组织公民行为之间关系的作用。呼应了在中国企业情境下，员工与领导者之间的关系品质比员工与组织之间的关系品质更能决定员工为组织做贡献的意愿的观点（Hui et al., 2004）。假设 6 通过了检验，表明关系冲突在强化防御性心理所有权对工作排斥行为之间关系的作用，再次佐证了关系冲突对在任何阶段的组织都是不利的（Jehn & Mannix, 2001）。领导-部属交换和团队关系冲突调节效应的研究证实了心理所有权具有较强的情景依赖性。

假设 4 没有得到验证，但依然为我们提供了有价值的线索：防御性心理所有权在面临组织环境中威胁或者侵犯时，员工在自保心理驱动下，基于组织资源有限性，对同事关系中存在的敌意、排挤和不友善等更为敏感，相比较而言，与领导关系的好坏，并不能直接改善工作中受到的排斥行为。

假设 5 没有得到验证。其原因可能在于促进性心理所有权来自个体对目标物的占有感，所催生的责任意识会以更加积极的心态去看待团队之间的关系冲突，从组织目标统一的层面认知会减缓个体对关系冲突的负面解释。

5.1.2　实践启示

本研究的实践启示主要包括以下三点。第一，组织应关注员工的心理所有权，引导心理所有权的产生并营造其作用发挥的环境。组织可以通过有效的工作设计，加快员工对工作的了解和投入的程度，给予员工对工作的自主权和控制，增加工作中的授权，从而改善员工的工作态度，提高工作的积极性，使其获得内在的自我激励，更高的自我效能感等，从而有利于员工促进性心理所有权的出现。同时，应及时干预并降低防御性心理所有权消极影响的产生和扩散。比如组织可以通过明细工作职责、优化工作流程，以及有效的激励制度设计，引导员工关注"成功"，避免"失败"，从而降低防御性心理所有权。

第二，应深刻认识到领导-部属交换对下属具有"双刃剑"效应。一方面，对员工来说，领导代表了组织形象，领导对下属自我概念的影响，也是影响个体自我归类、归属感的过程，即领导决定了下属的心理所有权水平，高质量的领导-部属交换能够赢得员工对领导的认同，强化对组织的归属感，激发员工积极行为的产生。但同时，领导区别对待下属所引发的下属比较行为，会强化低质量交换圈子里员工对领导形象和领导水平的消极判断，而对领导的消极认知会降低个体对组织的心理所有权，影响其主人翁行为的产生。

第三，畅通沟通渠道，降低关系冲突的负面影响。在组织环境中，基于组织资源的有限性，员工身处其中为获取资源，赢得奖励或晋升等，彼此之间因竞争而导致的关系冲突引发紧张氛围、互相排斥的事情比比皆是。为此，构建良好的沟通渠道，让员工言有所诉，心有所属，能够增强主人翁意识；同时，畅通沟通渠道，也可以及时地将矛盾消化在互相理解的过程中，降低关系冲突，避免人际隔阂。比如通过员工代表大会、经验分享会、员工吐槽会、恳谈会、微信群、社区互动等多种形式、多渠道，提供员工表达意见的机会，也是企业赢得员工信任，提高组织认同，实现个体和组织利益关联的有效方法。

5.2 研究局限性与未来方向

本研究的局限和未来的研究方向主要表现在以下几个方面。第一，有效样本数量219套满足了研究需要，但还是较少，使得有些假设并未得到验证。未来研究可考虑从样本数量上进行扩充，以使结论更具有普遍的应用价值。第二，借鉴领地性替代防御性心理所有权的测量，虽然验证了部分结论，但下一步急需开发防御性心理所有权的量表，确保能够准确测量这一构念。第三，考虑多种方法分析验证心理所有权的影响以及交叉影响作用。

◎ 参考文献

[1]储小平，刘清兵. 心理所有权理论对职业经理职务侵占行为的一个解释[J]. 管理世界，2005（7）.

[2]储小平，杨肖锋. 员工心理领地性的负面影响：个人与团队层面的分析[J]. 中山大学学报(社会科学版)，2011，51(5).

[3]陈浩，惠青山，奚菁. Avey 心理所有权问卷的修订及与相关工作态度的关系[J]. 广东工业大学学报(社会科学版)，2012（1）.

[4]陈浩. 心理所有权如何影响员工组织公民行为——组织认同与组织承诺作用的比较[J]. 商业经济与管理，2011(7).

[5]陈晨，杨付，李永强. 职场排斥的作用机制与本土化发展[J]. 心理科学进展. 2017（8）.

[6]姜荣萍,何亦名.知识心理所有权对知识隐藏的影响机制研究——基于智力型组织的实证调研[J].科技进步与对策,2014,31(14).

[7]姜薇薇.员工组织支持感,心理所有权与建言行为关系研究[D].长春:吉林大学学位论文,2014.

[8]吕福新,顾姗姗.心理所有权与组织公民行为的相关性分析——基于本土企业的视角和浙江企业的实证[J].管理世界,2007(5).

[9]郎艺,王辉.基于同事视角的领导-部属交换研究[J].管理学报,2017,14(1).

[10]李锐,凌文辁,柳士顺.传统价值观,上下属关系与员工沉默行为——一项本土文化情境下的实证探索[J].管理世界,2012(3).

[11]梁果,李锡元,陈思.领导-部属交换和心理所有权中介作用的感恩对个体主动性的影响[J].管理学报,2014,11(7).

[12]梁建,王重鸣.中国背景下的人际关系及其对组织绩效的影响[J].心理学动态,2001,9(2).

[13]蒋文凯,贾良定,刘德鹏.领导成员交换关系:中庸思维和高承诺工作系统的影响研究[J].珞珈管理评论,2016(1).

[14]潘孝富,秦启文,张永红,谭小宏.组织心理所有权,基于组织的自尊对积极组织行为的影响[J].心理科学,2012,35(3).

[15]涂乙冬,李燕萍.领导-部属交换、双重认同与员工行为探析[J].武汉大学学报(哲学社会科学版),2012,65(6).

[16]王辉,牛雄鹰.领导-部属交换的多维结构及对工作绩效和情境绩效的影响[J].心理学报,2004,36(2).

[17]姚凯,崔晓明.心理所有权的非均衡发展及其影响效应研究[J].经济理论与经济管理,2010(8).

[18]周浩,龙立荣.变革型领导对下属进谏行为的影响:组织心理所有权与传统性的作用[J].心理学报,2012,44(3).

[19]周明建,潘海波,任际范.团队冲突和团队创造力的关系研究:团队效能的中介效应[J].管理评论,2014(12).

[20]朱沆,刘舒颖.心理所有权前沿研究述评[J].管理学报,2011,8(5).

[21]Amason, A. C. Distinguishing the effects of functional and dysfunctional conflict on strategic decision making: Resolving a paradox for top management teams [J]. *Academy of Management Journal*, 1996, 39(1).

[22]Aryee, S., Chen, Z. X. Leader-member exchange in a Chinese context: Antecedents, the mediating role of psychological empowerment and outcomes [J]. *Journal of Business Research*, 2006, 59(7).

[23]Ashford, S. J., Tsui, A. S. Self-regulation for managerial effectiveness: The role of active feedback seeking[J]. *Academy of Management Journal*, 1991, 34(2).

[24]Avey, J. B., Avolio, B. J., Crossley, C. D., et al. Psychological ownership: Theoretical extensions, measurement and relation to work outcomes [J]. *Journal of Organizational*

Behavior, 2009, 30(2).

[25] Bargh, J. A. *Conditional automaticity: Varieties of automatic influence in social perception and cognition*[M]. In U. James & J. A. Bergh (Eds.), Unintended thought. New York: Guilford Press, 1989.

[26] Baumeister, R. F., Tice, D. M. Point-counterpoints: Anxiety and social exclusion[J]. *Journal of Social and Clinical Psychology*, 1990, 9(2).

[27] Bernhard, F., O'Driscoll, M. P. Psychological ownership in small family-owned businesses: Leadership style and nonfamily-employees' work attitudes and behaviors[J]. *Group & Organization Management*, 2011, 36(3).

[28] Brown, G., Lawrence, T. B., Robinson, S. L. Territoriality in organizations[J]. *Academy of Management Review*, 2005, 30(3).

[29] Brown, G., Robinson, S. L. The dysfunction of territoriality in organizations[J]. *Prenatal Diagnosis*, 2010, 12(7).

[30] Brown, G., Zhu, H. "My Workspace, not yours": The impact of psychological ownership and territoriality in organizations[J]. *Journal of Environmental Psychology*, 2016(48).

[31] Chi, N. W., Han, T. S. Exploring the linkages between formal ownership and psychological ownership for the organization: The mediating role of organizational justice[J]. *Journal of Occupational and Organizational Psychology*, 2008, 81(4).

[32] Farh, J. L., Hackett, R. D., Liang, J. Individual-level cultural values as moderators of perceived organizational support-employee outcome relationships in China: Comparing the effects of power distance and traditionality[J]. *Academy of Management Journal*, 2007, 50 (3).

[33] Ferris, D. L., Brown, D. J., Berry, J. W., et al. The development and validation of the Workplace Ostracism Scale[J]. *Journal of Applied Psychology*, 2008, 93(6).

[34] Griffith, T. L., Elizabeth, A. M., Neale, M. A. *Conflict and Virtual Teams*[M]. San Francisco: Jossey-Bass, 2003.

[35] Graen, G. B., Cashman, C. J. A role-making model of leadership in formal organizations: A developmental approach. In: H J G, L LL. *Leadership frontiers*[M]. Kent State University Press: Kent, 1975.

[36] Han, T. S., Chiang, H. H., Chang, A. Employee participation in decision making, psychological ownership and knowledge sharing: Mediating role of organizational commitment in Taiwanese high-tech organizations[J]. *The International Journal of Human Resource Management*, 2010, 21(12).

[37] Higgins, E. T. Promotion and prevention: Regulatory focus as a motivational principle[J]. *Advances in experimental social psychology*, 1998(30).

[38] Higgins. How self-regulation creates distinct values: The case of promotion and prevention decision making[J]. *Journal of Consumer Psychology*, 2002, 12(3).

[39] Hitlan, R. T., Cliffton, R. J., DeSoto, M. C. Perceived exclusion in the workplace: The

moderating effects of gender on work-related attitudes and psychological health[J]. *North American Journal of Psychology*, 2006, 8(2).

[40]Hui, C., Lee, C., Rousseau, D. M. Employment relationships in China: Do workers relate to the organization or to people? [J]. *Organization Science*, 2004, 15(2).

[41]Jehn, K. A., Mannix, E. A. The dynamic nature of conflict: A longitudinal study of intragroup conflict and group performance[J]. *Academy of Management Journal*, 2001, 44 (2).

[42]Jehn, K. A. A multimethod examination of the benefits and detriments of intragroup conflict [J]. *Administrative science quarterly*, 1995, 40(2).

[43]Jussila, I., Tarkiainen, A., Sarstedt, M., et al. From the special issue guest editors[J]. *Journal of Marketing Theory and Practice*, 2015, 23(2).

[44]Kahneman, D. *Attention and effort*[M]. Englewood Cliffs, NJ: Prentice Hall, 1973.

[45]Kim, E., Glomb, T. M. Get smarty pants: Cognitive ability, personality, and victimization [J]. *Journal of Applied Psychology*, 2010, 95(5).

[46]Mayhew, M. G., Ashkanasy, N. M., Bramble, T., et al. A research of the antecedents and consequences of psychological ownership in organizational settings[J]. *The Journal of Social Psychology*, 2007, 147(5).

[47]Mills, H., Schulz, J. Exploring the relationship between task conflicts, relationship conflict, organizational commitment[J]. *Choregia: Sport Management International Journal*, 2009, 5(1).

[48]Pendleton, A., Wilson, N., Wright, M. The perception and effects of share ownership: Empirical evidence from employee buy-Outs[J]. *British Journal of Industrial Relations*, 1998, 36(1).

[49]Pierce, J. L., Furo, C. A. Employee ownership: Implications for management [J]. *Organizational Dynamics*, 1990, 18(3).

[50]Pierce, J. L., Jussila, I. A. Collective psychological ownership within the work and organizational context: Construct introduction and elaboration[J]. *Journal of Organizational Behavior*, 2009, 30(6).

[51]Pierce, J. L., Rubenfeld, S. A., Morgan, S. Employee ownership: A conceptual model of process and effects[J]. *Academy of Management Review*, 1991, 16(1).

[52]Posner, M. I., Petersen, S. E. The attention system of the human brain[J]. *Annual Review of Neuroscience*, 1990 (13).

[53]Robinson, S. L., Bennett, R. J. A typology of deviant workplace behaviors: A multidimensional scaling research[J]. *Academy of Management Journal*, 1995, 38(2).

[54]Simons, T. L., Peterson, R. S. Task conflict and relationship conflict in top management teams: The pivotal role of intragroup trust[J]. *Journal of Applied Psychology*, 2000, 85(1).

[55]Tepper, B. J., Duffy, M. K., Henle, C. A., et al. Procedural injustice, victim precipitation, and abusive supervision[J]. *Personnel Psychology*, 2006, 59(1).

[56] Tyler, T., Degoey, P., Smith, H. Understanding why the justice of group procedures matters: A test of the psychological dynamics of the group-value model[J]. *Journal of Personality and Social Psychology*, 1996, 70 (5).

[57] Van, D. L., Pierce, J. L. Psychological ownership and feelings of possession: Three field studies predicting employee attitudes and organizational citizenship behavior[J]. *Journal of Organizational Behavior*, 2004, 25(4).

[58] Webster, J., Brown, G., Zweig, D., et al. Beyond knowledge sharing: Withholding knowledge at work//*Research in Personnel and Human Resources Management* [M]. England: Emerald Group Publishing Limited, 2008.

The Impact of Psychological Ownership on Employee Behavior: Moderation Effect of Leader Member Exchange and Team Relationship Conflict

Liang Guo [1]   Zhao Chenhui [2]

(1 Business School of Zhejiang Wanli University, Ningbo, 315000;

2 College of Business Administration, Zhongnan University of Economics and Law, Wuhan, 430073)

Abstract: This article explores the impact of psychological ownership on employee behavior. 219 questionnaires were collected in two rounds, the results showed that promotion focused psychological ownership promotes organizational citizenship behavior; Prevention focused psychological ownership reinforces workplace ostracism behavior; Compared with the low-quality leader-member exchange, the high-quality leader-member exchange can enhance the positive influence of promotion focused psychological ownership and organizational citizenship behavior; Compared with low-level team relationship conflict, high-level team relationship conflict can enhance the positive impact of prevention focused psychological ownership and workplace ostracism behavior. The research not only theoretically verifies the motivation source and situational boundary of positive and negative effects of psychological ownership, but also provides enlightenment for enterprises to motivate employees' positive behaviors and restrain negative behaviors in practice.

Key words: Promotion focused psychological ownership; Prevention focused psychological ownership; Leader-member exchange; Team relationship conflict; Workplace ostracism behavior

专业主编：杜　旌

珞珈管理评论[2019 年卷 第 1 辑（总第 28 辑）] Luojia Management Review No. 1, 2019(Sum. 28)

基于对偶心理定位的领导-追随行为模式及其实证研究[*]

● 陶厚永[1] 曹 伟[2]

(1，2 武汉大学经济与管理学院 武汉 430072)

【摘 要】 本文采用含有情境模拟的调查问卷收集数据，检验了基于信任关系和专业能力的对偶心理定位对领导行为和追随行为的影响。研究结果表明，当领导对下属的心理定位为高信任关系、高专业能力时，其选择授权领导行为的倾向显著高于栽培、防御和威权领导行为；当下属对领导的心理定位为高信任关系、高专业能力时，其选择学习追随行为的倾向要显著高于模范、消极和疏离追随行为；当下属对领导的心理定位为低信任关系、高专业能力时，其选择消极追随行为的倾向要显著高于学习、模范和疏离追随行为；当下属对领导的心理定位为低信任关系、低专业能力时，其选择疏离追随行为的倾向要显著高于学习、模范和消极追随行为。研究结果有助于领导与下属对彼此状态形成清晰的预判，从而可以有效提升领导的领导力以及下属的追随力。

【关键词】 对偶心理定位；领导行为；追随行为；信任关系；专业能力

中图分类号：F270   文献标识码：A

1. 引言

领导力研究一直是组织管理领域重点研究的主题之一（Alimo-Metcalfe & Alban-Metcalf，2005；Riggs & Porter，2017）。在学者们对领导风格、行为特质等广泛探讨的同时，却很少出现关注追随力的研究（Agho，2009）。组织中的追随者较少得到关注的原因可能是其消极被动、没有权力的标签（Hoption et al.，2012）。我们通过对 Web of Science(WOS)核

* 基金项目：国家自然科学基金面上项目"领导-追随行为互动对新员工追随力的作用机制：对偶心理定位的视角"（项目批准号：71472140）；国家自然科学基金青年项目："差序式领导对员工利社会组织行为的影响机理：Trickle-down 模式的跨层次研究"（项目批准号：71402192）；教育部人文社会科学研究专项任务项目"移动互联时代工程科技人才的开发机制研究：产学研联动的视角"（项目批准号：15JDGC016)以及武汉大学自主科研(人文社科)青年项目(2015)。

通讯作者：陶厚永，E-mail：taohouyong@whu.edu.cn。

心合集数据库与中国知网 CSSCI 来源期刊数据库的检索发现(见图 1):在过去的 20 年中,无论是外文文献还是中文文献,领导力研究主题的文献数量都远胜于追随力研究主题的文献数量,客观说明相较于追随力的研究,学者们更热衷对领导力的探讨。近年来随着学者们对追随力研究的深入,其地位日益受到重视(Crossman & Crossman,2010)。领导力需要领导者与追随者双方共同建构(Uhl-Bien et al.,2014),组织管理活动是由领导和下属在一定的情境下共同完成,双方的特质、情绪和态度都会影响对方的感知、态度和行为,甚至改变另一方的情绪、态度、工作满意度、行为模式和认同感知(Bligh et al.,2007;Dvir & Shamir,2003),从而对领导效能产生影响。现实中不乏由于领导与下属间的误解而产生一系列诸如不信任、领导效能缺失、下属不公平感知与下属离职等管理问题。若领导与下属能依据有效的心理定位,对彼此行为形成准确预判,则有助于双方工作过程中的良性互动,从而避免不必要的管理冲突。

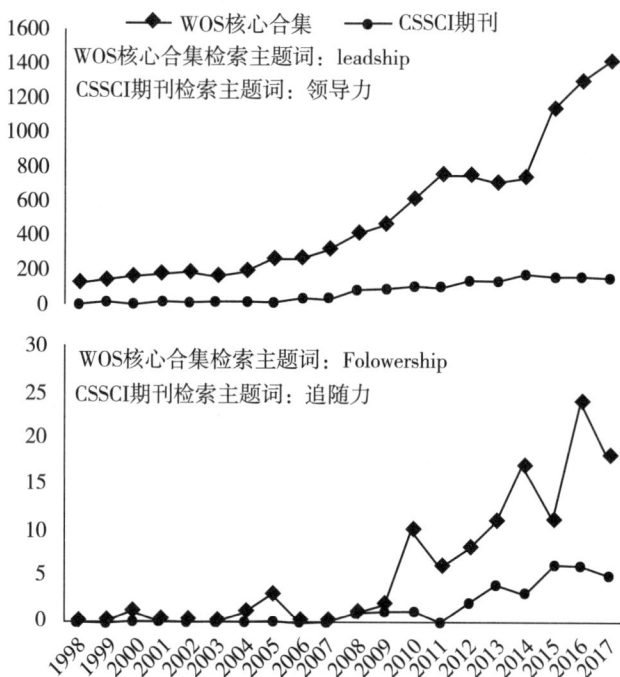

图 1　1998—2017 年领导力与追随力文献数量

以往关于领导力和追随力的研究文献大多是分开进行探讨,而缺乏整合性研究,因而学者们强调应加强领导力与追随力的整合性研究(Derue & Ashford,2010;Epitropaki et al.,2017)。基于 Hersey 等(1982)对领导风格的研究和 Kelley(1992)对追随者的分类,Bjugstad 等(2006)提出了领导和追随的整合模型。该整合模型依据任务行为和关系行为的两个维度,将领导-追随行为划分为授权-典范类型、命令-服从类型、指导-消极类型、参与-独立类型。台湾学者卓明德(2012)提出以信任关系和专业能力两个维度作为领导者和追随者双方对偶心理定位的依据,并指出其存在四种领导-追随行为匹配模式。学者陶厚永等(2014)进一步运用定性分析和逻辑推理，较为充分地阐释了其内在机理及合理性。人与人互动之前，通常会依据对方的大致情况做一个基本预判，然后再采取行动。换句话说，互动双方的行为反应是依据对方情况做出的心理定位。而对于领导者与追随者而言，影响彼此心理定位的最重要因素是不是信任关系和专业能力？对于不同的信任关系和专业能力的组合，领导者会采取何种领导行为？追随者又会采取何种追随行为？对偶心理定位与领导行为、追随行为之间的关系能否得到实证支持？对这些问题的回答，有助于拓展人们对领导行为、追随行为的认知，从而更好地管理和提高领导者的领导力和追随者的追随力。

2. 相关研究评述和研究假设

2.1 对偶心理定位视角下的领导-追随行为模式

中国情境下，我们习惯于在和他人相处之前，对彼此间的"垂直关系"(权力地位)和"水平关系"(情感关系)进行分析，在确定彼此的相对状态后，再决定自己采用何种方式与之进行交往(严奇峰，1991)。上述心理定位观点对于解释一般社会交往行为有较强的解释力，但如果直接运用到组织中领导者与追随者的关系上可能不太合适。

组织中领导者与追随者虽然具有"垂直关系"(权力地位)的不平等，但随着中国情境下公司治理的规范化水平不断提高，以"垂直关系"作为双方心理定位的现象在很大程度被弱化，而更多强调以能力导向，为组织创造价值。企业作为具有经营目标的营利性组织，员工能力高低会影响组织经营目标能否实现，所以领导者-追随者互动必然会考虑对方的"能力"因素。以往研究表明，员工的工作能力与工作满意度及工作绩效密切相关(Abdel-Halim，1981；Kim et al.，2016)。当员工具有高专业能力时，领导倾向于给予高绩效评价(Yammarino & Waldman，1993)。员工甚至可通过价值促进的方式提升自身工作技能，增加领导对其依赖性，进而可避免领导的辱虐管理行为(Wee et al.，2017)。情境领导理论指出领导行为要与下属的成熟度(能力)相适应才能取得有效的领导效果，Kelley(1988)认为追随者的分类构面中的"下属的独立性"(是否善于独立思考)也与下属的专业能力有关，内隐追随理论也将"追随者的经验与效率"作为领导者极为重视的因素(Sy，2010)。因此，本研究以"专业能力"替代"垂直关系"(权力地位)作为领导-下属心理定位的一个维度。

郑伯埙(1995)结合华人组织的特点，在差序格局(费孝通)、人情与面子模型(黄光国)以及信任格局(高承恕)的基础上，提出了"亲"(与员工血缘关系的远近)、"忠"(员工的忠诚度高低)以及"才"(员工的能力高低)的员工归类模式，来研究企业主与下属之间的定位。但是"亲""忠""才"的员工归类模式在解释领导-下属行为互动时，依然存在一定局限性：首先，随着现代组织规模的不断扩大以及公司治理的规范化，领导-下属之间具有血缘关系的概率很低，从而导致"亲"这一维度的缺失；其次，华人文化的忠与西方文化的忠(loyalty)在发展脉络以及内涵上有所差异(姜定宇、郑伯埙、任金刚、谢宜君，2005)，且华人文化下的忠诚概念仍处于建构阶段，需要更多的后续研究来支撑(姜定宇，

2009；姜定宇、郑伯埙、郑纪莹、周李芳，2007）。以往文献对"信任"这一概念的探讨较为成熟（Mayer & Schoorman，1995；Dirks & Ferrin，2002）。信任作为维持组织效能、促进组织生存发展的重要因素，在组织行为学领域一直备受关注（张祥润、王宗水、时勘、赵红，2017）。信任在组织中扮演着重要角色，对个体层面、团队层面与组织层面的结果变量都有显著影响（Kramer，1999）。领导与下属间的双向信任有利于改善双方间的互动质量，提升领导者的领导效能和追随者的利组织行为，最终实现组织高绩效目标（李爱梅、谭清方、杨慧琳，2012；王成利，2017）。最近，苏涛等（2017）的 Meta 分析同样表明信任对于组织具有积极意义。因而，本文用较为成熟的"信任关系"作为领导者-追随者心理定位的另一维度。

2.2 领导者心理定位与领导行为

当领导者判断追随者为高信任、高专业能力时，领导者对员工会展现较高程度的授权行为，这是因为领导者对追随者有较高程度信任，把工作任务交给追随者完成不会产生代理成本（Eisenhardt，1989），为提高工作效率，领导者会放心地把工作任务授权给追随者去完成；此外，领导者判断追随者具有较高专业能力，相信追随者能够顺利完成工作任务时，愿意把工作任务交给追随者，从而展现较低的任务行为。

当领导者判断追随者为高信任、低专业能力时，领导者对追随者会展现较高程度的栽培行为。在领导者看来，追随者的专业能力低，不能顺利完成工作任务，因而不能把工作任务授权给追随者完成；但同时领导者对追随者具有较高程度的信任，愿意帮助其提高专业能力从而让追随者胜任工作，因此领导者会给予追随者机会，让其参与工作决策，对其进行培养，以期追随者能够提高专业能力从而胜任工作。因此，当领导者对追随者定位为高信任、低专业能力时，会对追随者展现较高程度的栽培行为。

当领导者定位追随者为低信任、高专业能力时，领导者会对追随者展现较高程度的防御行为，即处处提防追随者，杜绝员工进入权力核心参与决策。即使追随者具有较高的专业能力，但领导者对其的信任程度较低，担心追随者对自身地位产生威胁，甚至取代自己的职位，所以不会像对待高信任、高专业能力的追随者那样展现较高程度的授权行为，而可能在工作中排斥、提防追随者，更不会让其进入权力核心参与工作决策（Blanchard，2007）。因此，当领导者判断追随者为低信任、高专业能力时，会对追随者展现较高程度的防御行为。

当领导者判断追随者为低信任、低专业能力时，领导者会展现较高程度的威权行为，即以专权、严厉和教诲等上对下的单向命令对待追随者的行为（郑伯埙、林姿莹、郑弘岳、周丽芳、任金刚、樊景立，2010）。一方面，由于对追随者信任程度低，领导者不放心将工作任务授权给追随者去完成，而是以专权、严厉的态度在其监督下完成工作任务；另一方面，由于领导者预判追随者的工作能力低，无法胜任工作，因而会对其展现单向命令的任务行为。因此，当领导者定位追随者为低信任、低专业能力时，会对追随者展现较高程度的威权行为。整合的领导者心理定位下的行为分类如图 2 所示。

基于以上的分析，本文提出以下假设：

H1a：当领导者心理定位追随者为高信任、高专业能力时，其所实施的授权领导行为

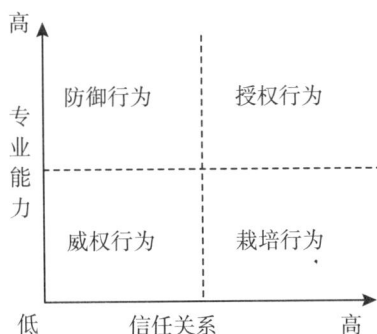

图 2　基于信任关系和专业能力的领导行为模式

程度高于其他三种领导行为类型；

H1b：当领导者心理定位追随者为高信任、低专业能力时，其所实施的栽培领导行为程度高于其他三种领导行为类型；

H1c：当领导者心理定位追随者为低信任、高专业能力时，其所实施的防御领导行为程度高于其他三种领导行为类型；

H1d：当领导者心理定位追随者为低信任、低专业能力时，其所实施的威权领导行为程度高于其他三种领导行为类型。

2.3　追随者心理定位与追随行为

类似的，当追随者把领导者定位为高信任、高专业能力时，一方面，追随者对领导者较为信任，会主动亲近领导者，向领导者学习；另一方面，由于领导者具有较高的专业能力，追随者会认可领导者下达的工作任务，乐意听从领导的安排。因此，当追随者定位领导者是高信任、高专业能力时，追随者会展现较高程度的学习行为，即主动亲近领导者，向领导者学习，这种类型的追随者与 Carsten 等（2010）建构的积极型追随者类似。

而当追随者对领导者定位为高信任、低专业能力时，追随者则会展现出较高程度的模范行为，即追随者将该领导者视为伙伴，愿意与领导者共同进行决策，适时给予建言并辅佐相关业务，展现主动配合与牺牲奉献等利领导行为（Shamir，2007）。与学习行为相比，模范行为注重追随者对领导者的建言辅佐，虽然实施模范行为的追随者对领导者同样具有较高程度信任，但由于领导者专业能力有限，并不能胜任其工作，因此追随者承担了辅佐者角色，追随者愿意辅佐的前提是其对领导者有较高程度信任。

当追随者判断领导者为低信任、高专业能力类型时，此时追随者会展现更多的消极行为，虽然行为上服从领导，但与领导间的互动只是以完成工作任务为目的。这种类型的追随者对领导者信任程度低，所以即使领导者有较高工作能力，追随者也不会向领导者展现较高程度的学习行为。但是因为领导者具有较高的专业能力，且领导者手中拥有组织资源，因此在行为上追随者还是会服从领导，听从领导者的指示。因为追随者对领导者的信任程度低，不太可能向领导者表达自己的真实想法，追随者与领导者的互动只是以工作为限，并不会主动亲近领导者(魏昕、张志学，2010)。

当追随者定位领导者为低信任、低专业能力时，追随者对领导者会展现较高程度的疏离行为，即追随者在工作中只以自己的意见为主，不愿听取领导者给予的建议，与其保持距离。追随者对领导者的专业能力定位较低且不信任领导者，此时追随者在工作中可能不愿意听从领导者的安排，因为追随者担心领导者专业能力低，听从安排可能无法完成工作任务，加上对领导者的信任程度低，更加导致追随者对领导者的不服从。值得注意的是，领导者在组织中拥有较多资源，为自身利益考虑，追随者的不服从只是一种软性不服从，并不会与领导者针锋相对(Tepper et al.，2006)。整合的追随者心理定位下的行为分类如图3所示。

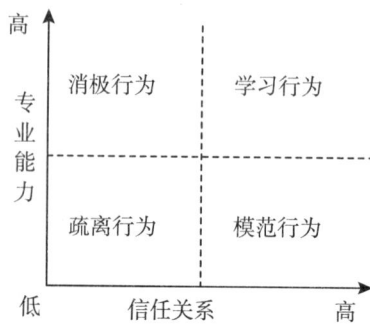

图3　基于信任关系和专业能力的追随行为模式

基于以上的分析，本文提出以下假设：

H2a：当追随者心理定位领导者为高信任、高专业能力时，其所实施的学习追随行为程度高于其他三种追随行为类型；

H2b：当追随者心理定位领导者为高信任、低专业能力时，其所实施的模范追随行为程度高于其他三种追随行为类型；

H2c：当追随者心理定位领导者为低信任、高专业能力时，其所实施的消极追随行为程度高于其他三种追随行为类型；

H2d：当追随者心理定位领导者为低信任、低专业能力时，其所实施的疏离追随行为程度高于其他三种追随行为类型。

3. 研究设计

3.1　调查对象选取

本文以高校的 MBA 学员以及江苏、安徽和武汉等地企业的中层管理者为主要研究对象，中层管理者一般具有多年的工作经验，对领导者和追随者角色有比较深刻的认知(樊耘、纪晓鹏、邹艺，2012)。作为领导者，他们比较清楚以什么为依据去对追随者进行心理定位；同样，作为追随者，他们也比较清楚以什么为依据对领导者进行心理定位，所以选择中层管理者为研究对象，与本文研究的出发点比较契合。

3.2 问卷设计

本文参考李明等的(2013)情境模拟实验，依据信任程度和专业能力的高低设计出 2×2 四种情境(四种不同类型脚本)，分别是高信任、高专业能力问卷；高信任、低专业能力问卷；低信任、高专业能力问卷；低信任、低专业能力问卷。为保证模拟情境的有效性，我们首先查找资料，列出追随者对领导者信任和专业能力判断的影响因素(其中信任程度高影响因素 15 项，专业能力高影响因素 8 项)；同样的，列出领导者对追随者信任和专业能力判断的影响因素(其中信任程度高影响因素 10 项，专业能力高影响因素 8 项)。

之后以 MBA 学员为研究对象进行预测试，共计发放问卷 132 份，剔除不合格填写问卷 20 份后，获得有效问卷 112 份，问卷有效回收率为 84.8%。对有效回收的问卷进行统计，将高信任、高专业能力影响因素选择次数最多的前四项作为情境模拟问卷的脚本题目。如领导获得高信任评价和高专业能力评价的选项分别为"领导为人正直，做事公平""领导做事有规划、有明确的工作思路"等，员工获得高信任评价和高专业能力评价的选项分别为"做事认真踏实，态度端正""员工注重自我学习提升；合理安排工作任务"等。信任程度低和专业能力低的模拟情境是分别对应信任程度高、专业能力高选项的反面获得。领导者的授权行为、栽培行为和防御行为主要参考徐玮伶等(2002)使用的量表，威权行为主要参考郑伯埙等(2010)使用的量表，追随行为是结合四种追随行为的本质特点，并在与被试访谈基础上编制形成的量表。本文采用 Spss 24 版本和 Mplus 7.0 软件对量表进行信度、效度以及验证性因子分析，Stata 13 版本对假设检验进行统计分析。

3.3 问卷发放与回收

情境模拟问卷的所有题项均采用 Likert 五点量表进行计分，首先将被试进行分组，然后邀请被试进入本文所设计的情境脚本中进行评价，最后再将问卷进行分类汇总。问卷发放与回收于 2017 年 3 月至 2017 年 6 月完成，以实地走访和电子邮件两种形式进行收集。总计发放问卷 550 份，剔除不合格问卷 58 份后，获得 492 份有效问卷，问卷有效回收率为 89.5%。在有效回收的问卷中，领导者和追随者双方心理定位互为高信任、高专业能力类型的问卷 114 份；心理定位互为高信任、低专业能力类型的问卷 118 份；心理定位互为低信任、高专业能力类型的问卷 126 份；心理定位互为低信任、低专业能力类型的问卷 134 份。

3.4 问卷信度与效度分析

表 1 是以各领导行为和各追随行为构念的信度、收敛效度与区别效度分析。CR 值表示构念内部的一致性，值越高表明内部一致性程度越高，以往研究建议 CR 值应在 0.7 以上(Fornell & Larcker，1981)。AVE 是计算构念的各测量题项对该构念的变异解释能力，值越高表明构念有越高的信度与收敛效度(蔡娟、王勇、陈如，2017)，Bagozzi(1988)建议 AVE 值必须大于 0.5。由表 1 可知，领导行为和追随行为的信度和收敛效度得到了数据支持。区别效度是通过将某构念的 AVE 平方根值与其他构念的 Pearson 相关系数值进行比较，AVE 平方根值明显大于与其他构念 Pearson 相关系数值表明具有良好的区别效度

（Bettencourt，2004）。由表1可知，四种领导行为和四种追随行为均具有良好的区别效度。值得注意的是，领导者授权行为与威权行为正相关但不显著，而追随者学习行为与消极行为显著正相关，可能与我们的一般认知有偏差。威权领导行为作为家长式领导维度之一，阐释了中国情境组织中普遍存在的"严父"现象（孙雨晴、罗文豪，2018）。但组织中领导的"严父"行为是希望下属能更好胜任工作，最终完成组织目标。为了完成组织目标，领导有时必须"施恩"（授权）与"立威"（威权）并重，因而可能出现授权行为与威权行为正相关情形。领导掌握组织资源，下属职业生涯发展与领导关系紧密相关（李燕萍、涂乙冬，2011）。为了获得职业生涯发展，下属可能将学习行为作为一种印象管理行为与消极行为组合使用，因而可能出现学习行为与消极行为显著正相关情形。

表1 构念信度、收敛效度与区别效度分析（ $n=492$ ）

构念	标准化因素负荷量	收敛效度		区别效度			
		CR	AVE	授权	栽培	防御	威权
授权	0.831~0.997	0.94	0.83	(.91)			
栽培	0.782~0.994	0.90	0.75	0.33***	(0.86)		
防御	0.822~0.997	0.93	0.82	−0.04	−0.38***	(0.90)	
威权	0.784~0.996	0.89	0.73	0.04	−0.35***	0.51***	(0.85)
				学习	模范	消极	疏离
学习	0.814~0.997	0.92	0.79	(0.89)			
模范	0.806~0.958	0.91	0.77	0.21***	(0.88)		
消极	0.662~0.996	0.85	0.66	0.11**	−0.20***	(0.81)	
疏离	0.655~0.970	0.82	0.60	−0.26***	−0.22***	0.25***	(0.78)

注：对角线括号内为 AVE 平方根值，下三角为构念 Pearson 相关系数值；**表示 $p<0.01$ ，***表示 $p<0.001$ 。

表2分别是领导行为和追随行为的单因子、二因子和四因子验证性分析。以往的研究表明， x^2/df 小于5表示模型可以接受，小于3则表示模型拟合度较好；CFI、TLI 大于0.90 则表示模型拟合度较好；RMSEA、SRMR 小于 0.08 则模型拟合度较好（王孟成，2014）。从表2可以看出，领导行为和追随行为的四因子模型得到了数据的支持，且都优于各自的单因子、二因子模型。

表2 验证性因子分析表（ $n=492$ ）

Model	x^2	df	x^2/df	CFI	TLI	RMSEA	SRMR
领导者单因子 a	3444.33	54	63.78	0.31	0.15	0.36	0.30
领导者二因子 b	1764.55	53	33.29	0.65	0.57	0.26	0.20
领导者四因子 c	169.00	48	3.52	0.98	0.97	0.07	0.04
追随者单因子 d	2491.12	54	46.13	0.36	0.21	0.30	0.22

Model	x^2	df	x^2/df	CFI	TLI	RMSEA	SRMR
追随者二因子 e	1888.40	53	35.63	0.51	0.40	0.27	0.21
追随者四因子 f	192.06	47	4.09	0.96	0.95	0.08	0.07

注：a. 授权行为+栽培行为+防御行为+威权行为　　b. 授权行为+栽培行为；防御行为+威权行为

c. 授权行为；栽培行为；防御行为；威权行为　　d. 学习行为+模范行为+消极行为+疏离行为

e. 学习行为+模范行为；消极行为+疏离行为　　f. 学习行为；模范行为；消极行为；疏离行为。

4. 领导-追随行为模式验证的实证检验

4.1 信任、专业能力的多因素方差分析

多因素方差分析是用来研究两个及两个以上控制变量是否对观测变量产生显著影响的分析方法（薛薇，2013）。在考虑信任程度和专业能力交互影响的情况下，本文对信任和专业能力两因素的不同水平与领导行为、追随行为分别进行多因素方差分析，探究信任、专业能力的不同水平是否对领导行为和追随行为产生影响。表3为整合的多因素方差分析表。

表3　　　　　　　　信任、专业能力对各行为的多因素方差分析（$n=492$）

定位类型 检验变量	（1）	（2）	（3）	（4）	（5）	（6）	（7）	（8）
信任程度	16.25 ***	85.33 ***	80.36 ***	79.84 ***	81.62 ***	53.23 ***	25.26 ***	65.50 ***
专业能力	153.72 ***	46.47 ***	8.55 **	10.51 **	271.16 ***	0.01	11.77 **	9.23 **
信任程度×专业能力	10.03 **	4.40 *	4.89 **	8.90 **	1.03	0.73	0.21	3.80
Adjusted R^2	0.26	0.21	0.15	0.16	0.42	0.10	0.07	0.14

注：（1）表示授权行为；（2）表示栽培行为；（3）表示防御行为；（4）表示威权行为；

（5）表示学习行为；（6）表示模范行为；（7）表示消极行为；（8）表示疏离行为；

* 表示 $p<0.05$，** 表示 $p<0.01$，*** 表示 $p<0.001$。

通过表3发现，信任的不同水平（高信任、低信任）对四种领导行为和四种追随行为均具有显著性影响；除模范行为外，专业能力的不同水平（高专业能力、低专业能力）对四种领导行为具有显著性影响。信任关系和专业能力对各领导行为均存在显著交互作用（至少在 $p<0.05$ 水平上显著），对各追随行为均未存在显著交互作用，图4与图5为信任和专业能力对四种领导行为与四种追随行为的交互作用图。

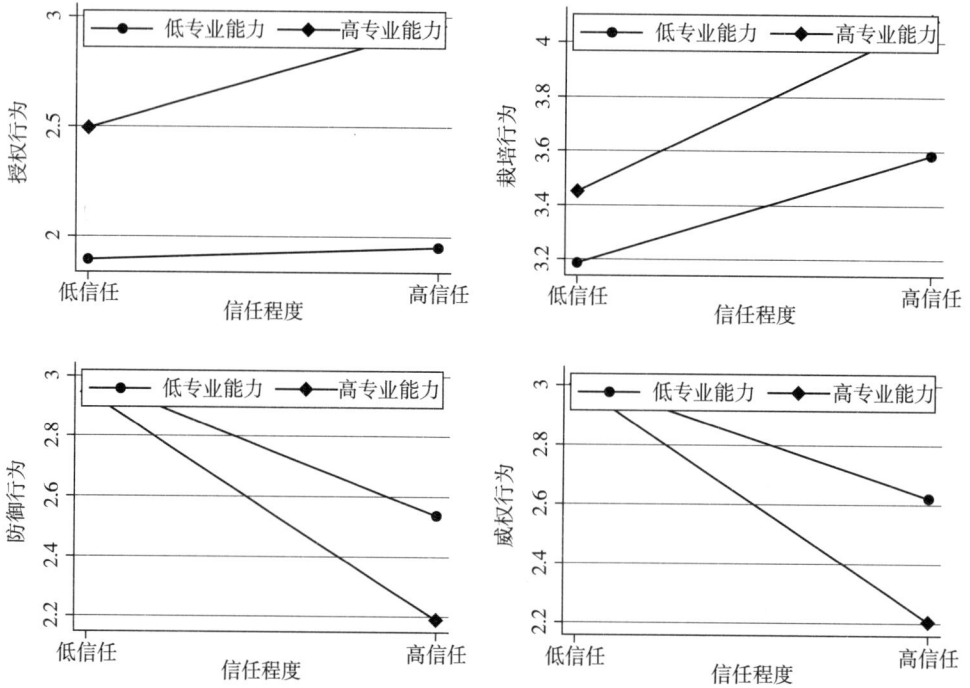

图 4　基于信任关系和专业能力的心理定位与领导行为

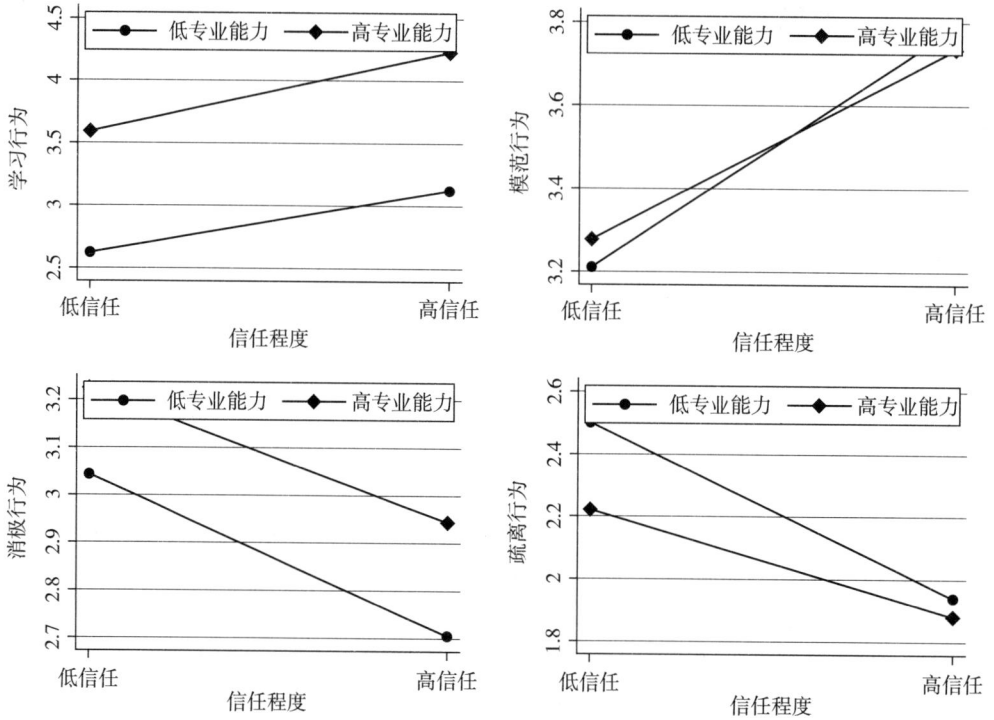

图 5　基于信任关系和专业能力的心理定位与追随行为

4.2　对偶心理定位与领导行为关系的实证分析

为了验证假设 H1a、H1b、H1c、H1d，即领导者在信任和专业能力心理定位的二维构面下所采取的领导行为是否符合本文研究假设，我们首先计算出对追随者不同心理定位类型下领导者采取的领导行为均值，然后与其他不同心理定位类型下领导行为均值进行 t 检验。本文假设获得支持的条件为：假设的领导行为均值在对比时呈现出最大值，且与其他领导行为均值的 t 检验具有显著性差异。

通过表 4 可以看到，授权行为在领导者对追随者定位为（1）类型的问卷中均值最大（2.96），且表 5 的领导者行为 t 检验表明（1）类型问卷下，授权行为与其他类型问卷下授权行为均存在显著差异，即可认为假设 H1a 成立。栽培行为在（1）类型下的均值最大（4.08），并未在预期（2）类型下呈现最大，且（2）类型均值与最大值的 t 检验存在显著差异，因此假设 H1b 未获支持。防御行为均值在（4）类型下最大（2.99），并未在预期（3）类型下呈现均值最大，假设 H1c 未获支持，但（3）类型与最大均值 t 检验表明两者间不存在显著差异。威权行为在预期（4）类型下均值最大，但 t 检验表明威权行为在（3）与（4）类型下并无显著差异，因此假设 H1d 也未获得支持。

综合以上分析，在均值呈现最大值和 t 检验具有显著差异的标准下，假设 H1a 获得支持，假设 H1b、H1c、H1d 未获得支持。

表4　　　　　　　　　　领导者各心理定位类型下的领导行为平均值

领导者心理定位　　　　领导行为类型	（1） $n = 114$	（2） $n = 118$	（3） $n = 126$	（4） $n = 134$
授权行为	2.96 （0.075）	1.95 （0.049）	2.49 （0.076）	1.89 （0.055）
栽培行为	4.08 （0.053）	3.58 （0.056）	3.45 （0.053）	3.19 （0.059）
防御行为	2.19 （0.059）	2.54 （0.070）	2.94 （0.073）	2.99 （0.065）
威权行为	2.20 （0.056）	2.62 （0.075）	3.00 （0.070）	3.02 （0.064）

注：（1）代表高信任、高专业能力类型；（2）代表高信任、低专业能力类型；（3）代表低信任、高专业能力类型；（4）代表低信任、低专业能力类型；括号内为标准误。

表5 　领导者行为 T 检验结果

t 检验类型 \ t 检验变量	（1）与（2）的 T 检验	（1）与（3）的 T 检验	（1）与（4）的 T 检验	（2）与（3）的 T 检验	（2）与（4）的 T 检验	（3）与（4）的 T 检验
授权行为	11.30***	4.340***	11.70***			
栽培行为	6.40***			1.75	4.88***	
防御行为		−7.92***		−4.02***		−0.49
威权行为			−9.44***		−4.08***	−0.18

注：（1）代表高信任、高专业能力类型；（2）代表高信任、低专业能力类型；（3）代表低信任、高专业能力类型；（4）代表低信任、低专业能力类型；***表示 $p<0.001$。

4.3 对偶心理定位与追随行为关系的实证分析

类似的，本文的追随行为分析也是先比较不同心理定位类型下追随行为的均值，然后对不同心理定位类型下的追随行为进行 t 检验，只有当二者条件同时满足时，假设才成立。

从表6中可以发现，学习行为均值在预期（1）类型下最大（4.23），且表7的 t 检验表明，学习行为在（1）类型下与其他类型均具有显著差异，因此假设 H2a 获得支持。模范行为均值在预期（2）类型下最大（3.79），但由表7的 t 检验可知，模范行为并未在（1）与（2）类型下的 t 检验中显著，因此假设 H2b 未获得支持。消极行为均值在预期（3）类型下最大（3.22），且消极行为在（3）类型下与其他行为类型均具有显著差异，因此假设 H2c 获得支持。疏离行为均值在预期（4）类型下最大（2.50），且表7的 t 检验表明疏离行为在（4）类型下与其他类型均具有显著差异，因此假设 H2d 也获得支持。

综合以上分析，假设 H2a、H2c、H2d 获得支持，假设 H2b 未获得支持。

表6 　追随者各心理定位类型下的追随行为平均值

追随者心理定位 \ 追随行为类型	（1）$n=114$	（2）$n=118$	（3）$n=126$	（4）$n=134$
学习行为	4.23 (0.055)	3.13 (0.067)	3.60 (0.064)	2.62 (0.064)
模范行为	3.73 (0.083)	3.79 (0.064)	3.28 (0.062)	3.21 (0.072)
消极行为	2.94 (0.061)	2.71 (0.058)	3.22 (0.063)	3.04 (0.061)
疏离行为	1.88 (0.052)	1.94 (0.054)	2.22 (0.056)	2.50 (0.058)

注：（1）代表高信任、高专业能力类型；（2）代表高信任、低专业能力类型；（3）代表低信任、高专业能力类型；（4）代表低信任、低专业能力类型；括号内为标准误。

表 7

追随者行为 T 检验结果

t 检验类型 t 检验变量	(1)与(2) 的 T 检验	(1)与(3) 的 T 检验	(1)与(4) 的 T 检验	(2)与(3) 的 T 检验	(2)与(4) 的 T 检验	(3)与(4) 的 T 检验
学习行为	12.6***	7.4***	18.7***			
模范行为	−0.52			5.71***	5.93***	
消极行为		−3.17**		−6.00***		2.08*
疏离行为			−7.80***		−6.97***	−3.42***

注：(1)代表高信任、高专业能力类型；(2)代表高信任、低专业能力类型；(3)代表低信任、高专业能力类型；(4)代表低信任、低专业能力类型；* 表示 $p<0.05$，** 表示 $p<0.01$，*** 表示 $p<0.001$。

5. 讨论、研究贡献和未来研究方向

5.1 结果讨论

信任的高低水平对领导行为和追随行为均具有显著影响，印证了信任关系在中国社会互动情境中所扮演的关键角色(Hwang，1987)。而专业能力之所以对追随者的模范行为没有明显影响作用，可能的原因是追随者在实施模范行为时，主要是依据对领导者的信任程度，而不是以领导者的专业能力高低为评判依据。信任和专业能力的交互效应对领导行为的影响效应显著，而对追随行为的影响效应不显著，原因可能与领导者、追随者的成熟度有关。一般来说，领导者相对而言比较成熟，所以领导者在评价追随者时，更多是综合考量；而追随者评价领导者时，更可能是看某个方面的特质(优点)。也就是说，追随者对领导者的信任、专业能力的预判更多是正交关系，而不是交互效应。

从领导行为关系的实证分析结果来看，当放宽假设获得支持标准后(只比较均值而不看 t 检验显著性)，假设 H1a 和 H1c 获得支持，客观上说明本文所提出的假设存在一定合理性。但也仍看到，即使放宽条件，假设 H1b 和 H1d 也未能获得支持。领导者对追随者存在高信任、低专业能力的心理定位与栽培领导行为之间的关系(H1b)之所以未能通过实证检验，可能的原因是在中国情境下，领导者一般只会培养那些有能力的人，那些没有能力的人很难得到领导的认可和栽培。以往研究也表明，下属的专业能力与领导对其绩效评价息息相关，具有高专业能力的下属更能获得领导认可(Yammarino & Waldman，1993)。领导者对追随者存在低信任、低专业能力的心理定位与威权领导行为之间的关系未能通过验证(H1d)，可能的原因是受家长式传统文化的影响，领导者的威权行为是比较普遍的现象，与领导者持有何种心理定位没有太大关系。

从追随行为关系的实证分析结果来看，当放宽假设获得支持标准后(只比较均值而不看 t 检验显著性)，假设 H2b 也获得支持，即追随行为所有假设都获得支持。下属对领导者持有的基于信任关系、专业能力为基础的心理定位，能够很好地预判下属的追随行为。也就是说，追随者对领导者的信任以及领导者在追随者心目中的能力水平，直接决定了下属会采取何种追随行为。员工进入企业的一个重要目标就是实现职业成功（Fagenson，1989），对领导信任程度高或专业能力得到认可，员工更愿意与领导发展良好的关系，以获得工作能力提升和职业机会进而实现职业发展，因而员工更会表现出学习行为和模范行为。而在员工对领导信任程度低或专业能力得不到认可情况下，员工的偏差行为倾向可能就会增加，所以消极行为和疏离行为程度更高。

5.2 理论贡献与实践启示

领导力领域先后经历了以领导者为中心和以追随者为中心的研究历程，但只从单一视角研究会导致对领导过程的理解过于简化，从而可能会形成错误结论（Kupers & Weibler，2008）。本研究回应了将领导问题分化在领导与下属互动的历程中进行考察的倡议（Collinson，2005；Gemmill & Oakley，1992；Gronn，2002），实证检验了以信任和专业能力作为领导者和追随者心理定位依据预判双方行为的可行性，对这一问题的探讨有助于深入研究领导与下属在互动过程中的心理变化以及行为方式。文章在前人研究基础之上（卓明德，2012；陶厚永、李薇、陈建安、李玲，2014），运用情境模拟问卷方式收集数据，以验证领导-追随行为的匹配模式是否与理论阐释相符。研究结果对以对偶心理定位视角阐释的领导-追随行为匹配模式有重要意义，能促进理论的进一步完善与发展。

本文研究结果对组织管理中产生的实际问题具有很好的解释力，能够帮助组织中领导与员工之间进行良性互动。具体而言，领导者可以依据信任和专业能力标准，对员工进行分类，做到"因材施教"，实现差异化管理，帮助员工提高专业能力从而促进其进步；追随者也可以依据信任和专业能力标准，对领导进行心理定位，实现与领导间的友好互动。信任和专业能力这两因素深刻影响领导与下属对彼此的心理定位，因而领导与下属应树立良好的个人声誉以及提升自身的专业能力。

5.3 不足与未来研究方向

由于研究限制，本文在以下几个方面存在不足。一是样本量偏少，虽然我们回收了492 份有效样本，但因我们的研究涉及四种不同类型脚本，所以每种类型脚本的有效样本只有 100 份左右。在后续研究中应增加样本的数量，以提高统计分析结果的稳定性与真实性。二是研究方法单一，本研究采用的是以情境模拟问卷形式收集数据，虽然在研究设计阶段我们做了充分的严谨性考量，但依然无法充分保证研究结果的可靠性。后续研究中应采取多样化的研究设计（如实验研究等），以更严谨的研究程序保证结果的可靠性（Loi，Yang & Diefendorff）。三是假设获得支持标准的严谨性问题。若以行为均值最大且与其他行为类型 t 检验具有显著差异的标准作为假设获得支持的依据，本研究领导 H1a 至 H1d四个假设中只有假设 H1a 获得支持，而在放宽假设的标准下 H1c 也获得支持，H2a 至H2d 均获得支持。虽然放宽假设条件也具有合理性，但严谨性的问题仍值得商榷，未来研究中应采取更为严谨的假设获得支持的标准进行实证检验。四是未考虑情境因素可能影响领导-追随行为的动态互动。领导-追随行为实质上是动态互动的过程，现阶段研究只是讨论了其静态过程，未来研究可结合相关情境因素探讨领导-追随行为间的动态互动过程（杨红玲、彭坚，2015）。

◎ 参考文献

[1] 蔡娟，王勇，陈如. 心理特征量表再建构与信效度评估[J]. 统计与决策，2017（19）.

[2] 樊耘，纪晓鹏，邹艺. 中层管理者多重角色行为对企业绩效影响的实证研究[J]. 管理工程学报，2012，26（2）.

[3] 商婧，龙丹兰，绳鸿燕. 组织氛围对于职场友谊的影响研究：人际信任的中介作用[J]. 云南财经大学学报，2018（11）.

[4] 姜定宇，郑伯埙，任金刚，谢宜君. 主管忠诚：华人本土构念的美国验证[J]. 中华心理学刊，2005，47（2）.

[5] 姜定宇，郑伯埙，郑纪莹，周丽芳. 华人效忠主管的概念分析与量表建构[J]. 中华心理学刊，2007，49（4）.

[6] 姜定宇. 华人企业主管知觉部属效忠[J]. 中华心理学刊，2009，51（1）.

[7] 李爱梅，谭清方，杨慧琳. "领导与下属双向信任"的形成及其作用机制研究[J]. 暨南学报（哲学社会科学版），2012，34（2）.

[8] 李明，凌文辁，柳士顺. CPM领导理论三因素动力机制的情境模拟实验研究[J]. 南开管理评论，2013，16（2）.

[9] 李燕萍，涂乙冬. 与领导关系好就能获得职业成功吗？一项调节的中介效应研究[J]. 心理学报，2011，43（8）.

[10] 苏涛，陈春花，崔小雨，陈鸿志. 信任之下，其效何如——来自Meta分析的证据[J]. 南开管理评论，2017，20（4）.

[11] 孙雨晴，罗文豪. 威权领导效应悖论的成因探究与理论拓展[J]. 中国人力资源开发，2018，35（3）.

[12] 陶厚永，李薇，陈建安，李玲. 领导-追随行为互动研究：对偶心理定位的视角[J]. 中国工业经济，2014（12）.

[13] 王成利. 变革型领导与知识型团队绩效关系研究：心理资本及组织公平感的中介作用[J]. 山东大学学报（哲学社会科学版），2017（6）.

[14] 王孟成. 潜变量建模与Mplus应用：基础篇[M]. 重庆：重庆大学出版社，2014.

[15] 魏昕，张志学. 组织中为什么缺乏抑制性进言？[J]. 管理世界，2010（10）.

[16] 徐玮伶，郑伯埙，黄敏萍. 华人企业领导人的员工归类与管理行为[J]. 本土心理学研究，2002（18）.

[17] 薛薇. SPSS统计分析方法及应用[M]. 北京：电子工业出版社，2013.

[18] 严奇峰. 儒家意识形态对中国人性格的影响：命题系统及其在管理上的含义[C]. 台湾：第一届管理与哲学研讨会，1991.

[19] 杨红玲，彭坚. 内隐追随理论研究述评[J]. 外国与经济管理，2015，37（3）.

[20] 张祥润，王宗水，时勘，赵红. 内隐领导原型对领导有效性的影响机制——领导信任的中介效应和上下级沟通频率的调节效应[J]. 管理评论，2017，29（5）.

[21] 郑伯埙，林姿莹，郑弘岳，周丽芳，任金刚，樊景立. 家长式领导与部属效能：多层

次分析观点[J]. 中华心理学刊, 2010, 52(1).

[22] 郑伯壎. 差序格局与华人组织行为[J]. 本土心理学研究, 1995 (3).

[23] 卓明德. 领导行为、追随行为与领导效能关系之研究：领导者与追随者对偶心理定位之观点[D]. 桃园：中原大学企业管理研究所博士论文, 2012.

[24] Abdel-Halim, A. A. A reexamination of ability as a moderator of role perceptions—satisfaction relationship[J]. *Personnel Psychology*, 1981, 34(3).

[25] Agho, A. O. Perspectives of senior-level executives on effective followership and leadership[J]. *Journal of Leadership & Organizational Studies*, 2009, 16(2).

[26] Alimo-Metcalfe, B. M., Alban-Metcalfe, R. J. Leadership: Time for a new direction? [J]. *Leadership*, 2005, 1(1).

[27] Bagozzi, R. P., Yi, Y. On the evaluation of structural equation models[J]. *Journal of the Academy of Marketing Science*, 1988, 16(1).

[28] Bettencourt, L. A. Change-oriented organizational citizenship behaviors: The direct and moderating influence of goal orientation[J]. *Journal of Retailing*, 2004, 80(3).

[29] Bjugstad, K., Thach, E. C., Thompson, K. J., Morris, A. A fresh look at followership: A model for matching followership and leadership styles[J]. *Journal of Behavioral & Applied Management*, 2006, 7(3).

[30] Blanchard, K. *Leading at a higher level: Blanchard on leadership and creating high performing organizations* [M]. Upper Saddle River: Prentice Hall, 2007.

[31] Bligh, M. C., Kohles, J. C., Pearce, C. L., et al. When the romance is over: Follower perspectives of aversive leadership[J]. *Applied Psychology*, 2007, 56(4).

[32] Carsten, M. K., Uhl-Bien, M., West, B. J., et al. Mcgregor R. Exploring social constructions of followership: A qualitative study[J]. *The Leadership Quarterly*, 2010, 21(3).

[33] Collinson, D. Dialectics of leadership[J]. *Human Relations*, 2005, 58(11).

[34] Crossman, B., Crossman, J. Conceptualising followership—A review of the literature[J]. *Leadership*, 2017, 7(4).

[35] Derue, D. S., Ashford, S. J. Who will lead and who will follow? A social process of leadership identity construction in organizations[J]. *Academy of Management Review*, 2010, 35(4).

[36] Dirks, K. T., Ferrin, D. L. Trust in leadership: Meta-analytic findings and implications for research and practice[J]. *Journal of Applied Psychology*, 2002, 87(4).

[37] Dvir, T., Shamir, B. Follower developmental characteristics as predicting transformational leadership: A longitudinal field study[J]. *The Leadership Quarterly*, 2003, 14(3).

[38] Eisenhardt, K. M. Agency Theory: An assessment and review [J]. *The Academy of Management Review*, 1989, 14(1).

[39] Epitropaki, O., Kark, R., Mainemelis, C., et al. Leadership and followership identity processes: A multilevel review[J]. *The Leadership Quarterly*, 2017, 28(1).

[40]Fagenson, E. A. The mentor advantage—perceived career job experiences of proteges versus non-proteges[J]. *Journal of Organizational Behavior*, 1989, 10(4).

[41]Fornell, C., Larcker, D. F. Evaluating structural equation models with unobservable variables and measurement error[J]. *Journal of Marketing Research*, 1981, 18(1).

[42]Gemmill, G., Oakley, J. Leadership: An alienating social myth? [J]. *Human Relations*, 1992, 45(2).

[43]Gronn, P. Distributed leadership as a unit of analysis[J]. *The Leadership Quarterly*, 2002, 13(4).

[44]Hersey, P., Blanchard, K. *Management of organizational behavior: Utilizing human resources* [M]. Englewood Cliffs: Prentice Hall, 1982.

[45]Hoption, C., Christie, A., Barling, J. Submitting to the Follower Label[J]. *Zeitschrift für Psychologie*, 2012, 220(4).

[46]Hwang, K. Face and Favor: The Chinese power game[J]. *American Journal of Sociology*, 1987, 92(4).

[47]Kelley, R. E. *The power of followership*[M]. New York: Doubleday, 1992.

[48]Kelley, R. E. In praise of followers[J]. *Harvard Business Review*, 1988, 66(6).

[49]Kim, K. Y., Atwater, L., Patel, P. C., et al. Multisource feedback, human capital, and the financial performance of organizations[J]. *Journal of Applied Psychology*, 2016, 101 (11).

[50]Kramer, R. M. Trust and distrust in organizations: Emerging perspectives, enduring questions[J]. *Annual Review of Psychology*, 1999, 50(50).

[51]Kupers, W., Weibler, J. Inter-Leadership: Why and how should we think of leadership and followership integrally? [J]. *Leadership*, 2008, 4(4).

[52]Loi, R., Yang, J., Diefendorff, J. M. Four-factor justice and daily job satisfaction: A multilevel investigation[J]. *Journal of Applied Psychology*, 2009, 94(3).

[53]Mayer, R. C., Davis, J. H., Schoorman, F. D. An integrative model of organizational trust [J]. *Academy of Management Review*, 1995, 20(3).

[54]Riggs, B. S., Porter, C. O. L. H. Are there advantages to seeing leadership the same? A test of the mediating effects of LMX on the relationship between ILT congruence and employees' development[J]. *Leadership Quarterly*, 2017 (28).

[55]Shamir, B. *From passive recipients to active coproducers: Followers' roles in the leadership process*[M]// Shamir, B., Pillai, R., Bligh, M. C., Uhl-Bien, M. *Follower-centered perspectives on leadership: A tribute to the memory of James R. Meindl*. Greenwich, CT: Information Age Publishing, 2007.

[56]Sy, T. What do you think of followers? Examining the content, structure, and consequences of implicit followership theories [J]. *Organizational Behavior & Human Decision Processes*, 2010, 113(2).

[57]Tepper, B. J., Uhl-Bien, M., Kohut, G. F., et al. Subordinates' resistance and managers'

evaluations of subordinates' performance[J]. *Journal of Management*, 2006, 32(2).

[58]Uhl-Bien, M., Riggio, R. E., Lowe, K. B., Carsten, M. K. Followership theory: A review and research agenda[J]. *The Leadership Quarterly*, 2014, 25(1).

[59]Wee,E. X. M., Liao, H., Liu, D., et al. Moving from abuse to reconciliation: A power-dependency perspective on when and how a follower can break the spiral of abuse[J]. *Academy of Management Journal*, 2017, 60(6).

[60]Yammarino,F. J., Waldman, D. A. Performance in relation to job skill importance: A consideration of rater source[J]. *Journal of Applied Psychology*, 1993, 78(2).

The Leader-Follower' Behavioral Pattern and Empirical Research Based on Dual Psychological-Positioning

Tao Houyong[1]   Cao Wei[2]

(1, 2 Economics and Management School of Wuhan University, Wuhan, 430072)

Abstract: Through the data from questionnaires including mock context. We test the influence of dual psychological-positioning based on the trust and professional abilities on the leader's behaviors and the follower's behaviors. The research results show that when a leader have a conception of high trust and high professional ability toward a subordinate, the choice of empowering leadership behavior tendency is significantly higher than other leader's behaviors. When a subordinate have a conception of high trust and high professional ability toward a leader, the choice of learning behavior tendency is significantly higher than other subordinate's behaviors. When a subordinate have a conception of low trust and high professional ability toward a leader, the choice of negative behavior tendency is significantly higher than other subordinate's behaviors. When a subordinate have a conception of low trust and low professional ability toward a leader, the choice of alienation behavior tendency is significantly higher than other subordinate's behaviors. The research results can help leaders and subordinates form clear prejudgments about each other, thus effectively enhancing the leadership and subordinate followership.

Key words: Dual psychological-positioning; Leadership behavior; Followership behavior; Trust relationship; Professional ability

专业主编：杜旌

营改增抑制了企业的避税行为吗[*]

● 谢获宝[1]　张家豪[2]　惠丽丽[3]

(1, 2　武汉大学经济与管理学院　武汉　430072；

3　武汉理工大学管理学院　武汉　430070)

【摘　要】本文基于三因素理论，从避税压力、机会和借口等方面分析并采用多时点 DID 方法验证营改增政策实施后，服务业企业避税行为发生变化的经济后果。研究发现：实施营改增政策抑制了企业的所得税避税行为；相比低内控水平的企业，高内控水平的企业避税行为受抑制程度更加显著；相比国有企业，非国有企业避税行为受抑制程度更加显著。本文的研究结果丰富和拓展了营改增政策经济后果的文献，为发现流转税税制改革对企业避税行为具有溢出效应提供理论支持和经验证据。

【关键词】营改增；避税行为；内部控制；产权性质

中图分类号：F810.42　　　文献标识码：A

1. 引言

从 1994 年分税制改革开始，我国已采用增值税和营业税并行的税制结构二十余年。在这期间，服务业不断发展壮大，2013 年服务业增加值达到 26.2 万亿元，占 GDP 比重 46.1%，首次超越制造业成为我国经济的主体产业。但是随着服务业快速发展，两税并行模式的弊端逐步显现，营业税重复征税以及增值税抵扣链条不完整等问题导致我国企业出于避税目的，扩大企业边界、纵向合并产业链上不擅长的环节（范子英、彭飞，2017），从而导致行业内专业化分工不足、企业"大而不强"等问题出现。因此，国家在"十二五"规划纲要中明确了税制改革目标，并于 2012 年 1 月起开展营业税改征增值税试点工作。

营改增作为一项重要的税制改革，除了实现进一步减轻企业税负（曹越、李晶，2016）、推动企业研发创新（袁从帅等，2015）、促进企业转型升级（陈钊、王旸，2016）等既定目标外，客观上起到了规制企业税收筹划行为的重要作用（毛德凤、刘华，2017）。

---

　*　基金项目：国家自然科学基金项目"营改增对制造业服务化升级的溢出效应及传导机制研究"（项目批准号：71803146）。

　通讯作者：惠丽丽，E-mail：hllwhu@ 163. com。

企业的税收筹划活动通常包括增值税税收筹划和所得税税收筹划，但由于所得税相比流转税具有税率高、弹性大、难转嫁等特点，且所得税筹划空间较大、筹划手段多样，企业所得税避税成为企业避税活动的重点。企业的所得税避税行为往往受到压力、机会和借口等因素影响。第一，为实现利润最大化，企业管理者往往会受财务压力的驱使采取避税行为以实现经济利益。营改增政策实施后，企业实际税负降低(惠丽丽、谢获宝，2017)，盈利能力提高(刘建民等，2017)，财务压力得到明显缓解，所得税避税活动不再具有紧迫性。第二，两税并行的税制结构导致企业会计核算发生混乱，为企业提供了所得税避税的机会。营改增打通了增值税抵扣链条，通过"以票控税"的手段引导企业依法缴纳流转税，既便于税收征管部门进行税收执法，又调动起下游企业自觉监督上游企业依法足额纳税，并从客观上规范了企业的会计核算，挤压了企业规避所得税的空间。第三，两税并行所带来的税负不公平和及时准确申报困难等问题给纳税人采取激进避税手段提供借口。营改增打破了制造业和服务业在流转税征纳地位上的不平等，降低了纳税人的税收遵从成本，特别是经营范围跨越营业税和增值税两个税种应税范围的企业，不再受到多头管理，在流转税环节上实现的公平税负、降低遵从成本的税制优化效果最终会传导到所得税环节，不给纳税人采取激进避税的借口。

基于上述背景，本文研究营改增政策对企业所得税避税行为的影响。在研究设计方面，由于试点工作是分期分批展开的，而已有文献中被广泛运用的 PSM-DID 模型只能展现单一时点上的改革效应，因此本文在进行 PSM 预处理的基础上运用多时点 DID 的研究方法，试图用单一方程解决同一实验样本中发生多次外生冲击的技术难题。本文的研究样本包含 2012 年 1 月在上海进行试点的第一批服务业企业和 2012 年 9 月到 12 月在北京等八省市逐步推进试点的第二批服务业企业。在此基础上，为了验证营改增这项外部政策冲击对不同特质的企业可能会产生的不同政策效果，本文检验了内部控制水平和企业产权性质的差异对于企业在营改增政策实施后调整税收筹划策略的影响。研究结果显示：实施营改增政策抑制了企业的所得税避税行为；相比低内控水平的企业，高内控水平的企业避税行为受抑制程度更加显著；相比国有企业，非国有企业避税行为受抑制程度更加显著。本文从微观和动态视角分析营改增对异质性微观企业所得税避税行为的溢出效应，可能的贡献如下。

第一，本文以三因素理论模型为基础，从避税压力、机会和借口角度研究营改增政策实施后服务业企业避税行为发生变化的重要后果，揭示营改增在通过打通服务业与其他行业之间的增值税链条、公平税负和完善税制环境的基础上，改变企业避税行为的作用机制。本文丰富和拓展了企业避税行为方面的文献。第二，本文研究表明，营改增对服务业企业避税行为具有溢出效应，并在此基础上验证企业的内控水平、产权性质等因素对此效应形成的差异性影响，以及营改增政策形成的动态时间效应。本文从新的角度为营改增的微观经济后果提供理论支持和经验证据。

2. 理论分析与假设提出

企业激进的避税行为会给政府和企业自身带来一定的损失。对于政府而言，纳税人少缴税款会造成财政资金损失，进而影响政府履行职能；对于企业而言，激进的避税行为不仅增加了企业受到税务稽查进而遭到处罚的可能性，还降低了企业的信息透明度(吕伟等，2011；陈冬、唐建新，2012)，加剧了股东和管理层之间的信息不对称，进而影响管理层薪酬契约的有效性(Chen & Chu，2005)，从整体上降低了企业的治理效率。营改增作为一项税制优化政策，在公平税负、简化税制和结构性降税的基础上，还对规制微观企业的税收遵从行为起着重要作用。

营改增是转换企业经营环节所涉及税种的税改政策。与改革前企业缴纳的营业税不同，增值税是一种价外税，在理想环境下，企业可以借助产业链传递实现增值税抵扣，但在实际经营中，相当数量的企业由于采购环节和销售环节适用税率不一致，或无法取得完整的进项税发票等原因，经营环节的部分税金将直接成为企业的税收负担。在复杂的现实经济系统中，要比较精确地分离出企业承担的经营环节的税负难度较大，相比而言，所得税是企业直接承担，能够相对明确和可靠地进行度量，因此，现有国内外有关企业避税的经典文献都侧重于所得税的研究(Allingham & Sandmo，1972；Hanlon & Heitzman，2010；刘行、叶康涛，2013)。同时，从产业链角度考察，企业在实际经营过程中所产生的增值税金多数会转嫁给最终消费者，而无法有效转嫁的部分则由企业自行承担，这部分税金将会直接和间接地影响企业的经营活动和经营成果，进而影响企业所承担的所得税税负，同样的，营改增通过影响企业的经营活动和经营环节的税负，也会直接和间接影响企业经营绩效和企业所得税税负。因此，本文从营改增政策的溢出效应角度研究其对企业所得税避税的影响。

为了进一步阐明营改增政策在影响企业的经营活动和经营环节税负时，如何进一步影响企业的所得税避税行为，本文引入压力、机会和借口三因素理论。首先，税负压力是企业财务压力的重要来源，企业出于利润最大化的考虑，可能采取激进的筹划策略规避税负。据黄丽萍(2018)测算，增值税和营业税的两税税负率从2013年的7.73%下降到2017年的6.81%，企业在营改增政策实施后流转税税负降低，利润率和盈利能力获得提升(孙吉乐，2017)，财务压力显著降低，企业管理层采取激进的所得税避税手段的紧迫性明显减弱。其次，逐步深化的税制改革使得企业试图采用所得税避税策略的机会变得十分有限。一方面，改革结束了流转税多头管理的局面，提高了税务机关的执法效率，倒逼企业完善会计核算，从源头上削减了企业在所得税环节上的避税机会；另一方面，完善的增值税抵扣链条使上下游企业相互牵制，封堵了企业操纵成本和收入的机会。最后，税制改革客观上达到了公平税负和简化税制的目标(王小广，2016)，使纳税人没有借口进行激进避税。以往企业采取激进避税手段时往往存在两种自我合理化的理由，一是营业税和增值税并行造成了制造业和服务业之间的税负不公平，纳税人企图通过所得环节的避税行为加以扭转；二是相当数量的企业由于业务构成的复杂性常常需要同时缴纳营业税和增值税，纳税时的遵从成本较高，影响了企业的纳税积极性。改革将原属于营业税的课税对象统一纳入增值税的管理范围中，使流转税制更加公平、简洁、高效，企业原有的避税借口不再成立。综合来看，营改增政策实施后，流转税税制简化并完善使得企业所得环节避税路径变窄、受税务机关税收征管力度增加、受上下游企业牵制增强，因而，在营改增完善企业的纳税环境、改变企业的避税机制后，企业实施避税策略的预期边际成本比以往上升，预期边际收益则比以往下降。因此本文提出如下假设：

H1：营改增政策实施后，企业的所得税避税行为受到抑制。

微观企业的税收筹划目标需要借助内部控制机制达成。在既定的内部控制制度约束下，由董事会和管理层设定税收筹划目标，财务部门制定具体的税收筹划策略，并协调各部门和全体员工积极配合以确保筹划策略得到执行。现有对内部控制和企业避税关系的研究文献并未达成一致结论：一方面，以陈军梅（2014）为代表的观点从效率目标角度出发，得出企业内控质量越高越倾向于采取激进避税策略的结论；另一方面，李万福和陈晖丽（2012）、陈骏和徐玉德（2015）则从合规角度分析，得出企业内控质量越高，避税程度相对越低的结论。现有文献虽然表面上结论相悖，但实质上可能是协调的，按照 Armstrong et al.（2015）的观点，避税活动被视为一项风险投资，避税策略过于保守可能导致投资不足，而避税策略过于激进则可能导致投资过度，因此，出于企业价值最大化考虑，董事会和管理层在选择避税策略时会权衡内部控制的效率目标和合规目标，当企业避税程度较高时会倾向于降低避税程度以规避涉税风险（曹越等，2018）。营改增政策实施后，如果仍然沿用改革前效率目标为主的税收筹划策略，企业将无法适应趋紧的新政策环境，很可能因税收违法而遭受损失。

具体来说，微观企业主体在面对营改增这项重大政策外生冲击时，将受到明显增强的政府监管和上下游企业牵制，企业试图通过操纵成本和收入等手段进行激进的所得税税收筹划以获得收益的机会明显下降，转而采用合规导向的税收筹划策略以避免违法损失。此时，内部控制机制的效率高低将在很大程度上决定新的税收筹划策略最终能否有效实施。内控水平高的企业，其高管通常具备更高的学历水平、更专业的财经教育背景和工作经历以帮助其在复杂多变的政策环境中做出理性的决策（池国华等，2014）。因此，营改增政策实施后，在内部控制水平较高的企业中，高管通常具备积极主动的税收筹划策略调整意识，企业各部门具有更加高效的协调配合能力，两方面共同推动税收筹划策略迅速及时调整以应对改革带来的避税空间显著收缩的新环境，企业所得税避税程度将显著降低。相比而言，内控水平低的企业在应对重大的税收政策变化时，主动调整意识相对薄弱、调整适应能力相对欠缺，无法及时有效地调整税收筹划策略。综合以上分析，本文提出如下假设：

H2：营改增政策实施后，相比内控水平较低的企业，内控水平较高的企业所得税避税行为受抑制程度更加显著。

根据前文的分析，营改增政策的实施很可能为企业税收遵从水平的提升发挥重要作用，但受到产权性质这项重要企业特质的影响，税收遵从水平的变化很可能在非国有企业和国有企业间呈现不同趋势，税收筹划策略的差异根本上源于企业承担的压力。对非国有企业而言，一方面，由于其实际控制人通常为私人且企业的管理者往往就是公司的主要股东（王亮亮，2014），税收筹划所节省的税收支出能够转化为股东权益（Desai & Dharmapala，2009），进而转化为私人收益，企业为寻求股东权益最大化有更强的避税压力；另一方面，由于非国有企业通常处于竞争性行业，企业为寻求生存空间也有进行避税的财务压力（蔡昌、李蓓蕾，2017）。对于国有企业来说，当营改增政策实施后，企业税收支出显著降低、财务压力明显下降，采取激进避税策略的迫切性不再突出，企业避税程度将显著降低(张胜等,2016)。不同于非国有企业,国有企业的经营目标往往受到政府行政指令的影响,虽然避税行为能够节约税收支出、获得直接收益,帮助企业实现经营目标,但避税活动可能会与政府行政指令下的宏观经济、政治和社会目标发生冲突(王亮亮,2014)。通常来说,国有企业实现社会经济发展战略、调整经济结构失衡状况、体现社会主义市场经济特性等非经营目标(黄速建、余菁,2006;陈冬等,2016)更为重要,因此不会以牺牲这些重要的非经营目标为代价而贸然采取激进的税收筹划策略;并且国有企业的实际控制人是政府及其代理机构,所以不论是通过企业所得税税收还是所有者权益的形式,绝大部分利润最终将汇入财政资金。综合来看,国有企业所得税税负导致的财务压力也不构成企业的首要压力。由此可见,营改增政策的实施对国有企业而言并不改变其主要目标和压力来源,从而对其税收筹划行为不会产生显著影响。基于以上分析,本文提出如下假设:

H3:营改增政策实施后,相比国有企业,非国有企业的所得税避税行为受抑制程度更加显著。

3. 研究设计

3.1 样本选择

我国于 2012 年 1 月 1 日在上海市推行营改增试点工作,2012 年下半年又陆续将改革范围推广到北京、江苏、安徽、福建、广东、天津、湖北、浙江等其他八省市,改革于2013 年 8 月覆盖全国,并在 2016 年 5 月全面推开营改增试点,将建筑业、房地产业、金融业、生活服务业等全部营业税纳税人纳入试点范围。由于改革工作是针对以前缴纳营业税的服务业企业展开的,因此本文主要针对服务业企业进行分析。试点工作开展至今,2012 年开始的含上海在内的九省市试点企业的改革效果已经充分体现,因此本文在2010—2016 年沪深两市 A 股服务业上市公司作为初始样本的基础上,将属于"1+6 行业"①范围内的企业定义为试点企业,将 2012 年 1 月进入试点的企业,即上海市的试点企业定义为 2012 年进入试点的样本。由于政策实施的效果存在一定的滞后效应,因此本文将 2012 年下半年进入试点的其他八省市企业设定为 2013 年进入试点的样本。其中上市公司数据来自国泰安数据库(CSMAR)、万得数据库(WIND)和色诺芬数据库(CCER),地方财政数据来自中经网统计数据库,内部控制指数来自迪博数据库。

在实证检验前,本文对 2763 个观测值进行了如下处理:(1)剔除样本中属于金融行业的企业,共 16 个观测值;(2)剔除了样本中被标记为 ST 的企业,共 31 个观测值;(3)取十个变量作为观测变量对实验组和对照组进行 1∶3 卡尺匹配;(4)对连续变量进行了上下 1% 的缩尾处理。经过上述筛选后,最终剩余 512 家样本企业,1333 个观测值。

---

① "1+6 行业"中"1"是指交通运输业,"6"是指现代服务业中的六个子行业。交通运输业具体包括陆路运输业、水路运输业、航空运输业、管道运输业;现代服务业具体包括研发和技术服务业、信息技术服务业、文化创意服务业、物流辅助服务业、有形动产租赁服务业、鉴证咨询服务业。

3.2 模型设定

营改增试点工作是一项分期分批逐步开展的重要的税制改革。为了消除可能存在的内生性问题，本文借鉴 Heckman et al.（1998）使用的 PSM 方法和 Bertrand & Mullainathan（2003）、刘建民等（2017）使用的多时点 DID 方法，先从企业规模（SIZE）、盈利能力（ROA）、财务杠杆（LEV）、每股净资产（NAPS）、资本密集度（CAPINT）、存货密集度（INVINT）、融资约束程度（KZ）、分析师跟进（ANAATT）、审计师行业专长（IMS_ D）、税收征管强度（TCM）等 10 个可观测变量对实验组和对照组进行 1：3 卡尺匹配，然后将匹配成功后的样本进行多时点 DID 回归，模型如下：

$$DDBTD_{i,t} = \beta_0 + \beta_1 \cdot TREATED_{i,t} + \beta_2 CONVARS_{i,t} + \sum YEAR_{i,t} + TRANS$$
$$+ MSERV + \theta_i + \xi_{i,t} \tag{1}$$

模型中的因变量为避税程度，本文参考 Desai 和 Dharmapala（2006）的方法计算扣除应计利润影响后的会计-税收差异（DDBTD）：

$$BTD_{i,t} = \gamma \cdot TACC + \mu_i + \varphi_{i,t} \tag{a}$$
$$DDBTD_{i,t} = \mu_i + \varphi_{i,t} \tag{b}$$

其中，BTD 为会计-税收差异，BTD=（利润总额–应纳税所得额）÷总资产期末余额，应纳税所得额=（所得税费用+递延所得税资产–递延所得税负债）÷名义所得税率；TACC 为总应计利润，TACC=年度资产变化额–年度负债变化额–年度库存现金变化额；μ_i 表示企业 i 在样本期间内的平均残差；$\varphi_{i,t}$ 表示该企业 t 年度残差与样本期间平均残差 μ_i 的偏离度；DDBTD 表示会计—税收差异中除被应计利润解释以外的部分，作为衡量避税程度的指标，DDBTD 的值越大说明企业的避税程度越高。

营改增从 2012 年 1 月 1 日起，由点及面逐步铺开，截至 2012 年年底已经在上海等九省市进行试点。但由于除上海以外的其他八省市的改革均在下半年实施，改革效果可能存在滞后效应，所以本文将上海市属于"1+6"行业的企业设为 2012 年进入试点的实验组，将其他八省市属于"1+6"行业的企业设为 2013 年进入改革的实验组，本文设置虚拟变量 TREATED=1 表示实验组样本，TREATED=0 表示对照组样本。与一般的双重差分模型不同，多时点 DID 模型通过个体固定效应 θ_i 控制实验组与对照组的个体差异，尤其是对特定企业是否参与了改革带来的差异进行了控制；同时，通过时间固定效应 $\sum YEAR_{i,t}$ 控制避税程度随时间的波动；另外，本文还控制了行业固定效应，将属于"1+6"行业中的交通运输业（不含铁路运输业）和部分现代服务业的虚拟变量分别设置为 TRANS 和 MSERV，当样本属于对应的行业时虚拟变量取 1，否则取 0。

本文参考 Kaplan 和 Zingales（1997）、Lamont 等（2001）、Krishnan（2003）、Mertens（2003）、Xu 等（2011）、叶康涛和刘行（2011）以及乔睿蕾，陈良华（2017）的研究，设置了一系列控制变量（CONVARS）。

（1）企业规模（SIZE），以企业年末总资产的自然对数来衡量。

（2）盈利能力（ROA），以总资产报酬率衡量。

（3）财务杠杆（LEV），以资产负债率衡量。

（4）每股净资产（NAPS）。

（5）资本密集度（CAPINT）。

（6）存货密集度（INVINT）。

（7）融资约束程度（KZ）的计算公式是：

$$KZ=-1.002CASHFLOW+0.283TOBINQ+3.139LEV-39.368DIVIDENDS$$
$$-1.315CASHHOLDINGS \tag{c}$$

其中，CASHFLOW 为企业当期现金流量与上年末固定资产的比值，DIVIDENDS 为企业当期现金股利与上年末固定资产的比值，CASHHOLDINGS 是企业当期现金及现金等价物持有额与上年末固定资产的比值，KZ 指数的值越大，说明企业的融资约束程度越高。

（8）分析师跟进（ANAATT），取一个会计年度内追踪某企业的分析师人数加 1 的自然对数进行衡量。

（9）审计师行业专长（IMS_D），先计算行业市场份额 IMS：

$$IMS_{j,k} = \frac{\sum_{i=1}^{I} REV_{j,k,i}}{\sum_{j=1}^{J} \sum_{i=1}^{I} REV_{j,k,i}} \tag{d}$$

其中，分子为会计师事务所 j 在行业 k 中所有客户 I 审计收费的总额，分母为所有会计师事务所 J 在 k 行业的所有客户 I 审计收费的总额，当 $IMS_{j,k}$ 大于其中位数时 IMS_D 取 1，否则取 0。

（10）税收征管强度（TCM）：

$$TCM = \frac{PUBFIN}{GDP} - \frac{PUBFIN}{GDP_{est}} \tag{e}$$

$$\frac{PUBFIN_{p,t}}{GDP_{p,t}} = \gamma_0 + \gamma_1 \frac{IND_{1p,t}}{GDP_{p,t}} + \gamma_2 \frac{IND_{2p,t}}{GDP_{p,t}} + \gamma_3 \frac{OPENNESS_{p,t}}{GDP_{p,t}} + \sigma_{j,t} \tag{f}$$

税收征管强度由公式（e）表示，即 GDP 标准化后的各省某年度财政收入实际值与预期值之差，其中各省某年度经过 GDP 标准化后的财政收入预期值 $\frac{PUBFIN}{GDP_{est}}$ 由模型（f）估算得出，其中 $PUBFIN_{p,t}$ 表示 p 省 t 年度财政收入总额，$IND_{1_{p,t}}$ 和 $IND_{2_{p,t}}$ 分别表示 t 年度 p 省第一产业产值和第二产业产值，$OPENNESS_{p,t}$ 指 t 年度 p 省进出口总额，TCM 越大则税收征管强度越大。

（11）十大会计师事务所审计（BIG10），以中国注册会计师协会发布的历年《业务收入前 100 家会计师事务所》中的排名为准。如果是十大所取值为 1，否则取 0。

（12）供应商议价能力（SUPPLIER）和客户议价能力（BUYER）。企业上下游议价能力决定其进项定价能力和采购成本，同时影响其销项商品定价能力和销售收入，两者综合起来会影响企业经营成本、收入和利润，进而影响企业的所得税税负和所得税避税行为。营改增作为流转环节的税制改革，打通了服务业与其他行业之间的增值税链条，实现从生产型增值税向消费型增值税的彻底转变，不仅改善了服务业企业的流转税负，在供应链中议价能力的影响下，也使得企业避税行为发生变化。议价能力对企业流转环节增值税负及其避税效应的直接影响是：企业供应商中前五大供应商占比越大，说明其采购价格的谈判能力越弱，进项成本越高，营改增政策实施后，在其他条件不变的情形下，进项抵扣多，企业的避税压力小；前五大销售商占比越大，说明其销项定价能力强，营改增实施后，在其他条件不变的情形下，由于销项较大，进项抵扣不足将会增加流转环节税负，进而使得企业企业避税动机增强。

本文所涉及主要变量的定义，如表1所示。

表1 主要变量定义表

变量符号	变量名	变 量 定 义
DDBTD	避税程度	扣除应计利润影响后的会计-税收差异
TREATED	改革试点	纳入改革试点范围的企业 treated 取 1，否则取 0
ROA	盈利能力	总资产报酬率
SIZE	企业规模	总资产的自然对数
LEV	财务杠杆	资产负债率
NAPS	每股净资产	年末净资产与总股数之比
CAPINT	资本密集度	固定资产与总资产之比
INVINT	存货密集度	存货与总资产之比
KZ	融资约束程度	KZ 指数
ANAATT	分析师跟进	一个会计年度内追踪某企业的分析师人数加 1 的自然对数
IMS_ D	审计师行业专长	行业市场份额大于中位数时 IMS_ D 取 1，否则取 0
SUPPLIER	供应商议价能力	企业前五名供应商采购占年度采购总额的比例(%)
BUYER	客户议价能力	企业前五名客户销售占年度销售总额的比例(%)
TCM	税收征管强度	GDP 标准化后的各省某年度财政收入实际值与预期值之差
BIG10	"十大"审计	企业由十大会计师事务所审计时取 1. 否则取 0
TRANS	交通运输业	企业属于陆路、水路、航空、管道运输等行业时取 1，否则取 0
MSERV	现代服务业	企业属于研发和技术、信息技术、文化创意、物流辅助、有形动产租赁和鉴证咨询等行业时取 1，否则取 0

在方程(1)的基础上,将样本按内控指数的平均值分为高内控组和低内控组,分别进行回归分析,探究不同内控水平的公司在改革后是否调整了其避税策略,以验证假设 H2。类似的,将样本按股权性质分为国有企业和非国有企业并分别回归,观察不同股权性质的企业在改革前后避税水平是否发生变化,从而验证假设 H3。

4. 实证结果与分析

4.1 样本描述性统计

本文对回归模型所涉及的主要变量进行了描述性统计,统计结果如表 2 所示。其中,样本总体会计—税收差异(DDBTD)的最大值和最小值分别为 0.1877 和-0.0853,二者差异明显,说明不同的企业采取的避税策略有较大差异。表 3 报告了回归模型所涉及的主要变量相关性检验的结果,其中,DDBTD 与 TREATED 之间具有较为显著的相关关系。

表 2　　　　　　　　　　　　主要变量的描述性统计

变量	观测值	均值	标准差	最小值	中位数	最大值
DDBTD	1333	0.0597	0.0439	−0.0853	0.0578	0.1877
TREATED	1333	0.3914	0.2039	0.0395	0.3773	0.8386
ROA	1333	22.0902	1.2912	19.9069	21.8730	26.0879
SIZE	1333	4.6091	2.2469	1.1801	4.0351	12.2158
LEV	1333	2.6427	1.9107	0.3840	2.1297	10.0395
NAPS	1333	0.0902	0.1035	0.0000	0.0545	0.4754
CAPINT	1333	19.1435	22.5060	0.0000	12.1000	85.4700
INVINT	1333	20.8291	19.6733	0.0000	16.4600	82.9100
KZ	1333	2.0911	0.8775	0.6931	2.1972	3.7136
ANAATT	1333	0.5814	0.4935	0.0000	1.0000	1.0000
SUPPLIER	1333	−7.6591	20.0482	−125.3563	−1.1904	4.0971
BUYER	1333	0.5964	0.4908	0.0000	1.0000	1.0000
TCM	1333	0.0090	0.0192	−0.0190	0.0028	0.0585
IMS_D	1333	0.3758	0.4845	0.0000	0.0000	1.0000
BIG10	1333	−0.0355	0.0707	−0.2790	−0.0235	0.1928

表3

主要变量的相关性检验

	DDBTD	TREATED	ROA	SIZE	LEV	NAPS	CAPINT	INVINT	KZ	ANAATT	TCM	SUPPLIER	BUYER	IMS_D	BIG10
DDBTD	1														
TREATED	-0.2210***	1													
ROA	0.1091***	0.000600	1												
SIZE	0.2195***	0.0143	-0.0577**	1											
LEV	0.1415***	-0.0683**	-0.2750***	0.5474***	1										
NAPS	-0.00220	-0.0130	0.0865***	0.1820***	-0.1708***	1									
CAPINT	0.0402	0.0564**	-0.1944***	0.0356	-0.1565***	-0.0208	1								
INVINT	-0.00180	-0.0852***	-0.1220***	0.0799***	0.3450***	-0.0879***	-0.1509***	1							
KZ	0.0141	-0.0705**	-0.0844***	0.1608***	0.2086***	-0.1188***	-0.0917***	-0.00860	1						
ANAATT	-0.0592**	0.00240	0.4089***	0.1905***	-0.0669**	0.1761***	-0.1573***	-0.1034***	-0.0249	1					
TCM	0.1059***	0.0482*	-0.0817***	0.1178***	0.0650**	-0.00850	0.0204	0.000200	0.0563**	-0.1444***	1				
SUPPLIER	-0.1324***	0.1976***	-0.0912***	-0.1177***	-0.0711***	-0.0163	0.0340	-0.00450	-0.0258	-0.0815***	0.0229	1			
BUYER	-0.1161***	0.00440	-0.0306	-0.2030***	-0.1946***	-0.0182	0.1251***	-0.0347	-0.1542***	-0.00680	-0.0208	0.1794***	1		
IMS_D	-0.0332	0.0512*	-0.0176	0.0189	0.00620	-0.0511*	0.00660	0.000700	0.00350	0.0408	-0.0340	0.00280	-0.0107	1	
BIG10	0.0306	0.0808***	-0.00160	0.1685***	0.0438	-0.0152	0.00640	-0.0503*	0.0177	0.0678**	0.0327	-0.00220	-0.0242	0.5697***	1

注：* 表示 $p<0.05$，** 表示 $p<0.01$，*** 表示 $p<0.001$.

118

4.2 回归分析

本文采用多时点 DID 模型对 PSM 预处理后的样本进行回归分析,主回归结果如表 4 中第二列所示。回归方程的自变量 TREATED 的系数为 -0.0263,且在 1% 水平上显著,说明实施营改增后企业的所得税避税行为受到抑制,验证了假设 H1,即营改增政策能够对微观企业税收遵从行为起到有效的规制作用。控制变量中,总资产报酬率 ROA 与企业避税程度正相关,且在 1% 水平上显著,说明高回报的企业避税程度也较高;资产负债率 LEV 与企业避税程度正相关,且在 10% 水平上显著,说明杠杆率高的企业避税程度相对较高;融资约束度 KZ 与企业避税程度负相关,且在 5% 水平上显著,说明避税可以视为一种特殊的融资方式,融资约束较弱的企业避税程度相对较高;税收征管强度 TCM 与企业避税程度正相关,且在 10% 水平上显著,说明税收征管的强度与当地企业的避税程度同向变化,税收征管强度大的地区往往也是企业避税较为激进的地区;供应商议价能力 SUPPLIER 与企业避税程度负相关,且在 10% 水平上显著,说明供应商议价能力越强,企业的避税程度相对越低。

在方程(1)的基础上,本文进一步按内控指数的中位数将样本分为高内控组和低内控组,分别进行回归,结果如表 4 中第三、四列所示。回归结果显示,高内控组自变量 TREATED 的系数为 -0.0242,且在 5% 水平上显著,而低内控组的自变量系数虽然也为负,但并不显著。回归结果表明,高内控水平的企业能够根据政策变化迅速对避税策略做出调整,在改革后顺应新形势而采用合规目标导向的税收筹划策略,改革后避税程度显著下降;而低内控水平的企业限于其管理控制水平,无法及时有效地针对政策变化做出避税调整,改革前后避税程度无明显变化。由此可见,内控水平高的企业所得税避税程度显著降低,而内控水平低的企业所得税避税程度无明显变化,回归结果验证了假设 H2。

以股权性质为标准将国有企业和非国有企业分组回归,结果如表 4 中第五、六列所示。非国有企业组中自变量 TREATED 的系数为 -0.0487,且在 1% 水平上显著,说明非国有企业对于营改增这一税收政策的变化更加敏感(曹书军等,2009),当改革降低了企业税负、减轻了企业财务压力时,企业显著减少了所得税避税行为;国有企业样本中自变量 TREATED 的系数为负,但并不显著,说明对国有企业而言,财务压力相比于宏观经济和政治、社会责任而言并不是主要压力来源,所以国有企业所得税避税的动机不强,通常不会采用激进的所得税避税策略。因此营改增前后,非国有企业所得税避税程度显著降低,而国有企业所得税避税程度无明显变化,证实了假设 H3。

表 4　　　　　　　　　　营改增对企业所得税避税行为的影响

	主回归	按内控水平分组		按产权性质分组	
		高内控组	低内控组	非国有企业	国有企业
TEATED	-0.0263***	-0.0242**	-0.0008	-0.0487***	-0.0017
	(-2.87)	(-2.32)	(-0.02)	(-3.08)	(-0.17)
ROA	0.3358***	0.3333***	0.5269**	0.3062***	0.3399***
	(4.75)	(3.69)	(2.32)	(2.92)	(3.62)

	主回归	按内控水平分组		按产权性质分组	
		高内控组	低内控组	非国有企业	国有企业
SIZE	0.0045	0.0022	0.0293	−0.0073	0.0045
	(0.57)	(0.22)	(1.04)	(−0.55)	(0.42)
LEV	0.0502*	0.0739**	−0.0747	0.0655	0.0445
	(1.76)	(2.12)	(−0.66)	(1.48)	(1.30)
NAPS	−0.0003	0.0013	−0.0069	−0.0007	0.0018
	(−0.19)	(0.69)	(−0.89)	(−0.26)	(0.72)
CAPINT	−0.0010	−0.0000	−0.0029	−0.0060	0.0050*
	(−0.38)	(−0.01)	(−0.34)	(−1.41)	(1.67)
INVINT	−0.0156	−0.0880	0.6175*	−0.0696	0.1150
	(−0.28)	(−1.42)	(1.98)	(−0.91)	(1.34)
KZ	−0.0004**	−0.0003	−0.0006	−0.0005**	0.0001
	(−2.39)	(−1.34)	(−0.33)	(−2.33)	(0.34)
ANAATT	−0.0047	0.0005	−0.0023	−0.0057	0.0007
	(−1.17)	(0.11)	(−0.16)	(−0.90)	(0.14)
TCM	0.4495*	0.5578*	−1.4940	−0.2474	0.5942**
	(1.72)	(1.75)	(−1.43)	(−0.45)	(2.38)
SUPPLIER	−0.0002**	−0.0001	−0.0007*	−0.0003*	0.0000
	(−1.97)	(−0.84)	(−1.75)	(−1.88)	(0.01)
BUYER	0.0002	0.0002	−0.0004	0.0006**	−0.0002
	(1.17)	(0.99)	(−0.55)	(2.02)	(−1.09)
IMS_D	0.0012	−0.0017	−0.0153	−0.0017	−0.0007
	(0.15)	(−0.18)	(−0.43)	(−0.12)	(−0.09)
BIG10	−0.0055	−0.0009	−0.0028	−0.0095	0.0005
	(−0.78)	(−0.11)	(−0.12)	(−0.86)	(0.06)
TRANS	0.0046	0.0067	0.0025	−0.0433	−0.0053
	(0.36)	(0.45)	(0.05)	(−0.92)	(−0.44)
MSERV	0.0030	−0.0008	0.0225	0.0154	−0.0036
	(0.33)	(−0.07)	(0.67)	(0.96)	(−0.34)
CONS	−0.1342	−0.1120	−0.6442	0.1099	−0.1672
	(−0.82)	(−0.55)	(−1.07)	(0.41)	(−0.72)

	主回归	按内控水平分组		按产权性质分组	
		高内控组	低内控组	非国有企业	国有企业
个体效应	控制	控制	控制	控制	控制
年度效应	控制	控制	控制	控制	控制
N	1333	1064	269	700	633
组内 R^2	0.2156	0.2285	0.3664	0.2985	0.1949

注：*、**、***分别表示10%、5%、1%的显著性水平，括号内为 t 值，下同。

4.3 进一步分析

营改增试点工作从 2012 年开始，距今已有六年多的时间。在进一步分析中，为了了解改革后续的效果，本文采用动态分析法，在模型(1)的基础上构建如下模型：

$$\text{DDBTD}_{i,\,t+n} = \beta_0 + \beta_1\,\text{TREATED}_{i,\,t} + \beta_2\,\text{CONVARS}_{i,\,t+n} + \sum \text{YEAR}_{i,\,t} + \text{TRANS}$$
$$+ \text{MSERV} + \theta_i + \xi_{i,\,t+n} \tag{2}$$

模型中 n 表示前推若干个会计年度，n 取 1、2 或 3，即通过该模型观测 2012 年在九省市"1+6"行业开展的试点工作在未来的一到三年内的政策效果，结果如表 5 所示。动态分析检验结果显示，当 $n=1$、2 时，自变量 TREATED 的系数均为负，且分别在 10% 和 1% 水平上显著；当 $n=3$ 时，自变量 TREATED 的系数仍为负，但并不显著，说明营改增对于企业避税的抑制作用在改革实施后的两年内仍有明显的延续，改革在较长的时间内对于规制微观企业税收遵从行为起着重要的作用。

表5　　　　　　　营改增政策效应动态分析检验结果

	$n=1$	$n=2$	$n=3$
TEATED	−0.0186*	−0.0356***	−0.0249
	(−1.96)	(−3.06)	(−1.10)
ROA	0.5082***	0.4500***	−0.2510
	(5.23)	(3.21)	(−0.63)
SIZE	−0.0015	−0.0136	0.0185
	(−0.17)	(−1.04)	(0.63)
LEV	0.0355	0.0536	0.0617
	(1.02)	(1.18)	(0.56)
NAPS	−0.0046**	−0.0040	−0.0032
	(−2.43)	(−1.54)	(−0.58)

	$n=1$	$n=2$	$n=3$
CAPINT	0.0002	0.0010	−0.0035
	(0.06)	(0.25)	(−0.44)
INVINT	−0.0382	−0.0374	−0.0244
	(−0.61)	(−0.55)	(−0.23)
KZ	−0.0007***	−0.0002	0.0008*
	(−3.38)	(−0.93)	(1.70)
ANAATT	−0.0114**	−0.0075	−0.0222
	(−2.35)	(−1.08)	(−1.42)
TCM	0.4183	0.9308**	1.1505
	(1.38)	(2.46)	(1.45)
SUPPLIER	−0.0002	−0.0002	−0.0004
	(−1.39)	(−0.81)	(−1.26)
BUYER	0.0001	−0.0002	−0.0002
	(0.36)	(−0.61)	(−0.36)
IMS_D	−0.0057	−0.0177	−0.0685**
	(−0.63)	(−1.14)	(−2.13)
BIG10	0.0006	−0.0097	−0.0432*
	(0.08)	(−0.91)	(−1.95)
TRANS	−0.0092	0.0128	0.0077
	(−0.65)	(0.73)	(0.23)
MSERV	−0.0242**	−0.0044	0.0203
	(−2.28)	(−0.35)	(0.83)
CONS	0.0027	0.2724	−0.3142
	(0.01)	(0.99)	(−0.52)
个体效应	控制	控制	控制
年度效应	控制	控制	控制
N	1120	683	270
组内 R^2	0.2674	0.2335	0.4221

4.4 稳健性检验

（1）替换因变量。根据我国的制度背景，本文借鉴 Desai & Dharmapala（2006）的研究，将因变量避税程度设置为扣除应计利润影响后的会计—税收差异（DDBTD）。为了保证结果的稳健性，此处将因变量替换为会计—税收差异（BTD），BTD=（利润总额−应纳税所得额)÷总资产期末余额。替换后的回归结果如表6中第2~6列所示，主回归结果中TREATED的系数为负，且在1%水平上显著，验证了假设H1，说明营改增确实能够有效抑制企业的避税行为。在根据内控水平高低进行分组回归时，检测到高内控组解释变量的系数显著为负，且在5%水平上显著，而低内控组解释变量的系数不显著，验证了假设H2，即高内控水平的企业相比低内控水平的企业更可能迅速调整避税政策、降低避税程度。在按照产权性质分组回归时，观察到非国有企业组TREATED的系数显著为负，在1%水平上显著，而国有企业组TREATED的系数不显著，验证了H3的结论。

（2）扩大实验组样本的时间区间。营改增试点是由点及面逐步铺开的，2013年5月财政部和国家税务总局联合印发了《财政部　国家税务总局关于在全国开展交通运输业和部分现代服务业营业税改征增值税试点税收政策的通知》（财税〔2013〕37号），在2012年开展试点的九省市基础上，将试点工作推广到全国。2013年8月广播影视服务业被纳入改革范围；2014年年初，铁路运输业和邮政业进入改革范围；2014年6月，电信业进行试点。2016年5月，余下的建筑业、房地产业、金融保险业、生活服务业全部纳入改革范围，营改增试点工作基本全面完成。为了确保结果的稳健性，本文将2012年之后的历次改革并入实验组样本中，将属于2013年8月、2014年1月和2014年6月进入试点行业的企业设置为2014年进入试点的实验组；将属于2016年5月进入试点行业的企业设置为2016年进入试点的实验组。先用1∶5卡尺匹配对样本进行预处理，再用模型（3）的方程进行检验：

$$\text{DDBTD}_{i,t} = \beta_0 + \beta_1 \text{treated}_{i,t} + \beta_2 \text{ConVars}_{i,t} + \sum \text{year}_{i,t} + \sum \text{ind}_{i,t} + \theta_i + \xi_{i,t}$$

（3）

模型（3）在模型（1）的基础上根据改革的行业调整了控制行业固定效应的方法，去除了交通运输业和现代服务业的虚拟变量TRANS、MSERV，改用CSRC行业分类的一级分类标准作为控制行业固定效应的依据，回归结果如表6中第7~11列所示。主回归方程自变量的系数为负，且在1%水平上显著，证明了假设H1中的结论稳健有效，说明营改增对规制微观企业的激进避税行为有显著作用。在按内控水平高低进行分组检验时，发现高内控组解释变量的系数为负，且在5%水平上显著，而低内控组中解释变量的系数不显著，证明了假设H2中的结论有效，即内控水平高的企业相比内控水平低的企业所得税避税程度有更为显著的下降趋势。在对不同产权性质的企业进行分组回归时发现，非国有企业组中自变量的系数为负，且在1%水平上显著，而国有企业组中结果不显著，再次验证了假设H3。

（3）安慰剂检验。为了进一步消除检验过程中可能存在的内生性问题，本文将实验组样本进入试点范围的时间全部提前1年进行回归。如果企业避税程度的降低确实与营改增紧密相关，那么在虚拟的样本区间中不应该观察到企业的避税程度显著降低。表6中第12列展示了安慰剂检验的回归结果。自变量TREATED的系数为−0.0084，t值为−0.62，系数较小且不显著，表明虚拟的处理效应并不存在。安慰剂检验的结果说明营改增是企业避税行为受到抑制的重要原因。

稳健性检验结果

表6

| | (1) 因变量替换为 BTD | | | | | (2) 扩大实验组时间区间至 2012—2014 年 | | | | | (3) 安慰剂检验 |
| | 主回归 | 按内控水平分组 | | 按产权性质分组 | | 主回归 | 按内控水平分组 | | 按产权性质分组 | | 主回归 |
		高内控组	低内控组	非国有企业	国有企业		高内控组	低内控组	非国有企业	国有企业	
TEATED	-0.0126***	-0.0093**	-0.0103	-0.0170***	-0.0062	-0.0188***	-0.0180**	-0.0058	-0.0327***	-0.0096	-0.0084
	(-3.30)	(-2.17)	(-0.61)	(-2.71)	(-1.32)	(-2.79)	(-2.28)	(-0.22)	(-2.71)	(-1.19)	(-0.62)
ROA	0.4485***	0.4236***	0.5902***	0.5027***	0.3393***	0.4083***	0.4182***	0.5597***	0.4531***	0.3483***	0.3617***
	(13.57)	(10.24)	(4.98)	(10.35)	(6.97)	(5.87)	(4.65)	(2.44)	(3.98)	(3.68)	(5.09)
SIZE	0.0061*	0.0002	0.0084	0.0094*	-0.0036	-0.0023	-0.0093	0.0046	-0.0124	-0.0026	-0.0049
	(1.80)	(0.04)	(0.53)	(1.70)	(-0.72)	(-0.33)	(-1.08)	(0.17)	(-1.07)	(-0.26)	(-0.67)
LEV	-0.0345***	-0.0079	-0.0682	-0.0569***	0.0016	0.0942***	0.1212***	-0.1520	0.0811*	0.1095***	0.0559**
	(-2.78)	(-0.53)	(-1.22)	(-2.88)	(0.10)	(3.71)	(3.92)	(-1.51)	(1.94)	(3.24)	(2.05)
NAPS	0.0003	0.0014*	-0.0060	0.0006	0.0005	-0.0003	0.0023	0.0007	-0.0002	0.0003	-0.0015
	(0.50)	(1.79)	(-1.53)	(0.57)	(0.52)	(-0.21)	(1.52)	(0.12)	(-0.13)	(0.18)	(-1.02)
CAPINT	0.0040***	0.0051***	0.0051	0.0048***	0.0030**	0.0021	0.0028	0.0003	0.0020	0.0038*	0.0038
	(3.68)	(3.86)	(1.02)	(2.84)	(2.19)	(1.18)	(1.21)	(0.05)	(0.61)	(1.77)	(1.59)
INVINT	-0.0099	-0.0287	-0.0988	-0.0304	0.0252	-0.0438	-0.0520	0.2175	-0.0701	-0.0301	0.0158
	(-0.45)	(-1.18)	(-0.79)	(-0.90)	(0.87)	(-1.30)	(-1.34)	(1.53)	(-1.19)	(-0.74)	(0.30)
KZ	-0.0000	-0.0001	0.0006	-0.0000	0.0001	-0.0004***	-0.0003**	-0.0020**	-0.0005***	-0.0004	-0.0003**
	(-0.67)	(-0.81)	(0.62)	(-0.10)	(0.53)	(-3.96)	(-2.50)	(-1.98)	(-3.17)	(-1.62)	(-2.07)
ANAATT	-0.0017	-0.0012	0.0032	-0.0021	-0.0015	-0.0055	-0.0033	0.0085	-0.0045	-0.0052	-0.0052
	(-0.99)	(-0.59)	(0.44)	(-0.77)	(-0.70)	(-1.63)	(-0.77)	(0.66)	(-0.81)	(-1.19)	(-1.37)
TCM	0.0179	-0.0032	-0.0829	-0.1582	0.1309	0.3260	0.3915	-1.7903**	0.0799	0.4337*	-0.0245
	(0.16)	(-0.02)	(-0.13)	(-0.71)	(1.06)	(1.53)	(1.48)	(-2.55)	(0.19)	(1.87)	(-0.10)

| | (1) 因变量替换为 BTD | | | | | (2) 扩大实验组时间区间至 2012—2014 年 | | | | | (3) 安慰剂检验 |
| | 主回归 | 按内控水平分组 | | 按产权性质分组 | | 主回归 | 按内控水平分组 | | 按产权性质分组 | | 主回归 |
		高内控组	低内控组	非国有企业	国有企业		高内控组	低内控组	非国有企业	国有企业	
SUPPLIER	-0.0000	-0.0001	-0.0000	-0.0000	-0.0001	-0.0003**	-0.0001	-0.0008**	-0.0002	-0.0002	-0.0002
	(-0.68)	(-1.14)	(-0.13)	(-0.18)	(-0.75)	(-2.46)	(-0.76)	(-2.54)	(-1.44)	(-1.29)	(-1.55)
BUYER	0.0001	0.0001	-0.0005	0.0001	0.0000	0.0003*	0.0002	0.0001	0.0003	0.0000	0.0003*
	(0.94)	(1.41)	(-1.20)	(1.08)	(0.06)	(1.91)	(1.30)	(0.23)	(1.07)	(0.14)	(1.72)
IMS_D	-0.0018	-0.0012	-0.0239	-0.0018	-0.0068*	-0.0056	-0.0047	-0.0101	-0.0046	-0.0058	-0.0110
	(-0.58)	(-0.35)	(-1.44)	(-0.34)	(-1.84)	(-0.85)	(-0.60)	(-0.31)	(-0.38)	(-0.74)	(-1.57)
BIG10	0.0004	0.0019	0.0093	-0.0029	0.0036	-0.0002	-0.0003	-0.0088	-0.0076	0.0087	-0.0021
	(0.13)	(0.57)	(0.79)	(-0.60)	(0.99)	(-0.03)	(-0.04)	(-0.39)	(-0.76)	(1.15)	(-0.34)
TRANS	0.0047	-0.0010	0.0387	0.0106	-0.0065	—	—	—	—	—	-0.0018
	(0.85)	(-0.16)	(1.29)	(0.59)	(-1.15)						(-0.13)
MSERV	0.0033	-0.0028	0.0173	0.0169**	-0.0053	—	—	—	—	—	-0.0113
	(0.80)	(-0.62)	(0.69)	(2.38)	(-1.03)						(-0.91)
CONS	-0.1614**	-0.0495	-0.1561	-0.2338**	0.0521	-0.0531	0.0520	-0.1896	0.2233	-0.0548	0.0638
	(-2.28)	(-0.56)	(-0.48)	(-2.10)	(0.48)	(-0.36)	(0.28)	(-0.33)	(0.92)	(-0.25)	(0.42)
个体效应	控制	控制	控制	控制	控制	控制	控制	控制	控制	控制	控制
行业效应	—	—	—	—	—	控制	控制	控制	控制	控制	—
年度效应	控制	控制	控制	控制	控制	控制	控制	控制	控制	控制	控制
N	1647	1310	299	837	785	1656	1303	320	812	814	1557
组内 R^2	0.2053	0.1630	0.5260	0.2721	0.1301	0.2363	0.2292	0.4930	0.2952	0.1859	0.1882

5. 研究结论

本文采用多时点 DID 方法验证营改增对服务业企业避税行为的影响。研究表明，实施营改增抑制了企业的所得税避税行为；相比低内控水平的企业，高内控水平的企业避税行为受抑制程度更加显著；相比国有企业，非国有企业避税行为受抑制程度更加显著。研究结果还表明，营改增作为重要的流转税税制改革，在公平税负、简化税制和结构性降税的基础上，对规制企业避税行为具有溢出效应。但这种作用对于不同特质的企业不尽相同，对高内控水平企业和非国有企业的规制效果更加明显。因此，国家在对财税政策进行顶层设计时，应当充分考虑实施对于不同类型微观主体的影响，以达到最佳的政策效果。

◎ 参考文献

[1]蔡昌，李蓓蕾. 我国不同所有制企业实际税负比较研究[J]. 南方经济，2017(11).

[2]曹书军，刘星，张婉君. 财政分权、地方政府竞争与上市公司实际税负[J]. 世界经济，2009(4).

[3]曹越，李晶."营改增"是否降低了流转税税负——来自中国上市公司的证据[J]. 财贸经济，2016(11).

[4]曹越，孙丽，醋卫华. 客户集中度、内部控制质量与公司税收规避[J]. 审计研究，2018(1).

[5]陈冬，孔墨奇，王红建. 投我以桃，报之以李：经济周期与国企避税[J]. 管理世界，2016(5).

[6]陈冬，唐建新. 高管薪酬、避税寻租与会计信息披露[J]. 经济管理，2012，34(5).

[7]陈骏，徐玉德. 内部控制与企业避税行为[J]. 审计研究，2015(3).

[8]陈军梅. 税收征管、内部控制质量与公司避税[J]. 税务与经济，2014(6).

[9]陈钊，王旸."营改增"是否促进了分工：来自中国上市公司的证据[J]. 管理世界，2016(3).

[10]池国华，杨金，邹威. 高管背景特征对内部控制质量的影响研究——来自中国 A 股上市公司的经验证据[J]. 会计研究，2014(11).

[11]范子英，彭飞."营改增"的减税效应和分工效应：基于产业互联的视角[J]. 经济研究，2017，52(2).

[12]黄丽萍. 营改增的经济效应分析[J]. 税务研究，2018(3).

[13]黄速建，余菁. 国有企业的性质、目标与社会责任[J]. 中国工业经济，2006(2).

[14]惠丽丽，谢获宝. 服务化水平、实际税负与营改增政策的财富效应——基于微观层面的经验证据[J]. 南方经济，2017(5).

[15]李万福，陈晖丽. 内部控制与公司实际税负[J]. 金融研究，2012(9).

[16]刘行，叶康涛. 企业的避税活动会影响投资效率吗？[J]. 会计研究，2013(6).

[17]刘建民，唐红李，吴金光. 营改增全面实施对企业盈利能力、投资与专业化分工的

影响效应——基于湖南省上市公司 PSM-DID 模型的分析[J]. 财政研究，2017(12).

[18]吕伟，陈丽花，隋鑫. 避税行为干扰了市场对信息的理解吗[J]. 山西财经大学学报，2011，33(10).

[19]毛德凤，刘华. 营改增对企业纳税遵从的影响[J]. 税务研究，2017(7).

[20]乔睿蕾，陈良华. 税负转嫁能力对"营改增"政策效应的影响——基于现金—现金流敏感性视角的检验[J]. 中国工业经济，2017(6).

[21]孙吉乐. "营改增"、企业利润率与企业创新[J]. 管理世界，2017(11).

[22]王亮亮. 税制改革与利润跨期转移——基于"账税差异"的检验[J]. 管理世界，2014(11).

[23]王小广. 落实营改增改革 完善税制促转型[J]. 税务研究，2016(11).

[24]叶康涛，刘行. 税收征管、所得税成本与盈余管理[J]. 管理世界，2011(5).

[25]袁从帅，刘晔，王治华，等. "营改增"对企业投资、研发及劳动雇佣的影响——基于中国上市公司双重差分模型的分析[J]. 中国经济问题，2015(4).

[26]张胜，魏汉泽，李常安. 实际控制人居留权特征与企业税收规避——基于我国民营上市公司的经验证据[J]. 会计研究，2016(4).

[27]张美霞，李增泉. 红利差别化征税增加了上市公司的股利支付吗？——基于中国资本市场的经验证据[J]. 当代会计评论，2017(1).

[28]张勇. 税收征管负担提高企业会计信息可比性吗——基于关联方交易的视角[J]. 广东财经大学学报，2018，33(4).

[29]Allingham, M. G., Sandmo, A. Income tax evasion: A theoretical analysis[J]. *Journal of Public Economics*, 1972, 1(3-4).

[30] Armstrong, C. S., Blouin, J. L., Jagolinzer, A. D., et al. Corporate governance, Incentives, and Tax avoidance[J]. *Journal of Accounting and Economics*, 2015, 60(1).

[31]Bertrand, M., Mullainathan, S. Enjoying the quiet life? Corporate governance and managerial preferences[J]. *Journal of Political Economy*, 2003, 111(5).

[32] Chen, K. P., Chu, C. Y. C. Internal control versus external manipulation: A model of corporate income tax evasion[J]. *RAND Journal of Economics*, 2005, 36(1).

[33] Desai, M. A., Dharmapala, D. Corporate tax avoidance and firm value[J]. *Review of Economics and Statistics*, 2009, 91(3).

[34]Desai, M. A., Dharmapala, D. Corporate tax avoidance and high-powered incentives[J]. *Journal of Financial*, 2006, 79(1).

[35] Hanlon, M., Heitzman, S. A review of tax research[J]. *Journal of Accounting and Economics*, 2010, 50(2-3).

[36] Heckman, J. J., Ichimura, H., Todd, P. Matching as an econometric evaluation estimator[J]. *Review of Economic Studies*, 1998, 65(2).

[37]Kaplan, S. N., Zingales, L. Do investment-cash flow sensitivities provide useful measures of financing constraints? [J]. *The Quarterly Journal of Economics*, 1997, 112(1).

[38]Krishnan, G. V. Does big 6 auditor industry expertise constrain earnings management? [J].

Accounting Horizons, 2003, 17 (Supplement).

[39] Lamont, O., Polk, C., Saa-Requejo, J. Financial Constraints and Stock Returns[J]. *Review of Financial Studies*, 2001, 14(2).

[40] Mertens, J. B. Measuring tax effort in central and eastern europe[J]. *Public Finance and Management*, 2003, 3(4).

[41] Xu, W., Zeng, Y., Zhang, J. Tax enforcement as a corporate governance mechanism: Empirical evidence from China[J]. *Corporate Governance: An International Review*, 2011, 19(1).

Does Business Tax Replaced with VAT Reform Restrain the Tax Avoidance of Enterprises

Xie Huobao[1] Zhang Jiahao[2] Hui Lili[3]

(1, 2 Economics and Management School, Wuhan University, Wuhan, 430072
3 School of Management, Wuhan University of Technology, Wuhan, 430070)

Abstract: Based on the three-factor theory, this paper theoretically analyzes the economic consequences of the implementation of the policy of business tax replaced with VAT affecting the tax avoidance behavior of enterprises from pressure, opportunity and excuses, and empirically examines the inference by multi-point DID model. The results show that Business tax replaced with VAT reform restrains the income tax avoidance of pilot enterprises. Compared with enterprises of low-level internal control, the reform has a greater impact on the restraining extent of enterprises of high-level internal control. Compared with SOEs, the reform has a greater impact on the retraining extent of non-SOEs. The results in this paper enrich and expand the literature on the economic consequences caused by the implementation of the Business tax replaced with VAT reform and provide theoretical support and empirical evidence for discovering that the turnover tax reform has spillover effects on corporate tax avoidance.

Key words: Business tax replaced with VAT reform; Tax avoidance; Internal control; The nature of property rights

专业主编：潘红波

中断会削弱消费者选择的折中效应吗？
来自熟悉度的中介作用*

● 张成虎[1]   李东进[2]   符国群[3]

(1, 3 北京大学光华管理学院   北京   100871;
2   南开大学商学院   天津   300071)

【摘　要】中断已经成为人们日常生活的组成部分。决策过程中的中断现象，究竟会对决策行为本身或者消费者信息加工带来何种影响仍缺乏深入探讨。本研究以行为决策中常见的折中效应为突破口，构建了决策中断对折中效应的影响模型。通过一系列实验得出如下结论：决策中断将削弱折中效应，促使消费者更多地选择极端选项。上述削弱效应受到熟悉度的中介，因为当消费者执行完中断任务回到原决策任务时，中断前对于决策信息的了解将引发他们的熟悉感，提升他们承担决策风险的能力，最终增加极端产品的选择份额。熟悉度在决策中断对折中效应影响的中介作用被自我建构调节：对于依存型自我建构者，熟悉度中介了决策中断对折中效应的影响；对于独立型自我建构者，熟悉度的中介效应不成立。熟悉度在决策中断对折中效应影响中的中介作用受到决策环境变化的调节：当决策环境不发生变化时，熟悉度中介了决策中断对折中效应的影响；当决策环境发生变化时，熟悉度在决策中断对折中效应影响中的中介效应不显著。最后，本研究依托研究结果探讨了其理论贡献和实践意义。

【关键词】中断；折中效应；熟悉度；自我建构；决策环境改变
中图分类号：F713.5　　文献标识码：A

1　引言

中断是我们现实生活中的重要组成元素。早在 2003 年，一份关于欧洲人生活和工作环境的调查结果显示，28% 的受访者一天的工作安排会多次被"意料之外"的任务所中断

＊ 基金项目：国家自然科学基金重点项目"家庭购买决策过程与机制研究：基于'匹配'和'社会比较'的视角"（项目批准号：71632001）；国家自然科学基金项目面上项目"消费者食品安全风险认知与决策行为研究"（项目批准号：71772092）。
通讯作者，张成虎，E-mail：zhangchenghu@pku.edu.cn。

（Baethge & Rigotti, 2015）。不可否认，中断已经成为我们生活的一部分，且中断的出现"形态各异"（Niculescu, Payne & Luna-Nevarez, 2014）。例如，大学生在使用电脑时，就会被一些即时通信信息、电子邮件，或者其他形式的信息所打扰（Benbunan-Fich & Truman, 2009）。消费者行为领域的决策中断现象同样司空见惯。想象一下，一位消费者正在商场里购物，就在他犹豫是否应该购买眼下这件商品时，一个来自亲友的电话可能中断了他的决策；当他重新回到刚才的购买情境时，是否会做出不一样的决策。

正因为中断现象普遍存在于我们的日常生活之中，在消费者行为领域，中断究竟会对人们的行为决策产生何种影响得到了学界的关注（Jhang & Lynch, 2015；Kupor, Liu & Amir, 2018；Kupor, Reich & Shiv, 2015；Liu, 2008；郑毓煌和董春燕, 2011）。本研究抛开"中断通常是不好的"这一人们的直觉感受（Nelson & Meyvis, 2008），以消费决策中最为常见的折中效应为突破口，着力聚焦以下三个问题：（1）中断是否会削弱选择中的折中效应？（2）其影响的内在机制是什么？（3）该效应是否存在相应的边界条件？

2　理论基础与研究假设

2.1　中断

中断（interruption）是对一个过程或者人类活动的改变和干扰（McFarlane, 2002）。有时，中断被看作是一个事故或者事件，它阻碍或者延迟了组织成员在工作任务上的进展（Jett & George, 2003）。根据来源的差异，中断可以被简单地划分为外部中断和内部中断（Baethge, Rigotti & Roe, 2015）。外部中断通常表现出偶然性和不可控等特征，它的出现将迫使人们做出任务上的转换；而内部中断则通常由个体内在发起，表现为人们主动要求改变现有工作状态（Katidioti, Borst, Vugt & Taatgen, 2016；Levy, Rafaeli & Ariel, 2016）。本研究将聚焦于外部中断对消费者的影响，即表现为对现有任务的偶然性、强制性中断；它可以看做人们因外界事物所引发的任务转换过程。消费决策中断则是消费者在一次独立完整的消费过程中，因外界事物引发消费者的任务转换过程。因为被打断的人需要面对多个任务，中断则被视为一种多重任务处理（Salvucci & Taatgen, 2011）。

2.2　折中效应

折中效应（compromise effect），属于经典情境效应的一种。Simonson（1989）在研究中最早阐述了折中效应的概念；研究发现，在消费者初始选择集（选项 T 和 C）中引入一个"极端选项"D，且 D 与 T、C 之间不存在占优关系，则选项 D 的加入反而提升了处在中间位置的选项 T 被人们选择的可能性（Sheng, Parker & Nakamoto, 2005；Simonson, 1989）。折中效应违背了传统的理性选择理论和价值最大化原则（Dhar, Nowlis & Sherman, 2000；Tversky & Simonson, 1993）。通常情况下，选择折中选项被认为是消费者系统权衡了多个属性之后的慎重决定，特别是当他们无法确定产品属性的重要程度时，选择折中选项显得更加稳妥和保险（Simonson, 1989）。从消费者心理的视角来看，折中选项满足了人们最小化后悔和决策风险的需要（Simonson, 1989）、"极端厌恶"的需要（Simonson & Tversky,

1992）、预期损失最小化的需要（Sheng，Parker & Nakamoto，2005）、决策合理性的需要（Simonson，1989）。

2.3　中断与消费者选择的折中效应

折中效应不应简单地被认为是出于决策者最小化决策努力（decision effort）或者最小化思考成本（cost of thinking）的需要（Simonson and Tversky，1992）；相反，它表现为人们权衡多个属性之后的慎重决定（Simonson，1989）。现有文献大体从消费者、产品和诱导性信息三个角度去挖掘折中效应的影响因素（严建援，郭海玲和戢妍，2012），鲜有研究涉及决策中断如何影响消费者选择的折中效应的探讨。通过梳理近些年消费者行为领域的中断研究，我们尝试从信息加工和动机两个视角来构建中断和折中效应的理论关联。从信息加工的视角来看，中断通过改变人们的信息加工方式进而影响了他们的选择倾向（Liu，2008）。具体而言，在发生中断之后，信息加工方式可能由中断之前自下而上、数据驱动转变为中断后自上向下、目标导向的加工模式；在面对期望性和可行性的决策冲突时，中断就使得人们更加关注目标的期望性，而不是可行性；因为相比后者，期望性是消费者更高级别的目标（Liu，2008）。类似的，国内学者郑毓煌和董春燕（2011）发现决策中断所引发的信息加工方式的改变促使消费者更加愿意遵从内心的真实偏好，降低自我控制，转而追求目标的期望性，减少了选项之间的权衡，从而更多的选择能够带来更大快乐的享乐品（而不是重要性更高的实用品）。Kupor，Liu 和 Amir（2018）发现，在涉及金钱的风险决策中，决策中断削弱了他们主观上的新奇感，降低了决策担忧和忧虑，最终提升了消费者承受风险的水平。根据上述研究，在中断之后，消费者固有的目标将指导他们对于不同信息的加工。出于对高水平目标的追求，反而会使得选择更加极端。换句话说，在中断之后，根据他们目标的诠释（而不是数据驱动），注意力变得更加自上而下，并且更具选择性，最终导致偏好的系统性偏移。因此，决策之前的中断导致了信息加工模式的改变，在该情境下更易追求极端选项，反而削弱了折中效应的影响。

从动机的视角来分析，中断可以强化人们的"闭合需要"。有研究表明，人们有动机去完成那些他们已经开始的任务，中断的存在恰恰增加了人们完成被中断任务的动机（Klinger，1975；Martin & Tesser，1996）。就本研究而言，如果在决策时发生中断，此刻消费者已经阅读了全部的决策内容并形成了初步的选择意向，中断的发生实质上滞后了他们做出选择的时间；在这种时候，决策者会产生"赶快完成决策"的闭合需要。换言之，中断的出现激发了未能顺利完成决策情境下的心理闭合需要（Kupor，Reich & Shiv，2015）。Jhang 和 Lynch（2015）的研究认为，当一个临近完成状态的任务遭遇中断时，会增加被中断任务的吸引力感知（相比中断任务），并会在该情境下感知到更少的空闲时间。可以推测，当消费者在中断之后再次回到原决策任务时，在任务完成闭合需要和紧迫感的驱动下，他们更可能减少选项间权衡而做出快速决策（采用启发式的、自上而下的信息加工等），以达到完成这种"闭合"状态的目的。

由此，我们做出如下假设：

H1：决策中断（vs. 无中断）将削弱折中效应，促使消费者更少地选择中间选项。

2.4 熟悉度的中介作用

记忆和学习领域的研究认为，如果向一个已经确定好日程的报告会中插入延迟，会让这个报告会被更好地回忆起；这可能是因为在延迟期间，已经展示的东西容易让人感到熟悉，而这种熟悉感将增加他们"写入"长期记忆的可能性（Glenberg，1976）。因此，我们可以推测，决策中断相当于在原来完整的决策任务中插入了延迟；在延迟发生后，消费者重新回到原来的决策任务时，因为之前已经了解全部信息，所以他们将体验到熟悉度。这种熟悉度的产生可能是依赖于长期记忆，而不是短期记忆或者是外部刺激（Kupor，Liu & Amir，2013）。根据 Liu（2008）的研究，决策中断将导致个体信息加工方式发生改变：由中断之前自下而上、数据驱动的加工模式转变为中断后自上向下、目标导向的加工模式。那么又是什么导致了加工方式的改变？对决策信息的熟悉度可能就是其内在的驱动机制（Kupor，Liu & Amir，2013）。

此外，熟悉度会增加控制感、自我效能和决策信心。具体来看，对于任务的熟悉会增加消费者对控制感的主观认知，带来的结果就是，能够承担更高程度的风险（Ladoucer，Tourigny & Mayrand，1986）。根据 Bandura（1977）提出的自我效能理论，对任务的熟悉会提升个体的自我效能感，这是因为决策者的自信程度提升了。在面对风险决策时，对于决策熟悉感的增加会降低他们风险规避的动机，同时提升他们对选择成功概率的主观性估计（Kupor，Liu & Amir，2013）。

因此，决策中断使得消费者在重新返回主任务时已经能够对之前的信息有所了解，这些数据对消费者而言新颖程度有所下降，难以吸引他们无意识的注意力。此外，因为人们已经零散地了解了一些产品的信息，所以不太可能对相同的信息再去重新学习。当人们不再聚焦于信息的学习时，他们注意力的"投放"就会更加具有选择性和主观故意性。尤其是当决策涉及目标的冲突、多属性之间的权衡时，消费者固有的目标将指导他们实施差异化的信息加工。再者，随着决策控制感、自我效能和决策信心的增加，消费者此时能够承担更大程度的决策风险，所以极端选项对于消费者而言已经没有那么"可怕"。可以预期，中断导致消费者再次面对决策任务产生熟悉度，这将会降低他们对于中间选项的选择。由此，我们做出如下假设：

H2：中断（呈现与否）对折中效应的削弱作用受到熟悉度的中介。

2.5 自我建构的调节作用

自我建构（self-construal），也被翻译为自我构念，表现为个体对自己与他人关系的认知，是理解和认识自我的一种方式，即认为自己多大程度上与他人相关或者分离。自我建构可以分为西方个人主义文化影响下的独立型自我建构（independent self-construal）和东方集体主义文化影响下的依存型自我建构（interdependent self-construal）（Markus & Kitayama，1991）。由此可见，自我建构属于个体受文化影响而形成的一种特质，具有习得性和稳定性。

不同的自我建构类型会诱发差异化的消费者目标和社会取向，并对他们的心理和决策产生影响。归根结底，不同自我建构对消费者选择的影响基于他们在决策时对"自己"和

"他人"的相对关注程度。相比较而言，独立型自我建构者注重自身独立性和独特性，关注自我的感受和利益，渴望自主权和个人成就，追求自己与他人的差异性，优先考虑个人的权利和偏好；依存型自我建构者致力于寻求归属感，强调人的社会属性，将自己视作社会网络中的一员，渴望获得良好人际关系，重视与他人的一致与和谐，认为个体需要努力适应并归属到相应的社会群体中，并愿意为群体履行自己的责任和义务（Singelis，1994；Heine，Lehman，Markus & Kitayama，1999）。在面对风险决策时：独立型自我建构的人更关注"获得收益"，而依存型自我建构的人则聚焦于"阻止损失"（Lee，Aaker & Gardner，2000）；依存型自我建构占主导的人更多地表现出风险规避，这一点在社会选择中表现得尤为明显（Madndel，2003）。

　　总之，相较于独立型自我建构，依存型自我建构的个体致力于与社会需求的融合，有时为了遵守群体规范、增加群体归属感，保持与他人的一致性（Aaker & Schmitt，2001），他们更倾向于依赖他人的信念做决策，从而规避风险（Torelli，2006）；在决策之前更多地考虑社会规范而非自我态度（Kim & Markus，1999），更可能启动自我监控（Zhang & Shrum，2009），更少地依靠内在感受来指引他们的行为。因此，独立型自我的人，因为遵从自我内心的召唤，决策中不易受到他人的影响，他们更可能采用"从上而下、目标导向"的信息加工方式，更可能愿意去接受在某些属性上表现突出而给他们带来独特性效用的产品（Ma，Yang & Mourali，2014）；相反，依存型自我的人，在决策时更多地考虑别人的感受，渴望与他人保持一致，在社会选择中更愿意规避风险，因此，他们更倾向于选择折中项。但是就本研究而言，在完成中断任务后重新回到主任务时，两种自我建构的消费者均会对决策环境产生熟悉感，但是这种熟悉感引发的决策自信只能助力依存型自我的消费者更多地选择极端选项，而对独立型自我的消费者没有显著影响。这是因为，即便未发生中断，独立型自我的个体在决策时也是尊重内心的偏好，表现出更强的决策自信，受限于"天花板效应"，熟悉度对其决策信心产生的助推作用不显著。

　　综上所述，我们提出假设3：

　　H3：熟悉程度在中断对折中效应的负面影响中的中介作用被自我建构调节。具体来说，对于依存型自我建构的消费者，决策之前的中断（vs. 无中断）可以削弱折中效应，即降低选择折中选项；且上述负向效应将被熟悉度中介；而对于独立型自我建构的消费者而言，决策中断的上述削弱效应不显著，即熟悉度的中介效应也不成立。

2.6　决策环境改变的调节作用

　　熟悉程度是人们在中断之后再次回到决策任务中的直观感受。当被试在中断之后再次面对之前的决策时，熟悉感就会产生；因为在中断之前，他们已经对决策任务的具体内容、信息有所了解，只是没有最终做出选择。但是这种熟悉感的产生是基于消费者可以很容易地识别出决策环境的情况下（Kupor，Liu & Amir，2013）。反之，如果消费者在中断后回到原任务时，发现决策任务的环境发生了改变（如改变了任务文字的格式、字体、背景颜色或者在任务中加入了新的信息），他们就需要对新的决策环境进行重新认识和观察，先前的信息阅读中的熟悉感将大幅降低、甚至不复存在。即决策环境的改变致使决策者无法感知到熟悉性，那么因熟悉性而驱动的中断对折中效应的影响就会消失。在现实生活中，这样的情况也十分常见，通常在现场表演和互联网等一些更新较频繁的场景中出现。

在本研究中，消费者会预期在中断结束后重新回到任务时会面对之前相同的信息。当面对变化的决策环境时，他们会有"看着和感觉"都有所不同的体验。此时，由中断引发的对决策任务的熟悉度的变化可能不复存在。据此，我们提出假设4。

H4：熟悉度在决策中断对折中效应影响中的中介作用受到决策环境变化的调节；当决策环境不发生变化时，熟悉度中介了决策中断对折中效应的影响；当决策环境发生变化时，熟悉度在决策中断对折中效应影响中的中介效应不显著。

本研究的研究框架如图1所示。

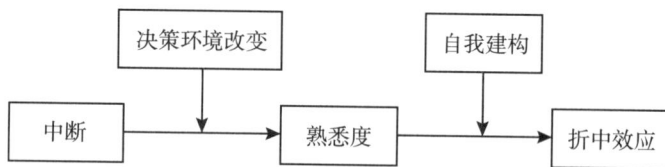

图1　研究框架

3　实验一：中断对折中效应的削弱影响

3.1　实验设计及过程

实验一是为了验证假设1，即中断是否会削弱消费者选择的折中效应。

实验借鉴 Sheng，Parker 和 Nakamoto(2005)和 Mao(2016)的研究，选用数码相机作为刺激物，分别选取像素和光学变焦倍数作为选择集建构的两个属性维度。在每一种情境下，被试都将面对两部或三部数码相机的信息。实验采取 2(中断情况：无中断/决策中断)×3(选择集：BC/ABC/BCD)的组间实验设计。6 个实验组中涉及的四个产品(数码相机)的信息如表1所示，其中 B、C 构成了核心/初始选择集。

表1　　　　　　　　　　　实验一刺激物(数码相机)属性信息

产品	像素	数码变焦倍数	选项说明
A	1200 万像素	20 倍	新加入的极端选项
B	1600 万像素	16 倍	核心/初始选择集
C	1800 万像素	12 倍	核心/初始选择集
D	2000 万像素	8 倍	新加入的极端选项

中断任务的设置借鉴 Nelson 和 Meyvis(2008)在研究三中让被试听一段 20 秒钢琴声的安排，本实验选取一首经典吉他曲(John Fahey 的作品 *Orinda-Moraga*)作为中断任务的素材。该曲目属于纯音乐，没有歌词，整首曲子平缓无波澜，通过前测得知，不会引起被试

强烈的情绪反应。我们用音频编辑软件截取了20秒钟的片段供正式实验使用。图2简要描述了中断任务插入的位置，如此进行任务安排保证了在两种不同类型（有无中断任务）情境下，被试都会面对同样的两个任务，最小化了组间的差异。被安排到中断组的被试将在实验过程中被告知需要进行任务转换，即暂停当下的选择任务，转而完成一个填充（中断）任务，在中断任务完成之后，他们将被要求继续原先的选择任务。对于无中断情境组的被试而言，他们被要求完成同样的任务，填充任务被安排在了选择任务之前，待填充任务完成后，被试被要求开始执行主任务。

中断情境下的任务安排：

主任务（未完成）	填充任务（中断任务）	主任务（中断后恢复）

未发生中断的情境安排：

填充任务	主任务

图 2　中断情境的实验设计

实验一主任务的设计是"数码相机的决策购买任务"，决策开始阶段，被试将阅读到如下信息："想象一下，春天来了，校园里花坛中的各种花草，为校园增添了新的色彩；远处道路上随风摇曳的柳树，仿佛将要脱去那灰暗的外套，换上一身漂亮的春装，不停地梳理那满头柔软的长发；校园的建筑物在花草的映衬下显得更加壮美。于是，你想要购买一台数码相机用于记录这美丽的风景，并将照片与远方的家人和朋友们分享。你来到市区的一家数码商城。经过筛选，有两/三部相机符合你的要求，价格也在你的预算之内。相机的具体信息如下表所示。"接着，无中断组的被试将直接阅读到几部相机的全部属性信息，并最终提交自己的选择结果；决策中断组中的被试将继续阅读产品的详细介绍（见表1中的部分信息），并被要求考虑一下自己的选择决策，但是被试此刻并不能真正做出选择（无法提交选择结果），在下一页中，被试将被要求完成一个音乐欣赏的决策，并被告知在该任务完成之后，将重新回到相机购买任务（提交选择结果）。

操纵检验。中断情境下，在中断任务正式开始之前，为了检验被试是否认真地阅读了购买决策中的情境信息，我们让被试回忆一下，"通过阅读刚才购买（数码相机）任务中的全部材料，下列哪一项未在材料中被提及？（单选题：数码相机、春天、校园、像素、数码变焦倍数、花草、柳树、操场）"。

实验一中因变量的测量，参照折中效应研究的惯例，在数码相机购买任务的最后，被试最终被要求填写他们的决策结果"上述两/三部数码相机，你更愿意选择哪一部"（Khan，Zhu & Kalra，2011；Mourali，Bockenholt & Laroche，2007）。实验结束前，被试被要求猜想一下本实验的研究目的，并要求填写性别和年龄。

3.2　实验结果

北方某综合类高校180名本科生参加实验，所有实验被试被随机分为6组，每组30

人，每名被试在实验结束后将获得一个小礼品作为报酬。在全部 180 份问卷中，无效问卷 5 份，对应的被试未能通过操纵检验（未能通过购买情境的回忆测试）；175 名有效被试中，男生 60 人，平均年龄 19.78 岁（SD＝0.97），所有有效被试均未能准确地猜测出本实验的目的。各实验情境下被试选择情况如表 2 所示。

表 2   各实验情境下被试选择情况

选项	选 择 集					
	无中断			决策中断		
	BC	ABC	BCD	BC	ABC	BCD
A	—	2(7.14%)	—	—	5(16.67%)	—
B	18(60.00%)	20(71.43%)	8(28.57%)	13(43.3%)	14(46.67%)	7(24.14%)
C	12(40.00%)	6(21.43%)	17(60.71%)	17(56.7%)	11(36.66%)	11(37.93%)
D	—	—	3(10.72%)	—	—	11(37.93%)

首先，考察决策中断对核心选择集（BC）选择的影响。检验显示（以产品 B 为例），$P_{无中断}＝60\%$，$P_{有中断}＝43.3\%$；经卡方检验，$\chi^2_{(1)} = 1.669$，$p = 0.196 > 0.05$，表明中断对消费者在核心选择集中的决策没有显著影响。

其次，考察在无中断发生的情境下，极端选项（A 或 D）的加入，是否引发了折中效应。该部分的验证有两个目的：(1)检验本研究的设计是否合理（能否产生预期的折中效应），(2)为下面进一步验证中断对折中效应的影响做好铺垫。本研究对于折中效应的计算沿袭现有研究的方法，折中效应的大小 $\Delta P_T = P_D(T; C) - P(T; C)$，表示选项 T 在扩展选择集和核心选择集中相对份额的差值。

从核心选择集 BC 到扩展选择集 ABC，产品 B 为中间选项，此时，折中效应的计算应该为 $\Delta P_B = P_A(B; C) - P(B; C)$，其中 $P(B; C) = 60\%$，

$$P_A(B; C) = \frac{71.43\%}{71.43\% + 21.43\%} = 76.92\%$$，因此 $\Delta P_B = 16.92\%$。由卡方检验的结果可知，$\chi^2_{(1)} = 1.829$，$p = 0.176 > 0.1$，即选项 A 的引入并未能带来中间选项 B 的份额发生显著性增长。

从核心选择集 BC 到扩展选择集 BCD，产品 C 为中间选项，此时，折中效应的计算应该为 $\Delta P_C = P_D(C; B) - P(C; B)$，其中 $P(C; B) = 40\%$，

$$P_D(C; B) = \frac{60.71\%}{60.71\% + 28.57\%} = 68\%$$，因此，$\Delta P_C = 28\%$。由卡方检验的结果可知，$\chi^2_{(1)} = 4.289$，$p = 0.038 < 0.05$，即选项 D 的引入能够带来中间选项 C 的份额发生显著性增长。折中效应的结果得到了验证。

在上面的计算中，有一个折中效应未能得到验证，原因可能是在核心选择集中，选项 B 的份额已经达到了 60%，因为存在"天花板效应"，因此 A 的加入也只能够引发 B 的份额有限地增长。根据研究设计，我们借鉴 Khan，Zhu 和 Kalra（2011）在 JMR 上关于折中效

应的计算方法(针对两个扩展选择集),

$$\Delta P_B = P_A(B;C) - P_D(B;C) = \frac{71.43\%}{71.43\% + 21.43\%} - \frac{28.57\%}{28.57\% + 60.71\%} = 44.92\%$$

由卡方检验的结果可知,$\chi^2_{(1)} = 10.388$,$p < 0.001$,即折中效应得到验证。综上所述,我们认为在未发生中断的情境下,折中效应是显著的,研究的设计也是合理的。

再者,我们考察决策中断对折中效应的削弱效果。在中断情境下,相对于核心选择集 BC 而言,扩展选项集 ABC 和 BCD 的折中效应未能得到有效验证,具体计算数据如下所示。

$$\Delta P_B = P_A(B;C) - P(B;C) = \frac{46.67\%}{46.67\% + 36.66\%} - 43.3\% = 12.7\%$$,由卡方检验的结果可知,$\chi^2_{(1)} = 0.875$,$p = 0.349 > 0.1$。

$$\Delta P_C = P_D(C;B) - P(C;B) = \frac{37.73\%}{37.73\% + 24.14\%} - 56.7\% = 4.28\%$$,由卡方检验的结果可知,$\chi^2_{(1)} = 0.091$,$p = 0.762 > 0.1$。

接下来,我们验证中断是否削弱了消费者对选择集 ABC 和 BCD 内中间选项的选择。

针对选择集 ABC 而言,其目标折中选项为产品 B,如果被试选择了折中选项(数码相机 B)则将结果记为 1,如果被试选择了极端选项(数码相机 A 或数码相机 C),则记作 0。以这个重新定义的决策变量为因变量,决策中断为自变量(无中断 vs. 有决策中断)进行二元 Logistic 回归分析。分析结果显示,决策中断情境下,被试对折中选项的选择比率存在(边缘)显著性差异(71.34% vs. 46.67%,Wald = 3.568,$b = -1.05$,SE = 0.556,$p = 0.059 < 0.1$),中断对折中效应的削弱作用得到验证。

同理,针对 BCD 而言,其目标折中选项为 C,同样,将该折中选项(数码相机 C)的选择结果记为 1,极端选项(数码相机 B 或数码相机 D)记作 0。二元 Logistic 回归分析的结果显示,和未发生中断相比,决策中断情境下,被试对折中选项的选择比率存在(边缘)显著性差异(60.71% vs. 37.93%,Wald = 2.906,$b = -0.928$,SE = 0.544,$p = 0.088 < 0.1$),相关假设再次得到验证。

综上所述,实验一的结果支持了假设 1,决策中断削弱了折中效应,被试更少地选择中间选项。

3.3 讨论

实验一以数码相机为刺激物,通过对决策中断的操控,验证了本研究的假设 1。但是仍有几方面问题有待深入探讨:(1)实验一中的数据所显示的折中效应被削弱的结论有些地方存在边缘显著,结论的稳定性有待进一步验证。(2)实验只是以单一的刺激物(数码相机)验证了研究的主效应,对于其他产品而言,研究结论是否依然成立?(3)实验一背后的机制是什么?有待深入挖掘。(4)实验一中只是从两个维度(像素和数码变焦)对刺激物数码相机进行描述,然而在现实购买决策中,人们将面对更多的产品信息,在多维度产品信息的呈现下研究结论是否还能成立?(5)实验一中,中断任务的设置是要求被试听 20 秒的纯音乐,在执行中断任务过程中,被试是否按照要求认真完成任务并不可知。因为此刻被试的认知资源并没有被占用，如果被试在这个过程中对被中断的决策任务进行回忆和梳理，那么就可能对最终的选择结果产生作用和干扰。因此，在后续的实验中，对于中断任务的设定，我们将规避这个潜在的影响。

4 实验二：熟悉度的中介作用

4.1 实验设计及过程

实验二是为了验证假设 2，即相比未发生中断的情境，决策中断对折中效应的削弱作用受到熟悉度的中介。

实验二借鉴丁瑛，徐菁和张影（2012），Dhar Nowlis 和 Sherman（2000）以及 Khan，Zhu 和 Kalra（2011）的研究，选取大学生样本比较熟悉的笔记本电脑作为实验刺激物，和实验一不同的是，实验二对于刺激物的描述不再局限于两个属性，而是涉及更多属性，包括电脑 CPU、内存、硬盘容量、电池容量、价格等。实验共分为两种情境（中断情况：无中断/有中断）进行组间设计。在每一种情境下，被试都将面对三台笔记本电脑的信息，且该信息在情境间无差异。为了尽可能保证实验的真实性，刺激物详细信息的设定参照了国内电商网站上关于（大学生用）笔记本电脑的报价和参数标准，实验二中的刺激物属性信息如表 3 所示。

实验二主任务的设计是"笔记本电脑市场调研任务"，决策开始阶段，被试将阅读到如下信息："同学你好，欢迎你参与我们针对大学生的笔记本电脑的市场调研，我们想要了解你对下面几款笔记本电脑的偏好，下面是三款笔记本的详细属性介绍，这三款笔记本售价均为 5699 元，但在 CPU、内存、硬盘容量和电池这四个属性上有不同的表现。"

表 3　　　　　　　　　　实验二刺激物（笔记本电脑）属性信息

笔记本电脑	A	B	C
CPU	i7	i5	i3
内存	4G	2G	1G
硬盘	160G	320G	500G
电池	四芯锂电池	六芯锂电池	八芯锂电池

关于中断任务的选择和设定。中断任务的设计借鉴 Liu（2008）的研究，采用让被试完成"倒着数（count backward）"任务来保持被试认知资源的占用（Carlyon，Plack，Fantini & Cusack，2003）。在实验中，被试被要求在心里默默地从 175 倒数到 105，并写下中间所有可以被 7 整除的数字（7 的倍数）。选择这个任务是因为它比较简单，且需要集中精力，可以保证被试在此过程中不去考虑其他的事情（Liu，2008），和实验一听纯音乐的中断任务相比，避免了被试可以利用中断的时间对之前决策信息进行"回顾、整理和反思"，排除了其对最终选择的可能性影响。对于不同中断情境的设定依然参照实验一的安排：无中断

组的情境下，被试将首先要求完成"倒着数"任务，然后再完成笔记本电脑的调查任务；而决策中断的情境下，被试可以阅读完全部的任务信息，在做出最终选择之前，将被要求完成一个"倒着数"任务，并被告知在该任务完成之后，将重新回到之前的任务（可以阅读到全部决策信息）并提交选择结果。

操纵检验。中断情境下，在中断任务正式开始之前，为了检验被试是否认真地阅读了主任务中的情境信息，我们让被试回忆一下，"上一页中的新电脑选择情境中提及三款电脑在四种属性上表现不同，下列哪一项不属于这四种属性（单选题：CPU、内存、价格、硬盘容量、电池）"。

因变量和中介变量的测量。实验二中因变量的测量，与实验一相似，主任务的最后阶段，被试被要求回答"在上述三款电脑中，你更愿意选择哪一款"。中介变量熟悉度的测量借鉴 Kupor，Liu 和 Amir（2013）的研究，共 2 个问项，采用 7 点量表（"你对上述选择情境的熟识程度如何"？"你对上述选择情境中产品信息的描述是否熟悉"？1＝非常不熟悉，7＝非常熟悉）。

实验结束前，被试还要求猜想一下本实验的研究目的，并要求填写性别和年龄。

4.2　实验结果

北方某综合类高校 100 名本科生参加实验，所有实验被试被随机分到 2 组，每组 50 人，每名被试在实验结束后将获得一个小礼品作为报酬。在全部 100 份问卷中，无效问卷 11 份，对应的被试未能通过操纵检验（未能正确回答决策情境的回忆测试）；89 名有效被试中，男生 38 人，平均年龄 20.36 岁（SD＝1.18），所有有效被试均未能猜测出本实验的目的。其中，无中断组 43 名被试，决策中断组 46 名被试。

首先进行熟悉度的量表信度分析。信度分析结果显示，熟悉度（Cronbach's α＝0.842）两个问项的相关度也较高，量表的测量效果达到了可以接受的水平。因此，熟悉度两个问项的平均值作为描述熟悉度的具体数值。

其次验证熟悉度的中介作用。对于中介效应的验证，采取经典的"逐步检验法"（Baron and Kenny，1986）在研究中关于有调节的中介的检验步骤：（1）验证决策中断对折中效应的影响。以重新定义的决策变量为因变量，中断为自变量（无中断 vs. 决策中断）进行二元 Logistic 回归分析。结果表明，决策中断和折中选项选择的关系显著，Wald＝3.895，$b=-0.873$，SE＝0.442，$p=0.048<0.05$。（2）以决策中断为自变量，熟悉度为因变量进行回归分析，决策中断和熟悉度的关系显著，$t=8.937$，$\beta=0.692$，$p<0.001$。（3）以中心化的熟悉度为自变量，重新定义的决策变量为因变量，进行二元 Logistic 回归分析，分析结果表明，熟悉度和折中选项选择的关系显著，Wald＝9.749，$b=-0.469$，SE＝0.15，$p=0.002<0.01$。（4）以决策中断、中心化的熟悉度为自变量，重新定义的决策变量为因变量，进行二元 Logistic 回归分析，分析结果表明，熟悉度和折中选项选择的关系依然显著，Wald＝6.64，$b=-0.525$，SE＝0.204，$p=0.01<0.05$，但是，决策中断和折中选项选择的关系不再显著，Wald＝0.169，$b=0.256$，SE＝0.624，$p=0.158>0.1$。上述结果表明，决策中断对折中效应的削弱作用被熟悉度完全中介。

最后使用 bootstrap 方法检验熟悉度在决策中断对折中效应影响中的中介作用。采用

SPSS 宏程序 PROCESS，选择模型 4，5000 次取样，设置 95% 的置信区间（Hayes，2013）。数据处理结果显示，决策中断通过熟悉度进而影响折中选项选择的间接效应显著（$b = 1.1855$, $SE = 0.5243$, $95\%\ C.\ I.\ = [-2.3173,\ -0.2772]$，不包含 0）；而决策中断对折中选项选择的直接效应不显著（$b = 0.2561$, $SE = 0.6235$, $95\%\ C.\ I.\ = [-0.966,\ 1.4782]$，包含 0）。因此，熟悉度的中介作用再次得到验证。

4.3 讨论

相比实验 1，实验 2 使用了更多维度的新实验刺激物，并对中断任务的设置加以完善，数据分析的结果再次验证假设 1。同时，研究 2 采用传统的逐步检验法和 bootstrap 两种方式对中介效应加以验证，实证结果支持了假设 2，即中断对折中效应的削弱作用受到熟悉度的中介。前面两个实验刺激物均选择了学生样本比较熟悉的数码产品，那么针对一些被试不是那么熟悉的产品，结果又该如何？另外，在下面的实验研究中，我们将进一步验证影响熟悉度中介效应的相关调节变量。

5 实验三：自我建构的调节作用

5.1 实验设计及过程

实验三是为了证明假设 3：熟悉程度在决策中断对折中效应的负向影响中的中介作用被自我建构调节，熟悉度是有调节的中介变量。

实验采取 2（中断情况：无中断/有中断）×2（自我建构：独立型自我/依存型自我）的组间设计。其中，决策中断的实验操纵方式与之前的实验类似，而自我建构的操纵则采取情境启动的方式。

不同自我建构类型的操纵。在同一文化背景下，个体可以同时存在两种不同的自我建构类型，只是在强度上存在差异。大量的研究已经表明，情境启动的方式可以临时性的触发某一类自我建构占据主导地位。例如，被试通过阅读特定的主题故事，就可以在接下去的一段时间/任务中表现出某种特定类型自我认知；这种暂时性的自我建构同样会对后续任务和刺激物的评价产生影响（Trafimow, Triandis & Goto, 1991）。本研究将借鉴 Ma, Yang 和 Mourali（2014），李东进，张成虎和马明龙（2016）的研究，让被试阅读一则关于网球运动员比赛的材料。为增强启动效果，还在材料中配了与描述一致的两组比赛照片；不同自我建构类型的启动材料均以第一人称"我（我们）"来陈述。实验的第一部分为"圈词任务"，用以启动不同的自我建构类型，该任务在纸质问卷上完成。被试被要求想象一下自己正在参加一场网球比赛，并用笔圈出下文中所有的人称代词"我""我的"（依存型自我建构组则被要求圈出"我们""我们的"）。

独立型自我建构组的情境材料："我正在参加一个网球比赛，并且已经进入决赛。现在是下午 4 点 26 分，头顶上的烈日烤着我，我一次次地整理着拍子上的网球线，我不停地拍打着网球。这时候，我感觉到自己成为世界的中心，我在心里默默告诉自己：'这是我的战斗，这是我的机会。如果我赢得这最后一场比赛，我将获得冠军头衔和巨大的奖杯。'结合上述情境，请用 10 秒钟的时间看一下如下两幅图。"独立型自我建构组的两幅图片是：网球单打比赛和个人获胜捧杯。依存型自我建构组的情境材料："我们的团队正在参加一个网球比赛，我将代表我们的团队参加决赛。现在是下午 4 点 26 分，头顶上的烈日烤着我们，我一次次地数着拍子上的网球线，拍打着网球。这时候，团队的教练和队友注视着我，我在心里默默告诉自己：'这是我们的战斗，这是我们的机会。如果我们赢得这最后一场比赛，我们团队将获得冠军头衔和巨大的奖杯。'结合上述情境，请用 10 秒钟的时间看一下如下两幅图。"依存型自我建构组的两幅图片是：比赛时团队加油鼓劲和团队获胜捧杯。

阅读完上述材料之后，被试需要回答"共圈出了几个人称代词"，接着，在问卷第二部分，他们被告知需要完成造句任务（用"我是×××"造 10 个句子），该任务用于检验不同自我建构的操控效果（Kuhn & Mcpartland，1954）。

第三部分关于主任务和中断任务的内容需要在电脑上填答。主任务为"电饼铛购买决策"，借鉴了 Dhar，Nowlis 和 Sherman（2000），Khan，Zhu 和 Kalra（2011）以及 Mourali，Bockemhoit 和 Laroche（2007）的研究。被试将阅读到如下信息：寒假回家，你打算购买一个电饼铛，你可以用它煎牛排、烤肉串、烙大饼、爆炒美食。于是你来到离家不远的一个家电商场。目前有三款产品可供你选择，具体属性信息如表 4 所示。表 4 中，烹饪的美味程度、使用的方便性、烹饪的速度这三个属性指标采用 1 至 10 分进行评价，分值越高代表产品在该属性上的表现越好。

表4　　　　　　　　　　　　　　实验三刺激物（电饼铛）属性信息

品牌	A	B	C
烹饪的美味程度	10	10	10
使用的方便性	8	7	6
烹饪的速度	6	7	8
价格（元）	169	169	169

中断任务的选择和设定。中断任务的设计采用让被试完成"找不同"来保持被试认知资源的占用。在实验中，被试被要求仔细比较两幅相似的图片，并找出两幅图中所有的不同之处，并将最后的答案（共有几处不同）填写在问卷中。另外，决策中断的设置依然和前面的实验一致。

为了检验被试是否认真地阅读了主任务中的情境信息，为问卷有效性筛选提供依据，类似于前面的研究，我们将询问被试"在之前电饼铛选择情境中，下列哪项属性未在材料中提及（单选题：品牌、价格、烹饪的美味程度、使用的方便性、烹饪的速度、保修期）"。

第四部分安排因变量和中介变量的测量。关于购买决策的测量不同于之前的实验：被试需要将"10 分"根据自己的偏好分配给 3 个电饼铛产品，分配的分数越多，代表越愿意选择该产品（每个产品分配的分数在 0 到 10 之间，只可以是整数，且 3 个数之和为 10）；被试在折中选项上分配的分数即为他们对折中选项的购买意愿。另外，中介变量熟悉度的测量同实验二，借鉴 Kupor，Liu 和 Amir（2013）的研究中的量表。在问卷的最后一部分，被试需要猜想实验目的，并填写自己的性别和年龄。

5.2 实验结果

北方某综合类高校 120 名本科生参加实验，所有实验被试被随机分成 4 组，每组 30 人，每名被试在实验结束后将获得一个小礼品作为报酬。在全部 120 份问卷中，无效问卷 7 份，有 4 名被试未能通过决策情境的回忆测试，另有 3 名被试未能正确完成"找不同"任务；113 名有效被试中，男生 47 人，平均年龄 20.53 岁（SD = 1.025），上述有效被试均未能准确地猜测出本实验的目的。

首先，完成信度分析和自我建构的操控检验。经检验，熟悉度（Cronbach's α = 0.812）的信度良好，两个问项具有较好的相关性，以两个问项得分的平均值作为熟悉度的评价值。另外，自我建构的操控有效：在启动独立型自我建构的情境下，被试造了更多自我性格的句子（$M_{独立}$ = 3.87，$M_{依存}$ = 2.15），$F(1，114)$ = 23.301，$p < 0.001$；在启动依存型自我建构的情境下，被试造了更多自我群体身份的句子（$M_{独立}$ = 2.38，$M_{依存}$ = 4.27），$F(1，108)$ = 29.023，$p < 0.001$。

其次，检验决策中断、自我建构对折中选项选择的交互效应。我们将决策前中断赋值为 1，无中断情境赋值为 0；将依存型自我建构赋值为 1，独立型自我建构赋值为 0；以决策中断和自我建构作为自变量，折中选项购买意愿为因变量进行方差分析。结果显示，决策中断的主效应显著（$M_{无中断}$ = 5.54，$M_{决策前中断}$ = 4.63），$F(1，111)$ = 6.138，$p = 0.015 < 0.05$；自我建构的主效应同样显著（$M_{独立}$ = 4.67，$M_{依存}$ = 5.53），$F(1，111)$ = 5.27，$p = 0.024 < 0.05$；更为重要的是，决策中断与自我建构的交互效应显著，$F(1，109)$ = 4.49，$p < 0.05$，如图 3 所示。

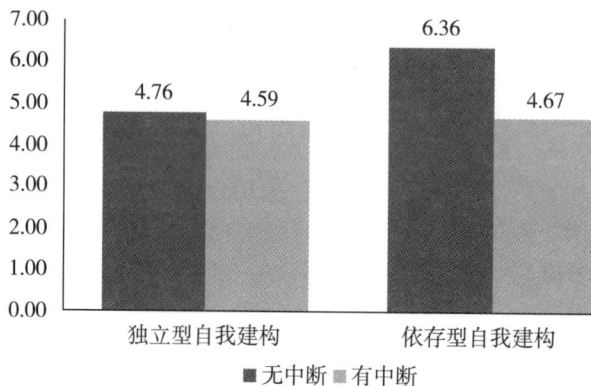

图 3　决策中断、自我建构对折中选项购买意愿的影响

使用 SPSS 软件的 syntax 语句进行简单效应检验：在无决策中断的情境下，不同自我建构类型对折中选项的购买意愿差异显著，且依存型自我建构的被试更愿意选择折中选项（6.36 vs 4.76），$F(1，109)$ = 10.051，$p = 0.002 < 0.01$；在发生中断的情境下，不同自我

建构类型对折中选项的购买意愿无显著差异（4.59 vs 4.67），$F(1, 109) = 0.025$，$p = 0.875 > 0.1$。对于独立型自我建构的被试，中断发生与否对他们购买折中选项的意愿没有显著影响（4.76 vs 4.59），$F(1, 109) = 0.119$，$p = 0.731 > 0.1$；而对于依存型自我建构的被试，决策中断将显著降低他们对于折中选项的购买意愿（6.36 vs 4.67），$F(1, 109) = 10.846$，$p = 0.001 < 0.01$。

最后，检验熟悉度被调节的中介效应。

根据 Muller, Judd 和 Yzerbyt（2005）在研究中关于有调节的中介的检验步骤。首先将熟悉度这个连续变量中心化，然后完成下面三个回归运算。（1）以决策中断、自我建构，以及两者交互项为自变量，折中选项购买意愿为因变量进行回归分析，交互项对因变量的影响达到显著性水平（$\beta = -0.323$，$t = -2.119$，$p = 0.036 < 0.05$）；（2）以决策中断为自变量，熟悉度为因变量进行回归分析，决策中断对熟悉度的影响显著（$\beta = 0.429$，$t = 5.006$，$p < 0.001$）；（3）以决策中断、中心化的熟悉度、自我建构、决策中断与自我建构的交互项、中心化的熟悉度与自我建构的交互项为自变量，折中选项的购买意愿为因变量进行回归分析，决策中断和自我建构的交互项对于因变量的影响不显著（$\beta = -0.117$，$t = -0.745$，$p = 0.458 > 0.1$），但是，熟悉度和自我建构的交互项对因变量的影响显著（$\beta = -0.412$，$t = -3.061$，$p = 0.003 < 0.01$），另外自我建构对因变量的直接影响显著（$\beta = 0.257$，$t = 2.077$，$p = 0.04 < 0.05$）。由此可见，因为熟悉度的存在，决策中断和自我建构的交互项对折中选项购买意愿的影响消失，所以，熟悉度是一个有调节的中介变量。因此，假设3得到了支持。

通过 bootstrap 方法检验有调节的中介变量的间接影响，采用 SPSS 宏程序 PROCESS，选择模型14，样本量设定为5000，95%的置信区间（Hayes, 2013）。此时，中断对折中选择的直接效应不显著（$t = -1.3519$，$p = 0.1792 > 0.1$）。条件间接效应的结果显示：对于独立型自我建构的被试，决策中断通过熟悉度对折中选项购买意愿的条件间接效应不显著（$b = 0.1074$，SE $= 0.2801$，95% C. I. $= [-0.4209, 0.7047]$，包含0）；对于依存型自我建构的被试，决策中断通过熟悉度对折中选项购买意愿的条件间接效应显著（$b = -0.9736$，SE $= 0.2644$，95% C. I. $= [-1.5881, -0.5296]$，不包含0）。因此，熟悉度在决策中断对折中选项购买意愿中的中介作用受到自我建构的调节，再次验证了假设3。

5.3 讨论

实验三通过操纵决策中断、利用情境启动的方式操纵被试的不同自我建构水平，证实了决策中断和自我建构对折中选项的选择所产生的交互效应，并深入探讨了熟悉度作为有调节的中介在不同条件下的作用机制。具体而言，对于依存型自我建构的消费者，决策中断（vs. 无中断）对于折中效应的削弱效果明显，且该负向作用受到熟悉度的中介；而对于独立型自我的消费者，中断（vs. 无中断）对于折中效应的削弱效果未到达显著水平，且熟悉度的中介效应也不存在。这是因为，独立型自我的被试（vs. 依存型自我）通常在决策时更加遵从于内心的需要，更加看重收益而不畏惧损失，在决策时更容易使用启发式的线索而非深层次的自下而上的加工，所以即使不存在决策中断，他们也会比依存型自我的被试更愿意选择极端选项。受制于"天花板效应"，决策中断能够给予它们的提升效用十分有限。另外，实验三和之前的实验相比，因变量的测量方法有所调整，由"选择"测量改变为"购买意愿"的数值分配，也从侧面支持了研究假设的稳定性。在下面的实验中，我们将继续探讨其他可能的边界条件。

6 实验四：决策环境改变的调节作用

6.1 实验设计及过程

实验四是为了证明假设4：熟悉度在决策中断对折中效应影响中的中介作用受到决策环境变化的调节。具体来说，当决策环境不发生变化时，熟悉度中介了决策中断对折中效应的影响；当决策环境发生变化时，熟悉度在决策中断对折中效应影响中的中介效应不显著。

借鉴 Kupor，Liu 和 Amir（2013）的研究，决策环境改变的操纵通过改变决策信息的字体（宋体变换为方正舒体）、段落格式（由原来的文字不分栏转换为信息分两栏）、背景颜色（由无色变为蓝色）和产品列表信息（将产品列表信息中的横行和竖列的标题信息对调）来予以实现。

实验共划分为四个情境组，分别是"无中断1组、有中断-决策环境无变化组、有中断-决策环境变化组和无中断2组"；其中无中断1组和无中断2组的决策环境存在差异，且无中断1组和有中断-决策环境无变化组的决策环境相同，而有中断-决策环境变化组在中断后呈现的信息样式和无中断2组相同。

实验四的刺激物选取类似于实验一，但是和之前双属性的选择集不同，实验四在原来的基础上加入了数码相机品牌（佳能、尼康和索尼）、数码相机价格（1479元、1489元、1499元）。另外，实验刺激物属性的设定参考了国内某大型电商网站的信息。

实验四主任务是让被试完成"数码相机购买决策"，在该任务开始阶段，被试将阅读到如下信息："想象一下，你大学毕业后进入了一家喜欢的单位工作。正巧马上要到'五一'小长假，你计划出去旅游，放松一下。为了准备外出旅游，你打算购买一台数码相机用于记录美丽的风景，于是你来到离单位不远的一家百货大楼。经过筛选，有三部相机符合你的要求，具体信息如表5所示。三部相机在价格上差异不大，且分属国际主流品牌。另外，售货员还告诉你，对于数码相机而言，像素越高，表示照片的分辨率越高，图像的质量就越好；而变焦倍数越高，表示可以更'真真实实'地拍摄到更远的物体或景色，不会产生'可望而不可即'的情况。"在中断情境组，被试被要求"考虑一下，你打算如何选择"；而无中断组的被试则直接完成选择。

表5　　　　　　　　　　　实验四刺激物（数码相机）属性信息

数码相机品牌	佳能	尼康	索尼
像素	1600 万像素	1800 万像素	2000 万像素
数码变焦倍数	16 倍	12 倍	8 倍
价格（元）	1479	1489	1499

关于中断任务的选择和设定。中断任务的设计借鉴 Liu（2008）的研究，采用让被试完成"倒着数"任务来保持被试认知资源的占用。在实验中，被试被要求在心里默默地从 175 倒数到 105，并写下中间所有可以被 7 整除的数字（7 的倍数）。

操纵检验。为了检验被试是否认真地阅读了主任务中的情境信息，我们将询问被试"之前数码相机购买情境中，下列哪一项属性未在材料中提及"（单选题：价格、品牌、数码变焦倍数、像素、屏幕）。

因变量和中介变量的测量。在主任务的最后阶段，安排因变量的测量："在上述三部数码相机中，你更愿意选择哪一部"。另外，中介变量熟悉度的测量同实验二，借鉴 Kupor，Liu 和 Amir（2013）研究中的量表，在问卷的最后一部分，被试需要填写自己的性别和年龄。

6.2 实验结果

北方某综合类高校 168 名本科生参加实验，所有实验被试被随机分成 4 组，每组 42 人，每名被试在实验结束后将获得一个小礼品作为报酬。在全部 168 份问卷中，无效问卷 10 份，有 7 名被试未能通过决策情境的回忆测试，3 人未能正确完成"倒着数"任务；158 名有效被试中，男生 62 人，平均年龄 20.45 岁（SD = 0.907），上述有效被试均未能准确地猜测出本实验的目的。

首先，完成信度分析。经检验，熟悉度（Cronbach's $\alpha = 0.896$）的信度良好，两个问项具有较好的相关性，以两个问项得分的平均值作为熟悉度的评价值。

其次，探讨不同情境组在选择折中选项上的差异。与之前的实验分析一致，对因变量产品选择进行转换：如果被试选择了折中选项（尼康相机）则将结果记为 1，如果被试选择了极端选项（佳能相机或索尼相机），则记作 0。

在未发生中断的情境下，比较两种不同决策情境中的被试在产品选择上是否存在差异：无中断 1 组选择折中选项的份额为 60%（24/40），无中断 2 组选择折中选项的份额为 57.5%（23/40），经检验，Pearson 卡方值 $X^2_{(1)} = 0.052$，且 $p = 0.82 > 0.1$，表明被试在无中断情境下的这两种决策环境中，最终的选择不存在显著差异，即无中断情境下，决策环境的差异对折中选项份额的影响不显著。进一步来看，决策情境的差异对熟悉度的感知也无差异，$F(1,78) = 0.313$，$p = 0.577 > 0.1$。

当未发生决策环境变化时，考察中断对熟悉度和折中选择的影响。首先，以决策中断为自变量，转换后的决策变量为因变量进行二元 Logistic 回归分析。结果表明，决策中断和折中选项选择的关系显著，Wald = 4.903，$b = -1.025$，SE = 0.463，$p = 0.027 < 0.05$。其次，以决策中断为自变量，熟悉度为因变量进行回归分析。结果表明，决策中断和熟悉度的关系显著，$\beta = 0.481$，$t = 4.847$，$p < 0.001$。最后，以决策中断和熟悉度为自变量，转换后的决策变量为因变量进行二元 Logistic 回归分析。结果表明，熟悉度和折中选项选择的关系显著，Wald = 3.85，$b = -0.439$，SE = 0.463，$p < 0.05$；但是决策中断和折中选项选择的关系不再显著，Wald = 3.85，$p = 0.234 > 0.1$。由以上分析可知，在未发生决策环境变化时，熟悉度的中介作用仍然存在。

当决策的环境变化时，同样考察中断对熟悉度和折中选择的影响。以决策中断为自变量，转换后的决策变量为因变量进行二元 Logistic 回归分析。结果表明，决策中断和折中选项选择的关系不显著，Wald = 3.286，$b = -0.841$，SE = 0.464，$p = 0.07 > 0.05$。其次，以决策中断为自变量，熟悉度为因变量进行回归分析。结果表明，决策中断和熟悉度的关系不显著，$t = 0.375$，$p = 0.709 > 0.1$。因此，在决策环境变化时，熟悉度的中介作用不再显著。综上所述，假设 4 得到验证。

6.3 讨论

实验四通过操纵决策中断和决策环境改变，证实了在未发生决策环境变化时，熟悉度在决策中断对折中选择影响的中介作用显著；但是，当发生决策环境变化时，熟悉度在决策中断对折中选择影响的中介作用不在显著。具体而言，由于决策环境的改变，经历了中断任务再次回到原任务的被试没有产生熟悉的感觉(因为决策情境下的字体、背景、格式等发生了改变)。

7 研究结论与启示

7.1 研究结论

消费者行为领域的中断研究目前才刚刚起步。决策过程中的中断现象，究竟会对决策行为本身或者消费者信息加工带来何种影响仍缺乏深入探讨。本研究以消费者决策中常见的折中现象为突破口，探讨了决策中断对消费者选择的折中效应的影响、内在机制、边界条件；通过四个实验得到了如下研究结论：(1)决策中断(vs 无中断)将削弱折中效应，促使消费者更少地选择中间选项。(2)上述中断的削弱作用受到熟悉度的中介，这是因为在中断之后再次回到决策任务时，消费者会产生熟悉感，进而提升它们的决策信心，更可能遵行自我偏好，并在决策中"勇于"承担更多风险。(3)自我建构和决策环境改变与否会对熟悉度的中介效应产生调节效果；具体来看，当面对独立性自我建构的决策者和决策环境发生时，决策中断对于折中效应的削弱作用不存在。

7.2 理论意义和实践价值

本研究的理论意义主要体现在如下两个方面，一方面，本研究将决策中断和折中效应这两个看似不太相关的概念建立联系，提出了中断会对折中效应产生削弱效果，并探讨了潜在的心理机制和相关的边界条件。本研究对中断和折中效应两部分的现有文献做了适当补充，也为后续其他情境下的中断研究提供了借鉴。另一方面，本研究结论为中断主题下的后续研究提供了新的思考。具体来说，之前的研究片面地聚焦于中断所带来的负面效用；为了应对这种潜在的消极后果，研究者们更多地关注如何避免中断，使人们的注意力集中于主任务之上。其实，"中断"也是可以被引导和利用的，那么对于中断的研究也应该变"堵"为"疏"，更多地揭示其潜在的积极意义。

本研究的实践意义涵盖如下三点，第一，正确地看待中断可能给营销实践带来积极效应。如前所述，在营销实践中人们习惯上认为中断是不好的，总是规避中断以最大化自己的营销效果。例如，为了达到说服效果，他们希望在信息传递过程中，尽可能让消费者保持"专注"，以此强化受众的态度和行为意图；那些直接面对顾客的一线销售人员也被告知在产品推介过程中要尽量避免外界的干扰和过程的中断(Kupor & Tormala，2015)。在本研究中，中断可以弱化折中效应的效果，该结论的发现可以较好地揭示中断现象在某些情境下对消费者偏好的影响，同时为商家合理地引导消费者提供了更多的选择。第二，考虑到折中效应在购买决策中的普遍性，可以适时制造短暂的中断以推进产品的销售。例如，为了降低消费者的决策对比和决策等待，在决策完成前"主动地"营造决策中断事件(例如，为顾客递一杯水，或者请顾客移步就座，或者观看产品的画册、品牌的广告等)可以增加消费者重新决策时的熟悉感，增强他们的决策信心。第三，采取灵活的方式应对消费者在决策过程中突发的中断行为(临时性接听电话，提出先去店铺转转一会再回来，等等)。例如，消费者中断后归来可能会导致"目标背离"，如果商家希望消费者更多地关注中间位置的产品，就可以采取变化产品的陈列位置，介绍更多的关于备选产品的信息等策略来改变消费者对于决策熟悉度的感知。

7.3 研究局限与未来研究方向

首先，本研究对于假设的论证均采取实验室研究的方法，该方法在带给我们相对"纯净"数据的同时，也是以牺牲研究的外部效度为代价的，在后续的研究中，可以考虑采用现场实验的方法来探究决策中断对折中效应的影响。其次，当前关于折中效应的研究涉及的属性描述基本维持在 2~3 个，众所周知，某一产品不可能只有两个属性维度，当属性增加时本研究的结论是否依然适用有待进一步检验。最后，之前关于中断的研究很多聚焦于中断对于主任务完成效果的评价，类似的，本研究也关注中断对于消费者选择折中效应的影响；但是当下鲜有研究关注决策中断对于中断任务(或决策)本身的影响。例如，Kupor，Reich 和 Shiv(2015)的研究中提及的人们面对中断时的闭合需要，Jhang 和 Lynch(2015)发现的中断对于空闲时间感知的影响都可能对后续中断任务的执行产生潜在作用。

◎ 参考文献

[1]李东进，张成虎，马明龙. 脱销情境下消费者会买相似品？自我构建视角的分析[J]. 南开管理评论，2016，19(3).

[2]严建援，郭海玲，戢妍. 基于 B2C 电子商务平台的营销策略对折中效应的影响研究[J]. 管理评论，2012，24(11).

[3]郑毓煌，董春艳. 决策中断对消费者自我控制决策的影响[J]. 营销科学学报，2011，7(1).

[4]Aaker，J. L.，Schmitt，B. Culture dependent assimilation and differentiation of the self: Preferences for consumption symbols in the United States and China[J]. *Journal of Cross-Cultural Psychology*，2001，32(5).

[5]Baethge，A.，Rigotti，T.，Roe，R. A. Just more of the same，or different? An integrative theoretical framework for the study of cumulative interruptions at work[J]. *European Journal*

of Work and Organizational Psychology, 2015, 24(2).

[6]Bandura, A. Self-efficacy: Toward a unifying theory of behavioral change[J]. *Psychological Review*, 1977, 84(2).

[7]Benbunan-Fich, R., Truman, G. Multitasking with laptops during meetings [J]. *Communications of the ACM*, 2009, 52(2).

[8]Baron, R. M.,Kenny, D. A. The moderator-mediator varible distinction in social psychological research: Conceptual, strategic, and statistical considerations[J]. *Journal of Personality and Psychology*, 1986, 51(6).

[9]Carlyon, R. P., Plack, C. J., Fantini, D. A., Cusack, R. Cross-modal and non-sensory influences on auditory streaming[J]. *Perception*, 2003, 32(11).

[10]Dhar,R., Nowlis, S. M., Sherman, S. J. Trying hard or hardly trying: An analysis of context effects in choice[J]. *Journal of Consumer Psychology*, 2000, 9(4).

[11]Glenberg, A. Monotonic and nonmonotonic lag effects in paired-associate and recognition memory paradigms[J]. *Journal of Verbal Learning and Verbal Behavior*, 1976, 15(1).

[12]Hayes, A. F. *Introduction to mediation, moderation, and condition process analysis: A regression-based approach*[M]. New York: Guilford Press, 2013.

[13]Heine, S. J., Lehman, D. R., Markus, H. R., Kitayama, S. Is there a universal need for positive self regard[J]. *Psychological Review*, 1999. 106(4).

[14]Jett, Q. R., George, J. M. Work interrupted: A closer look at the role of interruptions in organizational life[J]. *Academy of Management Review*, 2003, 28(3).

[15]Jhang, J. H., Lynch, J. J. G. Pardon the interruption: Goal proximity, perceived spare time, and impatience[J]. *Journal of Consumer Research*, 2015, 41 (5).

[16]Katidioti, I., Borst, J. P., Vugt, M. K. V., Taatgen, N. A. Interrupt me: External interruptions are less disruptive than self-interruptions[J]. *Computers in Human Behavior*, 2016(63).

[17]Khan, U., Zhu, M., Kalra, A. When trade-offs matter: The effect of choice construal on context effects[J]. *Journal of Marketing Research*, 2011, 48(1).

[18]Kim, H., Markus, H. R. Deviance or uniqueness, harmony or conformity? A cultural analysis[J]. *Journal of Personality and Social Psychology*, 1999, 77(4).

[19]Klinger, E. Consequences of commitment to and disengagement from incentives [J]. *Psychological Review*, 1975, 82(1).

[20]Kuhn, M. H., Mcpartland, T. S. An empirical investigation of self-attitudes[J]. *American Sociological Review*, 1954, 19(1).

[21]Kupor,D. M., Liu, W., Amir, O. Risks, interrupted [J]. *Social Science Electronic Publishing*, 2013(4).

[22]Kupor, D. M., Liu, W., Amir, O. The effect of an interruption on risk decisions[J]. *Journal of Consumer Research*, 2018, 44(6).

[23]Kupor, D. M., Reich, T., Shiv, B. Can't finish what you started? The effect of climactic

interruption on behavior[J]. *Journal of Consumer Psychology*, 2015, 25(1).

[24]Kupor, D. M., Tormala, Z. L. Persuasion, interrupted: The effect of momentary interruptions on message processing and persuasion [J]. *Journal of Consumer Research*, 2015, 42(2).

[25]Ladoucer, R., Tourigny, M., Mayrand, M. Familiarity, group exposure, and risk-taking behavior in gambling[J]. *The Journal of Psychology*, 1986, 120(1).

[26]Lee, A. Y., Aaker, J. L., Gardner, W. L. The pleasures and pains of distinct self-construals: The role of interdependence in regulatory focus[J]. *Journal of Personality and Social Psychology*, 2000, 78(6).

[27]Levy, E. C., Rafaeli, S., Ariel, Y. The effect of online interruptions on the quality of cognitive performance[J]. *Telematics & Informatics*, 2016, 33(4).

[28]Liu, W. Focusing on desirability: The effect of decision interruption and suspension on preferences[J]. *Journal of Consumer Research*, 2008, 35(4).

[29]Ma, Z. F., Yang, Z. Y., Mourali, M. Consumer adoption of new products: Independent versus interdependent self-perspectives[J]. *Journal of Marketing*, 2014, 78(2).

[30]Madndel, N. Shifting selves and decision making: The effects of self-construal priming on consumer risk-taking[J]. *Journal of Consumer Research*, 2003, 30(1).

[31]Mao, W. When one desires too much of a good thing: The compromise effect under maximizing tendencies[J]. *Journal of Consumer Psychology*, 2016, 26(1).

[32]Markus, H. R., Kitayama, S. Culture and the self: Implications for cognition, emotion, and motivation[J]. *Psychological Review*, 1991, 98(2).

[33]Martin, L. L., Tesser, A. Ruminative thoughts[M]// Wyer, R. S. Advances in Social Cognition. Hillsdale: Lawrence Erlbaum Associates, Inc, 1996, 9.

[34]Mcfarlane, D. C. Comparison of four primary methods for coordinating the interruption of people in human-computer interaction[J]. *Human-Computer Interaction*, 2002, 17(1).

[35]Mourali, M., Bockenholt, U., Laroche, M. Compromise and attraction effects under prevention and promotion motivations[J]. *Journal of Consumer Research*, 2007, 34(2).

[36]Muller, D., Judd, C. M., Yzerbyt, V. Y. When moderation is mediated and mediation is moderated[J]. *Journal of Personality and Social Psychology*, 2005, 89(6).

[37]Nelson, L. D., Meyvis, T. Interrupted consumption: Disrupting adaptation to hedonic experiences[J]. *Journal of Marketing Research*, 2008, 45(6).

[38]Nelson, L. D., Meyvis, G. J. Enhancing the television-viewing experience through commercial interruptions[J]. *Journal of Consumer Research*, 2009, 36(2).

[39]Niculescu, M., Payne, C. R., Luna-Nevarez, C. Consumer response to interruption features and need for cognitive closure[J]. *Journal of Consumer Behavior*, 2014, 13(1).

[40]Salvucci, D. D., Taatgen, N. A. *The multitasking mind*[M]. New York: Oxford University Press, 2011.

[41]Sheng, S., Parker, A. M., Nakamoto, K. Understanding the mechanism and determinants

of compromise effect[J]. *Psychology and Marketing*, 2005, 22(7).

[42] Simonson, I. Choice based on reasons: The case of attraction and compromise effect[J]. *Journal of Consumer Research*, 1989, 16(2).

[43] Simonson, I., Tversky, A. Choice in context: Tradeoff contrast and extremeness aversion [J]. *Journal of Marketing Research*, 1992, 29(3).

[44] Singelis, T. M. The measurement of independent and interdependent self-construals [J]. *Personality and Social Psychology Bulletin.* 1994, 20(5).

[45] Trafimow, D., Triandis, H., Goto, S. Some tests of the distinction between the private self and the collective self[J]. *Journal of Personality and Social Psychology*, 1991, 60(5).

[46] Torelli, C. J. Individuality or conformity? The effect of independent and interdependent self-concepts on public judgments[J]. *Journal of Consumer Psychology*, 2006, 16(3).

[47] Tversky, A., Simonson, I. Context-dependent preferences [J]. *Management Science*, 1993, 39(10).

[48] Zhang, Y. L., Shrum, L. J. The influence of self-construal on impulsive consumption[J]. *Journal of Consumer Research*, 2009, 35(5).

Will Interruption undermines the Compromise Effect in Consumer Choice-making? From the Mediating Effect of Familiarity

Zhang Chenghu[1]   Li Dongjin[2]   Fu Guoqun[3]

(1, 3 Guanghua School of Management, Peking University, Beijing, 100871;

2 Business School, Nankai University, Tianjin, 300071)

Abstract: Interruption has been an indispensable part of people's daily life. There still lacks further investigation on what impacts the occurrence of interruption will bring during the decision process. This paper, taking compromise effect, which is commonly observed in behavior decision, as a breakthrough point, tries to construct a relatively complete model about the influence of decision interruption on compromise effect. Through a series of experiments, the following conclusions are drawn: decision interruption will diminish compromise effect, which makes consumers choose the extremely alternative. The above diminishment effect is mediated by familiarity. This is because the acquaintance with all the decision information before interruption will trigger their familiarity when consumers get back to the previous decision task after finishing the interruption task, which will promote their ability for undertaking decision risks and add the option share of extremely alternative. The mediation of familiarity concerning the influence of decision interruption on compromise effect is moderated by self-construal. For the interdependent self-construal, familiarity mediates the influence of decision interruption on compromise effect; while, for the independent self-construal, the mediation of familiarity does not work. In addition, familiarity as a mediator in the influence of decision interruption on compromise effect is moderated by the change of decision environment. When the decision environment does not change, familiarity mediates the influence of decision interruption on compromise effect; when the decision environment changes, familiarity does little to mediate the influence of decision interruption on compromise effect. Finally, this paper explores its theoretical contribution and practical significance based on the research results.

Key words: Interruption; Compromise effect; Familiarity; Self-construal; Change of decision-making environment

专业主编：曾伏娥

环境保护广告的代言效果研究

——代言人的社会地位、社会规范诉求以及消费者权力感知的影响[*]

● 何 昊[1,2]　郭 锐[3]

（1　长沙理工大学经济与管理学院　长沙　410114；

2　湖南省现代企业管理研究中心　长沙　410114；

3　中国地质大学（武汉）经济管理学院　武汉　430074）

【摘　要】如何鼓励消费者保护环境是社会营销学者关注的重要议题。尽管代言策略被广泛应用于环境保护活动的宣传，但鲜有研究深入探讨环境保护领域的代言效果。基于规范焦点理论，该研究探讨了代言人的社会地位、社会规范表述方式，以及消费者的权力感知三者对代言效果的影响。情境模拟实验的结果表明，环境保护行为代言人的社会地位与社会规范表述方式之间存在匹配效应，具体而言，明星代言人使用指令式规范诉求的效果要好于描述式规范诉求，普通消费者代言人使用描述式规范诉求的效果要好于指令式规范诉求。这一匹配效应的出现会受到消费者权力感知的影响，对于低权力感知的消费者，普通消费者代言人与描述式规范诉求的匹配并不会显著提升代言效果。这一研究发现有助于更好理解社会规范对行为的影响，同时为营销人员设计更加有效的环境保护广告提供指导。

【关键词】描述式规范；指令式规范；社会地位；权力感知；环境保护行为代言

中图分类号：C93　　文献标识码：A

1. 引言

采用恰当的宣传手段鼓励消费者的环境保护行为已成为各国政府和社会营销学者关注的重要议题（Giesler & Veresiu，2014）。使用代言人是提升宣传效果的常见策略（Newton et

＊ 基金项目：本文是国家自然科学基金青年项目"新产品沟通中的情境框架构建与消费者支持：制度理论视角"（项目批准号：71402010），国家自然科学基金面上项目"品牌自信视角下中国民族品牌的品牌国际化战略和影响机制研究"（项目批准号：71772168），国家自然科学基金面上项目"合理性视角下的绿色品牌信任战略及其影响机制研究"（项目批准号：71272063）的阶段性成果。

通讯作者：郭锐，E-mail：gdg79511@163.com。

al. , 2015），在绿色营销领域，我们常会在各种环境保护行为的宣传中见到明星的身影，然而一些非营利组织也会尝试使用普通消费者作为代言人增加环保宣传的效果。例如世界自然基金会在宣传中不但邀请明星李冰冰作为代言人，也使用了小学生"王瑞晖"的形象推广节能环保理念。相比普通消费者，明星拥有更高的社会地位（Milner, 2010），那么明星和普通消费者在社会地位上的差异会如何影响环境行为的代言效果？

现有的广告代言研究集中从吸引力、可靠性等因素对代言效果进行探讨（Keel & Nataraajan, 2012），并未广泛探讨代言人的社会地位如何影响代言效果（Newton et al. , 2015），因而无法对上述问题直接进行解答。有关绿色消费的研究表明，社会导向动机是推动绿色消费的重要诱因（Griskevicius et al. , 2010）；依据规范焦点理论，社会规范可以表述为指令式规范（injunctive norm）和描述式规范（descriptive norm）两种形式（Cialdini et al. , 1990），不同形式的规范诉求反映了不同的社会导向动机：指令式规范多与获得社会赞许有关，而描述式规范则多与行动的效率或适应性有关（Jacobson et al. , 2011）。那么，代言人的社会地位能否成为影响消费者处理社会规范信息的线索，进而影响绿色宣传的说服效果？另外，有关权力感知的研究发现，消费者的权力感知会提升社会地位动机在消费行为中的作用（Rucker & Galinsky, 2008），由此，消费者的权力感知又是否会成为代言人与规范诉求交互效应的边界条件呢？

综上所述，本研究结合广告代言研究领域、社会规范领域和社会地位研究领域的相关发现，探讨代言人的社会地位、社会规范的表述形式以及消费者的权力感知三者会如何影响环境行为代言的宣传效果。预期研究发现会进一步充实广告代言领域和规范焦点理论的研究发现，也将为政府和环境公益组织更有效地设计宣传活动提供理论指导。

2. 文献回顾与研究假设

2.1 影响代言效果的因素

总体来看，代言人可以分为明星、专业人士、公司员工（管理者）、普通消费者和虚拟形象 5 类（Friedman et al. , 1976；Stafford et al. , 2002）。在解释不同类型代言人的沟通效果时，现有研究主要采用了信息源特质和匹配度假说两种分析思路。在最初的研究中，信息源特质被认为是影响代言人效果的关键因素，研究者的主要兴趣在于发现能够对信息接收产生正面影响的代言人特质。这一研究脉络认为，代言人的可靠性和吸引力水平决定了代言的效果（Kang & Herr, 2006）。可靠性来源于代言人的可信度和专业度，吸引力则来源于代言人外表吸引力、受欢迎的程度以及与受众的相似度（Stafford et al. , 2002）。相比于其他类型的代言人，明星通常在外表吸引力、受欢迎程度等方面拥有优势，也拥有较高的媒体曝光率和社会地位，更有助于提升广告的效果（沈雪瑞等，2016；Keel & Nataraajan, 2012）。然而，随着一些学者发现代言的宣传效力会在很大程度上受到所代言产品的影响（Kamins & Gupta, 1994），探讨代言人与广告情境之间的匹配逐渐成为代言人研究的热点议题。学者们从代言人的个人特质与代言品牌（沈雪瑞等，2016；Till & Busler, 2000）、产品的技术特征与代言人技术专长（Biswas et al. , 2006）、服务的类别与代言人类型(Stafford et al., 2002)、消费者的自我概念与代言人形象(Choi & Rifon, 2012)、代言人与代言产品的国别属性(张红霞和张益, 2010)等多个方面探讨了匹配对代言效果的影响。综合这些研究的结果,我们可以发现,代言人的特征是影响代言效果的重要因素,然而代言的最终效果还取决于代言人的属性能否与代言的具体情境相匹配的程度;明星并非代言人的唯一选择,依据具体的沟通情境选择恰当的代言人更有助于提升宣传的效果。因此,本文在现有研究的基础上进一步探讨在环境保护宣传领域,代言人社会地位与社会规范类型的匹配会如何影响代言的效果。

2.2 社会规范诉求与环境友好行为

除了经济激励和环境意识教育,社会规范也是用于激励消费者接受环境友好行为的常见手段(White & Simpson, 2013)。规范焦点理论将规范信息的表述形式分为两种类别:指令式规范诉求和描述式规范(韦庆旺和孙健敏, 2013;Cialdini et al., 1990;Jacobson et al., 2011)。指令式规范诉求重点强调了人们应该做什么,与行为的社会支持程度感知有关;而描述式规范则重点强调人们通常会做什么,与行为的流行性和典型性感知有关。规范焦点理论认为,人们遵循不同形式规范的目标存在巨大差异,遵循指令式规范是为了获得更高的社会评价,而遵循描述式规范则是为了提升行动的效率。在日常生活中,社会规范并不是一种客观意义上的存在,人们对它的主观感知是其发挥影响的重要前提,而环境刺激以及个人信念则是人们感知到各种社会规范信息的重要线索(Cialdini et al., 1990;Jacobson et al., 2011)。

围绕两类社会规范信息如何影响环境友好行为,现有的研究也开展了一系列探讨。这些研究表明,两类社会规范都能影响人们的环境行为(Cialdini et al., 1990),相比较而言,虽然指令式规范对环境行为的影响可以跨越多个行为情境(Cialdini et al., 2006),但在特定的消费情境中,描述性规范对人们环保行为施加的影响有可能更强(Goldstein et al., 2008)。此外,两类社会规范的影响还会受到其他因素的干扰,例如当激活了消费者的集体自我后,相比利益诉求,指令式规范和描述式规范在说服消费者接受绿色消费的议题上都能发挥更好的效果;当消费者的个体自我被激活时,利益诉求和描述式规范对消费者的效果要好于指令式规范(White & Simpson, 2013);当自我控制力被削弱时,指令式规范对人们行为的影响也会相应减弱,而描述性规范的影响则不会变化(Jacobson et al., 2011)。

2.3 代言人的社会地位与社会规范诉求对代言效果的影响

依据规范焦点理论,同一社会规范可以表现为指令式规范或描述式规范两种不同的诉求方式(Jacobson et al., 2011),例如在宣传垃圾分类行为时,我们可以使用"每一个人都应该做到垃圾分类"(指令式规范)或者"您身边已经有不少人做到了对垃圾进行分类"(描述式规范)两种不同的方式来构建规范诉求。指令式规范诉求和描述式规范诉求都有可能影响消费者的环保行为(White & Simpson, 2013),但是,两种规范却代表着不同的行为动机,指令式规范与建立和维系人际关系的目标有关,人们遵循指令式规范是为了获得社会赞许;而描述式规范与行为的效率目标或适应性目标有关,人们遵循描述式规范是为了更好地融入特定的情境(Jacobson et al.，2011)。我们认为，在使用代言人宣传环保行为时，代言人的社会地位可能成为引导消费者注意焦点的重要线索，其与社会规范诉求信息之间的匹配会影响代言的宣传效果。

同一般消费行为相比，环境友好行为意味着消费者需要为了社会公共利益让步个人利益(如改变熟悉的消费习惯、忍受不方便)(White & Simpson，2013)。一些研究指出，带有自我牺牲意味的行为能够提升行动者的社会地位(Hardy & Van Vugt，2006)，消费者也会因此接受环境保护行为，而接受的程度取决于环境保护行为与社会地位之间的关联性(Griskevicius et al.，2010)。相比普通消费者，明星通常拥有更高的公众知名度，是大众仰慕和模仿的对象(Mc Cracken，1989)，更容易激活人们对社会地位的联想(Choi & Rifon，2012；Milner，2010)。因此，明星代言有可能将其所代表的社会地位符号迁移到相应的行为之中(Mc Cracken，1989)，进而提升人们保护环境的意愿。但是，这一符号意义的迁移效果会受到规范诉求方式的影响。相比描述式规范诉求，指令式规范诉求蕴含了更多社会价值判断的意味，人们遵循指令式规范通常意味着希望获得更为正面的评价或印象，或者建立积极的人际关系(Jacobson et al.，2011)，这一诉求方式所引导的地位目标与明星在社会地位上所代表的符号意义相吻合，依据符号迁移模型，当代言人所代表的符号意义与其支持的行为相吻合时，人们更容易将这一符号意义迁移到相应的行为之中(Mc Cracken，1989)。因此，在明星代言的环保宣传中使用指令式规范诉求，更容易增强人们对行为与社会地位的联想，进而提升行动的意愿。相反，描述式规范更加强调行为的普遍性，行为普及性的提升会在某种程度上削弱该行为与社会地位之间的联系(Griskevicius et al.，2010)，这与明星在社会地位上的符号意义并不完全吻合，反而有可能会削弱明星的代言效力。事实上，Lindenberg等人(2011)的研究发现，明星更有可能启动社会公众对规范中"应为"成分的感知；这也为我们的推断提供了一定支持，即当明星代言时，使用指令式规范能够取得更好的说服效果。综上所述，我们提出以下假设：

H1：当明星代言环保行为时，相比描述式规范诉求，使用指令式规范诉求能够获得更好的说服效果。

与明星相比，普通消费者代言人较低的社会地位虽然会削弱社会地位动机对环境保护行为的推动，但却更容易激活受众与代言人在社会地位上的相似性感知(Newton et al.，2015)，这种相似性感知也是导致人际影响的重要因素之一(Jiang et al.，2010)。与指令式规范更加突显行为的社会价值相比，描述式规范为人们的决策提供了启发式线索(张广玲和黄娜，2016)，会帮助人们更快地发现哪些行为能够有效地让自己适应环境(Jacobson et al.，2011)。因而，在普通消费者所代言的环保宣传中，相似性感知与描述式规范诉求所代表的效率目标更为吻合，受众会有可能认为大多数人做到的事情自己也应该能够完成(Phua，2016)，所以普通消费者代言能够成为受众在社会公共利益和个人利益之间进行权衡时的重要参照，而指令式规范所蕴含的社会赞许动机与普通代言者的社会地位符号意义并不相符，会由此削弱行为的引导效果。这一推断也与之前的一些研究发现相吻合，例如Goldstein等人(2008)在研究中就发现，相比直接强调保护环境的意义，强调住一个房间的其他旅客的环保行为能产生更好的说服效果。据此，我们可以提出以下假设：

H2：当普通消费者代言环保行为时，相比指令式规范诉求，使用描述式规范诉求能

够起到更好的说服效果。

2.4 消费者的权力感知对代言效果的影响

已有研究表明，消费者权力感知会影响消费者对地位信号的敏感程度（Newton et al.，2015）。相对于权力感知状态较为平和的消费者，权力感知低的消费者会设法通过消费活动减轻权力缺失带来的心理不适（Rucker & Galinsky，2008），最常见的方式是购买与地位有关的产品（Wong et al.，2016），并以此向他人展示地位或者修复权力感知（Rucker et al.，2012）。在广告代言研究领域，Newton 等人（2015）也发现，代言人的社会地位联想可以通过代言迁移到相关的产品和活动中，因而低权力感知状态的消费者更容易相信地位较高的代言人。基于上述研究，我们可以进一步推断，那些权力感知低的消费者更有可能会在提升社会地位动机的驱使下采取环保活动，他们对环保行为与社会地位之间的关系会更加敏感，这就会减弱普通消费者代言与描述性规范之间的匹配效应。对于低权力感知状态下的消费者，描述式规范强调的行为普遍性和效率目标，以及普通消费者在社会地位上的相似性等信息都不具备明显的吸引力，因此，即便描述式规范的行动目标与普通消费者所代表的社会符号意义相吻合，其提升环保宣传说服效力的作用也会遭到削弱。因此，当代言人为普通消费者时，无论使用指令式规范还是描述式规范，对权力感知低的消费者而言都不存在显著的作用差异。据此，我们可以提出如下假设：

H3：消费者权力感知会调节代言人社会地位与社会规范诉求间的匹配效应。具体而言，对于低权力感知状态的消费者，当明星作为环保活动的代言人时，采用指令式规范诉求的效果要好于描述式规范诉求，但当普通人作为环保活动的代言人时，两种社会规范诉求的效果不存在差异。

3. 实验设计与数据分析

3.1 研究设计与变量测量

本研究使用了 2（代言人：明星 vs 普通消费者）x2（规范诉求：指令式 vs 描述式）x2（消费者权力感知：控制 vs 低）组间对比实验。在参考真实的公益代言广告的基础上，我们通过设计宣传海报完成了对代言人和规范诉求的操控。在开发明星代言的刺激材料时，我们参考了第一财经周刊最具商业价值明星榜 2016 年的榜单，将排名前五的明星作为备选材料。我们邀请 20 名长沙在校大学生参加了该实验材料开发的前测。在展示了上述 5 个明星的照片后，参与预测试的学生会对 5 个明星的可信度感知打分（1 个 7 点语义差异量表）。在对得分进行排序后，胡歌（$M = 5.13$）被选为明星代言的刺激材料。在代言明星的形象选定后，我们又对普通消费者代言形象进行了设计。考虑到正式实验的参与者主要是在校大学生，我们选择了 5 名大学生的照片作为代言形象的备选材料。为了避免性别差异的影响，与明星的性别一致，代言形象均选择了男生。同样，我们也邀请了 20 名大学生对刺激材料的有效性进行了评价，要求他们对所展示的照片在可信度感知上打分（1 个 7 点语义差异量表），得分最高的男生形象（$M = 4.57$）被选为普通消费者代言的刺激材料。

我们选择设定空调温度作为实验背景。尽管国家对公共场所空调设定的温度做出了严格的规定，即在夏季和冬季，公共建筑空调设定温度不得低于 26℃ 和高于 20℃，但是在日常生活中，大多数私人生活场所并没有执行这一要求。在和学生的交流中我们也发现，不少学生并没有对空调设定温度的问题给予太多关注。因此，总体上来看，这一行为背景的选择符合社会规范研究的要求(Jacobson et al.，2011)。在设计环保行为规范诉求时，参考现有研究，我们使用"国家生态环境部的一项调研表明，大部分受访者支持将空调温度夏天设定在 26℃ 以上，冬天设定在 20℃ 以下，请和我一起开始节约能源"以及"国家生态环境部的一项调研表明，大部分受访者在夏天会将空调温度设定在 26℃ 以上，在冬天设定在 20℃ 以下，请和我一起开始节约能源"两种表述分别构建了指令式规范诉求和描述式规范诉求(Melnyk et al.，2013；White & Simpson，2013)。

在参考现有代言人研究的基础上，我们使用改编后的 2 个 7 点李克特量表对行为意愿进行了测量，用于反映代言的说服效果："在今后使用空调时，我会将温度设定在这一范围内""在今后使用空调时，我很乐意将温度设定在这一范围内"(1=非常不认同，7=非常认同；Cronbach's α=0.806)(Newton et al.，2015)。考虑到参与者对代言人的态度有可能会对代言效果产生直接影响(Choi & Rifon，2012)；人们的环境知识也会影响其参与环保活动的意愿和行为(何昊等，2017)。因此，在正式实验中我们测量了实验参与者对代言人的态度以及他们对环境问题的了解情况，以此排除这些因素的干扰。我们使用了 3 个 7 点语义差异量表(好/坏、喜欢/讨厌、正面/负面，Cronbach's α=0.852)测量了对代言人的总体评价，并使用了 3 个 7 点量表测量了参与者对温室效应、酸雨、雾霾等议题的了解程度(1=非常不熟悉，7=非常熟悉；Cronbach's α=0.775)。

3.2 实验流程

我们邀请了长沙某高校 200 名在校生参加实验，每一个完成实验的学生都会获得价值 3 元的礼品。我们首先引导参加实验的学生完成有关权力感知的操控，具体的操控方法参考了 Netwon 等人(2015)的研究，在低权力感知的情境中引导参与者回忆一次无法掌控自己行为的情境；在控制情境中，则会引导参与者回忆最近一次购物的情境。然后，我们分别向不同权力感知操控情境中的参与者随机展示所设计的 4 幅海报中的一幅，其中两幅海报使用了"明星胡歌"的称呼和形象，另外两幅海报使用了"学生王鹏"的称呼和形象，并分别搭配了用指令式和描述式规范诉求构建的广告语。所有海报中都包括一段对空调设定温度理由的说明："在使用空调时，设置合适的温度可以有效地节约电能。"在阅读完海报后，每一个学生被要求写一句话简要说明海报的主题，然后填写带有变量测量量表的问卷。在剔除未对海报主题进行准确描述的 17 个样本后，最终获得有效样本 183 个(男生 82 人，女生 101 人，平均年龄 20.48)。

3.3 实验数据分析

SPSS20 被用于对研究数据进行处理和分析。首先我们对实验刺激材料进行了操控检验：我们使用了一个 7 点量表检验了参与者是否对不同社会规范所传递的信息焦点差异进行了区分("这则广告想要表述的是"，1=他人的行为，7=他人所支持的行为)(White &

Simpson, 2013), 结果表明两种社会规范诉求存在显著区分($M_{描述式} = 2.49$, $M_{指令式} = 5.33$, $p < 0.001$); 有关代言人社会地位的操控检验也表明(7点语义差异量表, 1=低, 7=高)(Newton et al., 2015), 明星的社会地位感知显著高于普通消费者(大学生)($M_{明星} = 5.39$, $M_{大学生} = 3.68$, $p < 0.001$)。我们也使用了一个7点量表对参与者的权力感知进行了测量("我感觉有权力掌控自己的生活" 1=非常不认同, 7=非常认同)(Newton et al., 2015), 结果表明, 低权力感知情境的得分要显著低于控制组($M_{低} = 3.09$, $M_{控制} = 4.53$, $p < 0.01$)。上述分析结果表明, 我们对实验自变量的操控符合预期。

为了对提出的假设进行检验, 我们首先使用了多因素方差分析(ANOVA), 将环境知识和代言人评价作为协变量, 对不同实验情境中的代言效果进行了比较(见表1)。数据结果表明, 参与者对代言人的评价对行为意愿有着显著影响($F(1, 173) = 52.432$, $p < 0.001$), 参与者的环境知识对行为意愿有着显著影响($F(1, 173) = 11.673$, $p < 0.001$); 代言人类型影响行为意愿的主效应并不显著($M_{明星} = 5.47$, $M_{普通消费者} = 4.94$, $F(1, 173) = 1.386$, $p = 0.241$), 社会规范诉求对行为意愿($M_{指令式} = 5.23$, $M_{描述式} = 5.15$, $F(1, 173) = 0.79$, $p = 0.375$)的主效应不显著, 参与者的权力感知对行为意愿($M_{低} = 5.34$, $M_{控制} = 5.04$, $F(1, 173) = 1.849$, $p = 0.176$)的主效应也不显著。从交互效应的结果来看, 权力感知与代言人类型的交互效应并不显著($F(1, 173) = 2.998$, $p = 0.85$), 权力感知与规范诉求的交互效应显著($F(1, 173) = 3.957$, $p < 0.05$), 代言人类型与规范诉求的交互效应显著($F(1, 173) = 13.401$, $p < 0.001$); 权力感知、代言人类型与社会规范三者对绿色行为意愿存在显著的交互影响($F(1, 173) = 5.307$, $p < 0.05$)。依据研究假设, 我们又分别对低权力感知情境和控制情境中代言人与社会规范诉求的交互效应进行了检验。结果表明, 在低权力感知情境中, 代言人类型与规范诉求的交互效应不显著($F(1, 86) = 0.907$, $p = 0.344$); 在控制情境中, 代言人类型与规范诉求的交互效应显著($F(1, 85) = 19.989$, $p < 0.001$)。

表1 多因素方差分析结果

权力感知	代言人	社会规范诉求	
		指令式	描述式
低	明星	6.06 (SD=1.093, N=25)	5.48 (SD=1.186, N=20)
	普通消费者	4.96 (SD=1.233, N=23)	4.83 (SD=1.139, N=24)
控制	明星	5.48 (SD=1.139, N=22)	4.74 (SD=1.291, N=21)
	普通消费者	4.41 (SD=0.880, N=24)	5.54 (SD=0.988, N=24)

我们又使用了SPSS中的简单主效应分析函数(代言人评价与环境知识作为协变量)进一步辨明交互效应的机理。代言人类型与社会规范交互效应的简单主效应分析结果表明, 当明星作为代言人时, 指令式规范诉求对行为意愿的影响要好于使用描述式规范诉求($M_{指令式} = 5.79$, $M_{描述式} = 5.09$, $F(1, 178) = 9.68$, $p < 0.005$); 当普通消费者作为代言人时, 描述式规范诉求对行为意愿的影响要好于指令式诉求($M_{指令式} = 4.68$, $M_{描述式} = 5.19$,

$F(1,178)=3.99$，$p<0.05$），据此，假设1和假设2得到了支持。在权力感知、代言人类型与社会规范三者交互效应的简单主效应分析中，我们可以发现，对于低权力感知的参与者而言，普通代言人的宣传使用描述式规范诉求与使用指令式规范诉求的效果没有显著差异（$M_{指令式}=4.83$，$M_{描述式}=4.96$，$F(1,176)=0.57$，$p=0.449$），明星代言使用指令式规范诉求的效果要好于描述式规范诉求（$M_{指令式}=6.06$，$M_{描述式}=5.48$，$F(1,176)=4.84$，$p<0.05$）；而在控制组，即那些权力感知较为中立的情境，普通人代言使用描述式规范诉求的效果要好于指令式规范诉求（$M_{指令式}=4.42$，$M_{描述式}=5.54$，$F(1,176)=13.08$，$p<0.005$），明星代言使用指令式规范诉求的效果要好于描述式规范诉求（$M_{指令式}=5.48$，$M_{描述式}=4.74$，$F(1,176)=5.22$，$p<0.05$）。数据分析的结果为假设3提供了支持。从权力感知、代言人类型与社会规范三者交互效应的示意图中，我们可以更为清晰地观察三者对环境行为意愿的影响（见图1）。

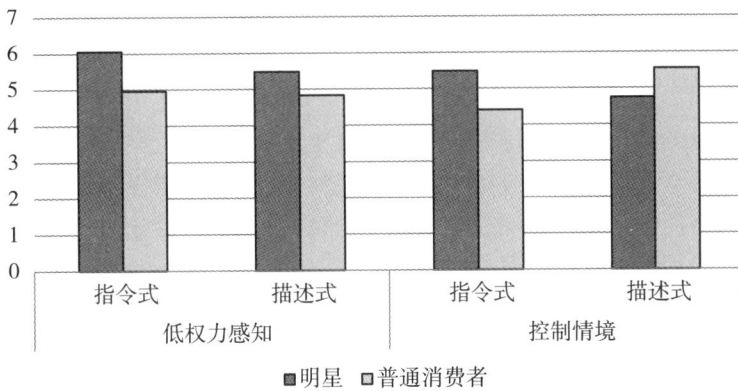

图1 代言人社会地位、社会规范、消费者权力感知的交互效应示意

4. 结论与讨论

4.1 结果讨论

如何引导更多的消费者积极参与保护环境是当前政府和诸多环境保护组织所面临的一大挑战。尽管在环保宣传活动中经常能看到各种代言人的身影，然而对于如何结合代言人的形象特点，设计更加有效的环境宣传广告，我们仍无法从当前的研究中找到答案。通过结合广告代言和社会规范等相关研究领域的发现，本研究探讨了如何针对代言人的社会地位选择恰当的社会规范诉求方式以提升代言的效果，并对这一效应的边界条件进行了探讨。通过情境模拟实验，本研究发现，在环保领域使用代言策略时，代言人的社会身份与规范诉求类型的匹配会对代言的效果产生影响，而消费者的权力感知又会影响两者匹配效应的出现。具体而言，当使用明星作为环保活动的代言人时，相比描述式规范诉求，使用指令式规范诉求更有助于提升消费者对广告的态度，并且增加他们采取相应环保行为的意

愿；当使用普通消费者作为代言人时，相比指令式规范诉求，使用描述式规范诉求对人们的广告态度和行为意愿的影响更为积极；低权力感知的消费者更容易受到明星代言与指令式规范匹配的影响，而不会受普通人代言与描述式规范匹配的影响。

4.2　理论贡献与管理建议

本文从以下几个方面对现有研究进行了充实和完善。第一，本研究不但为环保公益领域的广告实践提供了更为直接的理论指导，也拓展和丰富了我们对代言效果的理解。依据代言情境选择恰当的代言人是提升代言效果的重要手段（Kamins & Gupta，1994）。现有研究从代言人特质与产品特质的匹配（Biswas et al.，2006；Stafford et al.，2002）、代言人与消费者自我概念的匹配（Choi & Rifon，2012）等方面对影响代言效果的因素进行了探讨，然而这些研究发现无法解释环境保护行为的代言效果。环保行为决策在很大程度上会受社会导向动机的影响（Griskevicius et al.，2010），消费者可能希望通过保护环境来赢得社会声望或者融入社会环境（Griskevicius et al.，2010；White & Simpson，2013）。本研究解释了两种不同社会导向动机是如何在代言人和规范诉求的共同作用下影响环境行为的意愿，这种影响又是如何因为消费者对地位信息关注的不同而出现差异，由此，本文的研究发现为营销人员设计有效的代言广告提供了一个理论分析框架。此外，本研究的结果还可以更好地帮助我们理解社会地位在代言过程中的意义迁移。之前有研究发现，代言人的社会地位意义能够通过代言活动转移到被代言对象上（Newton et al.，2015），我们的研究则表明，这种通过代言获取社会地位的过程会受到社会规范表述的影响，强调了代言行为的普遍性有可能会削弱社会地位符号的迁移。最后，本研究的结果对普通消费者在代言中的作用提供了进一步解释。Phua（2016）发现，普通人的形象有助于提升受众的感知效能，因而有可能会提升代言效果，本研究为这一发现提供了某种程度的支持，但是，本研究也表明，在与地位有关的代言情境中，普通消费者代言的效力会被削弱，对于权力感知较弱的消费者而言更是如此。需要注意的是，虽然本文的研究情境是环保行为代言，但是所提出的分析逻辑同样也可以用于普通商品广告领域，在未来的研究中，我们可以在普通商品广告领域对本文的研究发现进行验证，以丰富我们对代言效果的认识。

第二，本研究也丰富和完善了社会规范领域的研究。虽然有大量研究表明社会规范是影响绿色消费活动的重要诱因（Cialdini et al.，1990），但有关指令式规范和描述式规范之间作用条件的差异仍存在较多研究空缺（White & Simpson，2013），例如当前研究仅从自我控制（Jacobson et al.，2011）、自我解释（White & Simpson，2013）、调节聚焦（Melnyk et al.，2013）等方面考虑了指令式和描述式规范的不同。本研究则进一步表明，参照群体也会成为影响指令式和描述式规范效用差异的重要因素，这一发现为规范信息作用机制的差异提供了进一步支持，可以帮助我们更好地理解现有的研究发现。例如 Goldstein 等人（2008）发现，相比有意义的社会认同，情境相似性更能增加描述式规范的影响，本研究为上述研究发现提供了一种解释的可能，即规范遵循目标与参照群体的匹配会影响人们对社会规范的响应，当参照群体的意义与社会规范所代表的行动目标吻合时，可以让社会规范达到最佳的引导效果。

从公益营销实践的角度来看，长期以来，明星一直被视为公益宣传的最佳代言人，但邀请明星代言不但成本高昂，也容易受到明星个人负面事件的影响（Stafford et al.，2002）。相对而言，依据公益宣传的需要塑造普通消费者的代言形象对于营销人员更加容易，随着社交媒体的普及，普通人在信息传播和社会影响上也扮演了越来越重要的角色，如何有效地利用普通大众加强公益宣传的效果也日益受到重视。因此，本研究的发现不但可以帮助营销人员发现提升明星代言效果的方法，同样也为如何更加有效地发挥普通消费者在公益宣传中的影响提供思路。

4.3 研究局限与未来研究展望

出于可控性的考虑，我们在研究中主要使用了学生样本。虽然学生样本可以减少个体差异对实验结果的影响，增加研究的内部效度，但是也减弱了研究的外部效度，可能会削弱将研究发现用于其他人群的效果。另外，还有一些研究表明，消费者的卷入度也有可能会影响他们对社会规范的感知和遵循意愿（Gockeritz et al.，2010），卷入度可以表现在代言人和代言行为两个层面，在本研究中，我们只是简单控制了参与者对代言形象的一般评价，并未对卷入度的影响进行深入探讨，因此，未来的研究可以进一步对这些因素的潜在影响进行探讨。

◎ 参考文献

[1]何昊，黎建新，汪涛．合理性视角下企业的环境责任行为与消费者响应：解释水平的调节效应[J]．商业经济与管理，2017(1)．

[2]韦庆旺，孙健敏．对环保行为的心理学解读——规范焦点理论评述[J]．心理科学进展，2013，21(4)．

[3]沈雪瑞，李天元，曲颖．名人代言对旅游目的地品牌资产的影响研究——基于代言人可信度的视角[J]．经济管理，2016(4)．

[4]张广玲，黄娜．社会规范信息对顾客行为的影响机制研究[J]．珞珈管理评论，2016，12(2)．

[5]张红霞，张益．国别属性重要吗？代言人与广告效果关系研究的新视角[J]．心理学报，2010，42(2)．

[6]Biswas, D., Biswas, A., Das, N. The differential effects of celebrity and expert endorsements on consumer risk perceptions: The role of consumer knowledge, perceived congruency, and product technology orientation[J]. *Journal of Advertising*, 2006, 35(2).

[7]Choi, S. M., Rifon, N. J. It is a match: The impact of congruence between celebrity image and consumer ideal self on endorsement effectiveness[J]. *Psychology & Marketing*, 2012, 29(9).

[8]Cialdini, R. B., Demaine, L. J., Sagarin, B. J., et, al. Managing social norms for persuasive impact[J]. *Social Influence*, 2006, 1(1).

[9]Cialdini, R. B., Reno, R. R., Kallgren, C. A. A focus theory of normative conduct: Recycling the concept of norms to reduce littering in public places[J]. *Journal of Personality*

and Social Psychology, 1990, 58(6).

[10]Friedman, H. H., Termini, S., Washington, R. The effectiveness of advertisements utilizing four types of endorsers[J]. *Journal of Advertising*, 1976, 5(3).

[11]Giesler, M., Veresiu, E. Creating the responsible consumer: Moralistic governance regimes and consumer subjectivity[J]. *Journal of Consumer Research*, 2014, 41(3).

[12]Gockeritz, S., Schultz, P. W., Rendon, T., Cialdini, R. B., et, al. Descriptive normative beliefs and conservation behavior: The moderating roles of personal involvement and injunctive normative beliefs[J]. *European Journal of Social Psychology*, 2010, 40(3).

[13]Goldstein, N. J., Cialdini, R. B., Griskevicius, V. A room with a viewpoint: Using social norms to motivate environmental conservation in hotels [J]. *Journal of Consumer Research*, 2008, 35(3).

[14]Griskevicius, V., Tybur, J. M., van den Bergh, B. Going green to be seen: Status, reputation, and conspicuous conservation[J]. *Journal of Personality and Social Psychology*, 2010, 98(3).

[15]Hardy, C. L., VanVugt, M. Nice guys finish first: The competitive altruism hypothesis [J]. *Personality and Social Psychology Bulletin*, 2006, 32(10).

[16]Jacobson, R. P., Mortensen, C. R., Cialdini, R. B. Bodies obliged and unbound: Differentiated response tendencies for injunctive and descriptive social norms[J]. *Journal of Personality and Social Psychology*, 2011, 100(3).

[17]Jiang, L., Hoegg, J., Dahl, D. W., Chattopadhyay, A. The persuasive role of incidental similarity on attitudes and purchase intentions in a sales context[J]. *Journal of Consumer Research*, 2010, 36(5).

[18]Kamins, M. A., Gupta, K. Congruence between spokesperson and product type: A matchup hypothesis perspective[J]. *Psychology & Marketing*, 1994, 11(6).

[19]Kang, Y., Herr, P. M. Beauty and the beholder: Toward an integrative model of communication source effects[J]. *Journal of Consumer Research*, 2006, 33(1).

[20]Keel, A., Nataraajan, R. Celebrity endorsement and beyond: New avenues for celebrity branding[J]. *Psychology & Marketing*, 2012, 29(9).

[21]Lindenberg, S., Joly, J. F., Stapel, D. A. The norm-activating power of celebrity: The dynamics of success and influence[J]. *Social Psychology Quarterly*, 2011, 74(1).

[22]McCracken, G. Who is the celebrity endorser? Cultural foundations of the endorsement process[J]. *Journal of Consumer Research*, 1989, 16(3).

[23]Melnyk, V., vanHerpen, E., Fischer, A. R. H. H., et al. Regulatory fit effects for injunctive versus descriptive social norms: Evidence from the promotion of sustainable products[J]. *Marketing Letters*, 2013, 24(2).

[24]Milner, M. J. R. Is celebrity a new kind of status system? [J]. *Society*, 2010, 47(5).

[25]Newton, J. D., Wong, J., Newton, F. J. The social status of health message endorsers influences the health intentions of powerless[J]. *Journal of Advertising*, 2015, 44(2).

[26] Phua, J. The effects of similarity, parasocial identification, and source credibility in obesity public service announcements on diet and exercise self-efficacy [J]. *Journal of Health Psychology*, 2016, 21(5).

[27] Rucker, D. D., Galinsky, A. D. Desire to acquire: Powerlessness and compensatory consumption [J]. *Journal of Consumer Research*, 2008, 35(2).

[28] Rucker, D. D., Galinsky, A. D., Dubois, D. Power and consumer behavior: How power shapes who and what consumers value [J]. *Journal of Consumer Psychology*, 2012, 22 (3).

[29] Stafford, M. R., Stafford, T. F., Day, E. A contingency approach: The effects of spokesperson type and service type on service advertising perceptions [J]. *Journal of Advertising*, 2002, 31(2).

[30] Till, B. D., Busler, M. The match-up hypothesis: Physical attractiveness, expertise, and the role of fit on brand attitude, purchase intent and brand beliefs [J]. *Journal of Advertising*, 2000, 29(3).

[31] White, K., Simpson, B. When do (and don't) normative appeals influence sustainable consumer behaviors? [J]. *Journal of Marketing*, 2013, 77(2).

[32] Wong, J., Newton, J. D., Newton, F. J. Powerlessness following service recovery and its implications for service recovery [J]. *Marketing Letters*, 2016, 27(1).

Endorsement Effectiveness of the Pro-Environmental Behavior Advertising: The Role of Endorser Social Status, Social Norm Appeals, and Consumers' States of Power

He Hao[1] Guo Rui[2]

(1 School of Economics and Management, Changsha University of Science and Technology, Changsha, 410114;

1 Hunan Modern Enterprise Management Research Center of China, Changsha, 410114;

2 School of Economics and Management, China University of Geosciences, Wuhan, 430074)

Abstract: A great challenge facing social marketing practitioners is to engage more consumers to protect environment. Endorsement, though prevalent in environment protection communication, has rarely been talked about its effectiveness in extant green advertising literature. Based on the focus theory of normative conduct, this paper explores the interplay among the endorser social status, types of social norm appeals, and consumers' states of power on the endorsement effectiveness, and proposes that the endorser's social status should match the normative appeals used in green advertising. With one experiments, the results show that the consumers reacted positively to the injunctive norm appeal endorsed by celebrity while the descriptive norm appeal was more useful for ordinary consumer endorser. However, the match-up effects between an ordinary consumer endorser and descriptive norm appeal disappeared to consumers who feel powerless. These findings could provide guidance for social marketing practitioners to design better advertisements promoting pro-environment behavior.

Key words: Descriptive norm; Injunctive norm; Social status; Perception of power; Endorsement of pro-environmental behavior

专业主编：曾伏娥

产品伤害危机后消费者网络抱怨
行为倾向的实证研究
——基于消费者敌意视角＊

● 刘贝贝　匡伊婷² 邹　俊³ 廖　芬⁴

（1，2，3，4 华中农业大学经济管理学院　武汉　430070）

【摘　要】食品安全一直以来是关系国计民生的大事，食品安全问题的反复出现对消费者心理造成了很大的影响。本研究以食品安全事件为背景，借用社会心理学中"敌意"的概念来预测消费者网络环境下抱怨的原因和行为倾向，运用实证研究的方法揭示了不同产品伤害危机事件类型下导致消费者企业敌意的不同表现，考察了网络环境下消费者抱怨的行为倾向。结果表明，诚信型危机事件会更多地导致消费者偏见性的企业敌意，能力型危机事件会更多地导致消费者攻击性的企业敌意，企业反应调节了危机类型对消费者敌意的影响。消费者敌意正向影响了消费者网络抱怨行为倾向，消费者自我控制能力在一定情况下起到了调节作用。

【关键词】产品伤害危机；消费者企业敌意；消费者抱怨；企业反应；自我控制能力

中图分类号：C93　　文献标志码：A

1. 引言

中国作为食品消费的第一大国，食品安全问题事件屡屡发生，影响较大的如2008年的三鹿奶粉事件，2011年的双汇瘦肉精事件，以及近两年发生的"过期肉"和"僵尸肉"事件。产品伤害危机事件的发生不仅造成了消费者对我国食品行业的信任危机，也严重影响了我国食品在国际上的形象和地位。以乳制品为代表的国内食品行业无法兑现基本的安全

＊ 项目资助：本文研究得到国家自然科学基金项目"农产品伤害事件的外溢效应对产业集体品牌资产的损害与补救研究"（项目批准号：71073064）、国家自然科学基金国际合作重点项目"作物营养强化对改善人口营养健康影响及评估研究"（项目批准号：71561147001）、2017年中国工程院重大战略咨询项目"华中地区食物安全可持续"（项目批准号：4005-35016010）的资助。

通讯作者：刘贝贝，E-mail：mirandaliu0902@163.com。

责任，导致消费者对我国乳制品的品质安全信任偏低(李翠霞和姜冰，2016)，助长了我国消费者对进口食品的信任与追捧，对我国乳制品行业造成了巨大的冲击(胡冰川和董晓霞，2016)。随着互联网的迅速发展，消费者在了解更多产品信息的同时，也拥有了更多的渠道进行网络抱怨。

早在1977年Best和Andreason对抱怨进行归纳时就指出，多数情况下，不满意的消费者并不会就所遇到的问题向企业或组织进行直接抱怨，而是采取间接抱怨行为，比如网络负面口碑的传播。我国学者青平等(2014，2015)通过实证研究证实，农产品品牌危机会导致消费者更高的负面信息传播意愿，品牌偏见会促使消费者产生网络逆向传播行为。有研究表明个人的自我控制能力也会对情绪和行为进行调节，在消费体验不满意时只有3%的消费者会明确地表达出自己的不满(Salovey & Mayer，1997；Goodman & Newman，2003)。所以说，消费失败并不必然导致消费者的抱怨行为。因此，引起消费者抱怨行为的内在机制是值得我们进行研究的。虽然现在对消费者网络抱怨的关注越来越多，但多数的研究基于电子商务平台的在线购买，研究内容往往针对制造业或一般服务业，因此在这一背景下，研究我国在产品伤害危机发生后消费者的网络抱怨行为倾向显得尤为重要。

外部环境也会影响消费者行为，如危机事件发生后农业企业的反应行为。为了弥补危机事件对消费者和企业的影响，提高消费者的忠诚度和保留率，减少消费者的负面口碑，企业进行适当的补救行动是必要的(James & Richard，2002；Hume et al.，2002)。但针对不同类型的产品危机事件采取相同的补救行动必然会导致消费者更大的不满，导致企业补救的失败。基于不同的危机类型采取不同的企业反应才能更好地降低消费者的负面情绪。因此，为了充分研究消费者网络抱怨行为倾向的影响因素与内在机制，本文以不同类型的危机事件为切入点，结合消费者企业敌意、自我控制能力和企业反应进行综合探讨。

2. 文献回顾

2.1 产品伤害危机

产品伤害危机作为企业危机的一种，对企业的品牌形象具有破坏性的影响。随着现实社会中产品伤害危机事件的频发，国内外的学者对这一领域进行了广泛的研究。认可度最高的是Siomkos(1994)提出的产品伤害危机的概念，即产品伤害危机是指出现并被广而告之的关于某产品存在问题或是存在对消费者不利影响的危机。

根据研究视角的不同，学者们对产品伤害危机进行了分类。基于企业视角，产品伤害危机事件可以归为意外事故类型、伤害类型以及可阻止类型(Coombs et al.，1998，2005)。其中，意外事故类型是指产品伤害事件的产生非企业故意为之，伤害类型是指企业方面以及其他相关利益方面均受到了伤害，可阻止类型是指企业明知后果仍故意采用不当的生产行为并引发伤害危机。Smith(2003)则将产品伤害危机事件分为可辩解型、不可辩解型两类，前者指企业可以依据法律等规定对伤害危机进行澄清，后者则与之相反，两者的区别在于企业是否违反相关法律法规。国内学者方正(2007)采用了Smith对伤害危机事件分类的方式，并对国内发生的多起产品伤害危机事件进行了案例分析，验证了Smith

的结论。除此之外，还有学者根据危机发生范围的影响程度划分为单发伤害危机和群发伤害危机，其分类标准为伤害危机中存在一家事发企业，或是存在多家事发企业（汪兴东，2012；景奉杰等，2012）。

2.2 产品伤害危机后企业的应对方式

关于企业对伤害危机的应对策略研究一直是产品伤害危机研究领域的重点。早期的研究者 Simokos（1994）把应对策略分为四类：一是积极主动的承担责任，例如主动为受害者提供医疗救治，补偿受害者的经济损失等；二是主动召回，例如企业发现产品存在质量问题后发布召回信息，回收销售商没有出售的产品，对于销售出去的产品，消费者可以把有问题的产品拿到销售点退换货；三是强制召回，指企业被有关部门勒令召回问题产品，存在一种被动的成分在里面；四是坚决否认，即企业发布新闻，坚决说他们的产品不存在任何问题，是安全健康的。四类企业应对策略中，积极承担责任和主动召回更容易赢得消费者的好感。

后续研究中学者则提出了不同的见解，Dawar（2000）认为企业的响应策略包含多种可能因而构成了一个复杂的过程，企业在不同阶段应当采用不同策略以达到企业损失最小化的目的。企业在事发之初可以坚决否认，然后积极承担责任与沟通，最后回收危机产品。自从 2008 年"三聚氰胺"事件之后，对农产品伤害危机的研究逐渐成为热点，国内关于这方面研究起步虽然较晚，但也获得了较多新的研究成果。王晓玉（2006）通过现场实验研究，提出企业响应和专家响应是伤害危机的两种主要响应方式，相比于无响应的情况，企业和专家响应对消费者的考虑集可以产生正向影响，尤其在企业和专家同时声明在产品质量安全的情况下，产品伤害危机事件可以得到更好的解决。方正（2007）也从危机对企业的影响、企业的响应方式对消费者的影响等方面进行实证研究，研究发现外界对事件的应对效果要比企业直接进行修复的效果好很多。其中，外界应对包括政府声明、行业反应和专家应对，并且通过政府进行补救最为有效。我国学者青平等（2012）分析了不同类型的企业反应对消费者信任修复的影响。

2.3 消费者企业敌意

敌意一词最早来源于心理学，是进行心理问题、心理健康测试的一个重要指标。近年来，随着我国改革开放的不断深入和经济的快速发展，社会矛盾越来越凸显，由此引发的社会敌意也渐渐被学者们所关注。关于敌意的概念，《心理学大辞典》上是这样解释的，敌意（hostility）也可以称作敌视，描述的是这样一种现象，即一个人抱有一种长时间的与社会上的某些人或组织作对的想法，甚至在心里面总是想着如何让那些人受到折磨、痛苦，从而满足自己的心理需求，并且在任何情况下绝对不能和他们相互融合的一种社会现象。敌意分为偏见性敌意（hostile bias），指对来自他人的社会性线索的解释上，不能按照真实情况来理解他人行为意图，而总是倾向于相信他人是恶意的倾向；攻击性敌意（hostile aggression），一般是由痛苦（如侮辱、挫折或嫉妒）、不安或受到伤害而引起的情绪性行为，其目的是伤害别人，如打架斗殴。这种性质的攻击可能转变为致死的行为，以伤害对方身体为最终目的。

以往关于消费者敌意的研究，更多地从文化、宗教或历史事件的角度出发，探讨消费者敌意对来源国品牌的选择偏好、对产品的购买意愿的影响（袁胜军和宋亮，2013；王珏和李蔚，2016）。本研究从产品伤害危机背景出发，探讨不同类型的危机事件对消费者企业敌意的影响，并将消费者企业敌意划分为攻击性消费者企业敌意和偏见性消费者企业敌意。消费者对企业偏见性敌意指发生产品伤害危机后，消费者认为公司的所有产品或服务都存在问题；消费者攻击性企业敌意对企业来讲就是消费者希望企业受到严厉的惩罚甚至破产倒闭。

2.4　消费者抱怨

关于消费者抱怨行为（consumer complaining behavior，CCB）的研究最早开始于 20 世纪 70 年代，国外学者 Day（1984）指出抱怨源于消费者的不满，因此他认为消费者抱怨是因某段不愉快的消费经历而产生的一定程度的不满，且不可能很快遗忘这段经历。Singh（1988）强调了消费者抱怨的反应类型，并定义消费者抱怨是指某次购物中的消费者感知不满意引发的一系列采取行动和不采取行动的多重反应。我国学者尤建新和王艳（2001）将消费者抱怨内容分为广义和狭义，并指出广义的消费者抱怨包括抱怨和索赔。熊丽娟（2009）认识到消费者抱怨是一种心理反应，所以她强调，消费者抱怨是指消费者在买东西或者使用某种产品时，因为这个物品没有达到他的要求，或者说这个产品存在很明显的质量问题时而产生的一种消费的不满意。消费者网络抱怨指消费者通过互联网传播表达自己消费产品或服务过程中不满的行为。

消费者抱怨行为的分类由于标准与侧重点的不同划分结果也有所差异。按照抱怨的表现形式，Day 和 Landon（1977）最早将消费者抱怨分为两种：一种是消费者有不满的时候一定要说出来，或者进行投诉，表现得很明显，即采取行动；第二种是，产品没有达到消费者的要求，消费者就直接丢掉，或者直接买其他品牌的产品，甚至再也不用这一类的产品，但是不会采取行动去表达。第一种情况下采取行动进行抱怨又可以进一步划分为在公开场合进行抱怨和在私下自己的朋友圈里进行抱怨。按照抱怨的目的分类，Day（1984）进行了修正，将消费者抱怨分为三类：寻求赔偿、表达不满和个人抵制。根据抱怨对象的不同，消费者抱怨可以分为：直接抱怨，即向公司投诉；负面口碑宣传，即向亲朋好友抱怨；向第三方抱怨，如向消费者协会举报（Singh，1988）。Davidow 和 Dacin（1977）在此基础上进行了拓展延伸，从抱怨对象是否为消费者本身社交圈之人，以及抱怨对象是否和具有不满情绪的消费者有关两方面，在 Singh 的基础上加入了一种新的抱怨形式，即沉默抵制。有学者研究，服务失败或产品伤害危机会影响消费者抱怨与负面口碑的传播（彭军锋和汪涛，2007；王晓明，2017）。

2.5　自我控制能力

自我控制（self-control）也可以叫做自我调节（self-regulation），或者冲动控制（impulse control）。从心理上来说，自我控制包括两个方面的反应，其一就是控制自我冲动的程度，也就是 Bloch（1998）等人所说的"控制"；其二就是对自我行为的调节能力，即自我控制所包含的另一个维度——"弹性"（Bloch，1998）。情绪调节能力，指一个人能够成熟地调节自身不良情感、促进心理和智力健康发展的能力（Salovey & Mayer，1997），它强调个体要想更好地适应新的环境或者在生活中拥有更好的人际基础，就必须对自己的情绪或者受到情绪影响的不良行为进行调节控制，是个体内部自然冲动与外部需求之间的监管机制（Hofmann et al.，2009）。

已有研究表明，自我控制能力会促使个体产生一些更为积极的行为。例如高自我控制能力的个体更少地产生冲动行为（Peluso et al.，1999），低自我控制的消费者更容易进行冲动决策（窦凯等，2014）。自我控制能力高的个体更容易积极地参加与健康相关的行为（Kuijer et al.，2008），也会有更好的学术成就（Duckworth & Kern，2011）。

3. 研究假设与模型

本研究通过对我国产品产品伤害危机事件进行分析，同时结合互联网时代的特点，最终基于认知-情感-行为倾向的研究范式，从消费者伤害危机信息认知、企业行为认知角度提出本研究的概念框架（见图1）。主要探讨产品伤害危机事件导致了消费者的企业敌意，从而产生网络抱怨行为的倾向。同时探讨事件发生后企业及时做出的回应对消费者企业敌意的调节作用，以及消费者自我控制能力对网络抱怨行为的影响。

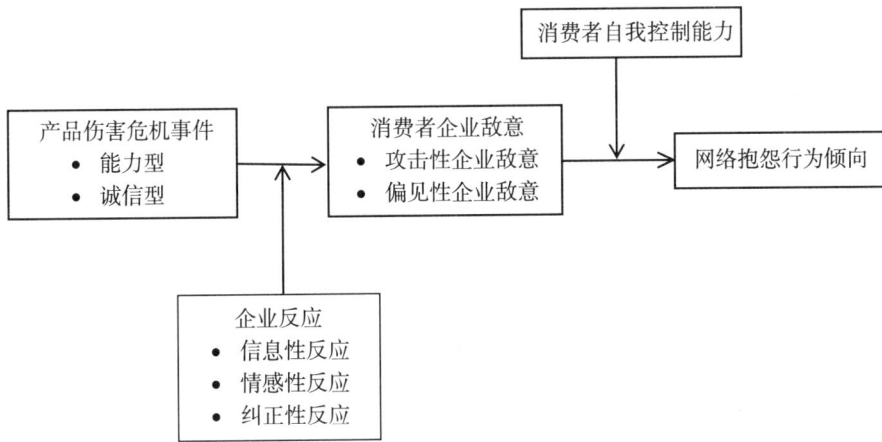

图 1　概念框架

3.1　产品伤害危机事件对消费者企业敌意的影响

通过对文献的梳理，我们根据危机事件发生的根本原因对产品伤害危机事件进行了分类。首先，因为技术不够、标准偏差等客观因素导致的具体产品属性缺陷或伤害，引起消费者对产品是否能够满足功能性需求而产生怀疑的称为能力型产品伤害危机；因企业或员工个人违背基本的社会和伦理道德准则而引发的产品属性缺陷或伤害称为诚信型产品伤害危机。

根据 Blau（1964）的社会交换理论，当消费者去购买产品时，都想要买到既能满足自己需求，又拥有好质量的产品。但任何事物都是存在风险的，所以消费者在购买产品时本能地想要降低风险，消费者购买产品付出了一定的心理成本，必然会寻求一种能够平衡心理风险的补偿，这也就是我们通常所说的心理契约。市场营销研究领域的学者认为，心理契约就是消费者寻求的自身和企业之间的一种平衡，而这种平衡就建立在彼此的信念之上，而信念通过责任与义务来体现（邱淑，2008）。但是，这种平衡是暂时的，当顾客所购买的企业产品出现质量问题而不能满足消费者的需求时，心理契约便出现破裂，消费者就会因此出现失望、抱怨等情绪或行为。敌意（Hostility）是个人在人际事物方面的一种多维度的消极情绪，例如愤怒、不信任和侵略，同时也包括认知、情感和行为方面（Cook & Medley，1954）。研究显示，当出现一些非法的或违背了自我意愿的事情时，敌意通常会被激发（Averill，1982）。本研究认为，危机事件的发生，打破了企业和消费者之间的平衡关系，导致消费者心理契约的破裂，由此消费者表现出负面情绪，并且激发了消费者对企业的敌意。

同时，根据晕轮效应我们可以知道，人们在判断一个事物的好坏时首先根据自身的情绪特点进行初判，然后再根据这一判断来推断事物的其他特质。这种以偏概全、以点概面的现象属于心理学范畴的认知偏误。企业为了提高产量而偷工减料，从而出现了产品质量问题，这种诚信型的产品伤害事件让消费者认为，企业其他的产品也会因为偷工减料而有问题，因此就会造成消费者偏见性的企业敌意。相对于诚信型危机事件，能力型产品伤害危机事件会让消费者认为，企业没有能力就不应该继续生产产品，应该受到惩罚、关闭企业，因此产生攻击性的企业敌意。由此，我们提出如下假设：

H1：产品伤害危机类型显著作用于消费者的敌意态度。

H1a：相对于诚信型危机事件，能力型危机事件更能导致攻击性的企业敌意。

H1b：相对于能力型危机事件，诚信型危机事件更能导致偏见性的企业敌意。

3.2 消费者企业敌意对消费者网络抱怨倾向的影响

行为表现，以及认知和影响维度，是敌意的关键组成部分，其中的行为表现主要是指个人公开的采取行动（i. e. Buss-Durkee Hostility Inventory，BDHI，Buss & Durkee，1957；Aggression Questionnaire，Buss & Perry，1992）。根据中国的文化情景，Lin 和 Weng（2015）指出，敌意是由多种维度构成的，个人产生敌意后会产生不同的行为表现，可能在一定程度上会表现出公开的敌对行为，也可能选择抑制他们的敌意。根据网络口碑的传播动机理论，可知消费者进行网络口碑的传播动机主要包括：情感分享、社区发展、改进服务、信息回报、支持或惩罚商家，网络已经成为消费者传播的新渠道（吕一林和郭文书，2008）。我国学者青平等（2015）证实，农产品品牌危机会通过网络平台迅速传播，且在消费者窘迫感和品牌依恋的边际条件下，不同类型品牌危机对消费者负面信息传播内容的影响不同。同时，社会学习理论（Bandura，1977）认为，"人们的多数行为是通过观察别人的行为和行为结果而学得的，依靠观察学习可以迅速掌握大量的行为模式"。

本文认为，消费者通过网络新闻、网上社区了解产品伤害危机事件后，对企业产生了敌意，并出于情感分享、惩罚商家等动机，会产生网络抱怨行为。加之观察到网络社区上其他成员的负面口碑的传播行为，消费者更有可能出现网络抱怨的倾向。因此，我们提出以下假设：

H2：消费者敌意正向影响消费者网络抱怨行为，消费者敌意越大，网络抱怨倾向越强。

3.3 企业反应对产品伤害事件与消费者企业敌意之间关系的调节作用

人们都希望能够在他人心里留下一个很好的印象，企业也不例外。当企业出现产品伤害危机事件时，企业迫切地希望改变消费者心里对企业的负面评价，因此试图控制网络信息的传播。这就是 Rosenfeld 等学者(1995)提出的印象管理。同时有研究指出，当我们被认定从事了违法或违反道德的事情时，通过解释可以在很大程度上规避他人对自己产生不好的看法。因此，本文认为在企业发生产品伤害危机后能够及时而有效地采取形象修复手段，可以大大改变消费者对企业的看法。

消费者通过信息了解产品伤害事件以及他人对伤害事件的看法。所以管理者要想有效地处理危机，必须进行全面的信息收集，并提出有针对性的切实可行的处理方法(Robert，1998)。在消费者和企业之间的交易关系中，道歉是企业重新赢得受害者尊重的有效手段，可以增加企业的可接受性(Walster，1973)。虽然有些研究认为，企业的道歉就是间接承认其产品是存在问题的，就会导致更多的消费者选择放弃产品(Kim，2004)。但更多的学者认为，道歉可以使消费者看到企业的诚意，帮助企业获得消费者的原谅，重新建立公众对企业的信心(Tomlinson，2004)。纠正性的企业反应使消费者获得了实实在在的物质补偿，消费者可以看得到、摸得到，这在一定程度上就缓解了消费者的负面情绪，降低了他们对未来风险的感知，可能导致更多的产品购买量(杨洋等，2012)。信息性企业反应主要包括企业针对危机事件进行的有效信息沟通，例如及时地通报事件处理进展(Xie & Peng，2009)。危机处理成功的关键在于信息的收集与沟通，有效的信息沟通可以提升企业形象，获得消费者信任(青平等，2012)，从而减少消费者对企业的攻击性敌意。

因此我们提出以下假设：

H3：企业反应调节了产品伤害危机类型和消费者企业敌意之间的关系。

H3a：相对于情感性反应，企业做出信息性和纠正性反应时产品伤害危机导致较少的攻击性敌意。

H3b：相对于信息性和纠正性反应，企业做出情感性反应时产品伤害危机导致较少的偏见性敌意。

3.4 消费者自我控制能力对消费者企业敌意与消费者网络抱怨行为倾向之间关系的调节作用

自我控制指个体为使自身与个人价值及社会期望相匹配而进行自主调节的能力(Kopp，1982)，这种自主调节能抑制或触发某些特定行为、进入或退出某些情绪，如改变有害想法、抑制冲动、抵制诱惑、控制情绪、延迟满足感和坚持完成困难的任务等(Baumeister et al.，1994)。自我控制被广泛认为发展自进化压力，是在群居生活中出现的(Baumeister et al.，2005)，因为为了在不和谐的社会行为中与他人共存，有时个人必须覆盖自己原始的情绪或抑制冲动等行为。也就是说，为了适应社会和环境的要求，达成获得身心健康，拥有成功的和高质量的人际关系等长期利益目标（Baumeister et al.，1994；Tangney et al.，2004），具有高自我控制能力的个体，会更加有意识地抵制短期诱惑和冲动，从而更易被社会所接受（Myrseth & Fishbach，2009）。反之，自我控制能力较差的个体，不计长远利益，不注重与社会或环境的和谐共处，通常只满足于短期而直接的心理需求，难以抵制诱惑，更容易冲动和情绪化。

当消费者在某次或多次购买后感知到不满意时，就会对企业存在敌意，继而有一种冲动倾向进行负面情绪的宣泄。消费者抱怨行为就是常见的宣泄不满情绪的一种方式（Singh，1988），包括沉默抵制、负面口碑、直接抱怨和第三方抱怨（Davidow & Dacin，1997）。其中，网络抱怨作为第三方抱怨的一种，便捷、快速、成本低、影响大，所以存在敌意的消费者更容易进行网络抱怨。而具有高自我控制能力的消费者比低自我控制能力的消费者，更有能力和内在动力控制敌意这种负面情绪，从而抑制冲动情绪的宣泄，进而减少网络抱怨行为。因此，我们提出以下假设：

H4：消费者自我控制能力调节了消费者企业敌意和网络抱怨行为倾向之间的关系。相对于低自我控制能力，当消费者自我控制能力较高时，消费者企业敌意和网络抱怨行为倾向之间的关系较弱。

4. 研究方法

本研究通过两个实验对上述假设进行验证。其中，实验一检验危机事件类型对消费者企业敌意和网络抱怨行为倾向的影响，以及自我控制能力的调节作用，实验二验证了企业反应的调节作用。在文献研究的基础上我们设计了初步的调研问卷，然后对问卷进行了预测试，根据测试结果对问卷进行了修改，最后确定本研究的正式调研问卷。

4.1 实验一

4.1.1 被试与实验设计

实验一的主要目的是验证假设1、假设2和假设4。采用现场实验，通过情景模拟出两种产品伤害危机类型：诚信型和能力型，并将被试随机分为2组，测试消费者在这两种不同情境下对企业的敌意类型以及网络抱怨行为倾向的大小。同时，通过自我控制量表测试消费者自我控制能力的高低。

本实验以乳制品为实验对象。实验开始前，首先要求被试阅读一份关于产品伤害危机的材料，并回答与企业敌意和网络抱怨倾向相关的题项。最后，测量消费者个人基本信息和消费者自我控制能力。本实验共发放问卷180份，剔除填写不完整的问卷，剩余有效问卷177份，其中诚信型危机事件样本87个，能力型危机事件样本90个，男性占47.5%，女性占52.5%。

4.1.2 变量的测量

消费者企业敌意的测量主要参考了Klein（2002）关于消费者一般性敌意的成熟问项，并根据本文的研究需要进行改编而成，主要包括6个题项，其中3个攻击性企业敌意问项，例如"我觉得相关部门应该对Y公司进行严厉的惩罚"（$\alpha = 0.88$）；3个偏见性消费者企业敌意问项，例如"我认为 Y 公司的其他产品也存在这样的问题"（$\alpha = 0.91$）。消费者网络抱怨行为倾向的测量主要参考了 Kim 等（2003）开发使用的量表，共 3 个题项，例如"我会转载并进行跟帖，抱怨 Y 公司对消费者的不负责任"（$\alpha = 0.80$）。自我控制能力的测量主要参考了 Ciarocco 等（2007）的成熟问卷，主要包括 5 的条目，例如"如果我被什么东西所吸引，我是很难抵抗它的"（$\alpha = 0.89$）。问卷均采用李克特 7 点评分，1 表示完全不同意，7 表示完全同意。

4.1.3 假设检验

为了检验危机事件类型对消费者敌意的影响，以危机类型为自变量，以消费者敌意为因变量进行单因素方差分析。结果表明，危机事件类型能够显著影响消费者的企业敌意（$F_{(12, 176)} = 2.179$，$p = 0.015 < 0.05$）。与诚信型产品伤害危机相比，能力型危机事件更能导致消费攻击性的企业敌意（$M_{能力型危机-攻击性敌意} = 5.90 > M_{诚信型-攻击性敌意} = 5.34$）。所以，假设 1a 成立。与能力型产品伤害危机相比，诚信型危机事件更能导致消费者偏见性的企业敌意（$M_{诚信型危机-偏见性敌意} = 6.34 > M_{能力型危机-偏见性敌意} = 5.10$）。因此，假设 1b 成立。

为了检验消费者敌意对网络抱怨行为的影响，以消费者敌意为自变量，以消费者网络抱怨行为倾向为因变量进行回归分析。结果表明，消费者敌意对消费者网络抱怨行为倾向影响显著（$F_{(1, 176)} = 92.238$，$p < 0.001$），自变量标准回归系数为 0.587，t 值为 9.604，$p < 0.001$。回归系数为正，说明消费敌意正向影响消费者网络抱怨行为倾向，敌意越大，消费者网络抱怨行为倾向越强。因此，假设 2 得到验证。

为了验证消费者自我控制能力对消费者企业敌意和网络抱怨行为倾向之间关系的调节作用，我们根据自我控制能力的分值将被试分为高、低两组，中位数以上的为高自我控制能力组，中位数以下的为低自我控制能力组。再采用线性回归方法分别验证不同自我控制能力下消费者企业敌意对消费者网络抱怨行为倾向的影响。具体结果如表 1 所示。

表 1　　　　　　　　消费者自我控制能力调节作用的回归分析

（消费者网络抱怨行为倾向）	消费者自我控制能力	非标准化回归方程		标准回归系数	t 值
		B	标准误差	Beta	
攻击性企业敌意	高自我控制	0.365	0.074	0.486	4.937***
	低自我控制	0.500	0.072	0.585	6.985***
偏见性企业敌意	高自我控制	0.157	0.090	0.193	1.748
	低自我控制	0.278	0.063	0.145	4.421***

注：***表示在 0.01 水平上显著。

通过回归曲线（见图 2）可以明显地看出，高自我控制能力组的回归曲线与低自我控制能力组的回归曲线具有明显的交叉趋势，而且高自我控制能力组曲线的斜率，明显低于低自我控制能力组曲线的斜率，这说明自我控制能力显著负向调节了攻击性企业敌意对消费者网络抱怨行为倾向的影响，即自我控制能力越高，抱怨倾向越低。但根据回归分析可知，消费者自我控制能力低时，偏见性企业敌意对网络抱怨行为倾向的影响显著，当消费

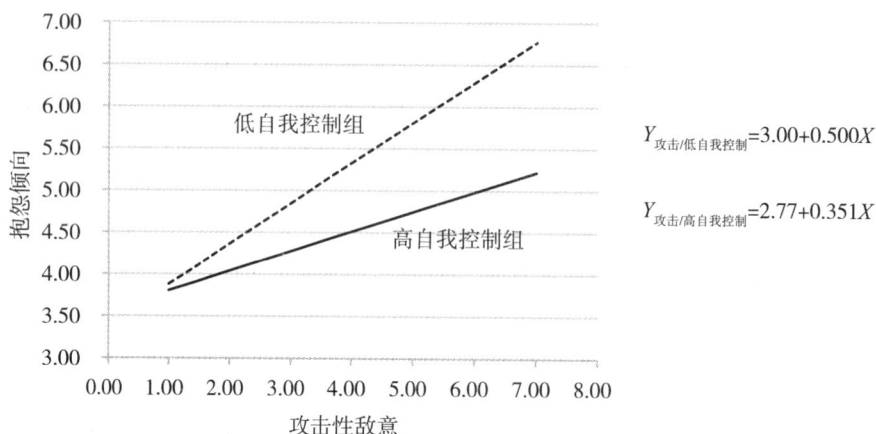

图2 攻击性敌意对网络抱怨行为倾向回归曲线

者自我控制能力高时，偏见性企业敌意对网络抱怨行为倾向的影响不显著。因此，假设4部分成立。

4.2 实验二

4.2.1 被试与实验设计

实验二的主要目的是验证企业反应的调节作用，采用2(危机事件类型：诚信型 vs 能力型)×3(企业反应：信息性 vs 情感性 vs 纠正性)组间实验设计。本实验仍以乳制品为实验对象。实验开始前，首先要求被试阅读一份关于产品伤害危机及企业反应的实验材料，并回答消费者企业敌意的有关题项。最后，测量消费者个人基本信息。本次实验仍采用现场实验，将被试随机分成6组，发放问卷180份，剔除回答不完整的问卷，剩余有效问卷179份，其中男性占45.8%，女性占54.2%。

本实验中消费者企业敌意的测量与实验一相同，且各个变量 α 系数均大于0.70，且消费者企业敌意变量萃取出两个因子，累计方差贡献率为86.29%。因此，实验数据具有较好的信度和效度。

4.2.2 假设检验

为了验证企业反应的调节作用，本研究采用多因素方差分析的方法检验危机类型和企业反应的交互作用对消费者企业敌意的影响。结果表明，危机类型和企业反应的交互作用对攻击性企业敌意($F(2, 179) = 7.713$，$p<0.001$)和偏见性企业敌意($F(2, 179) = 7.92$，$p<0.001$)具有显著的影响。

为了深入分析在不同危机事件下，不同的企业反应对消费者企业敌意的影响，本研究对其做单因素方差分析。通过交互作用图(见图3、图4)可以明显看出，相对于情感性反应，企业做出信息性和纠正性反应时，产品伤害危机会导致较少的攻击性敌意，因此，假设3a成立。相对于信息性和纠正性反应，企业做出情感性反应时，产品伤害危机会导致较少的偏见性敌意。因此，假设3b得到了验证。

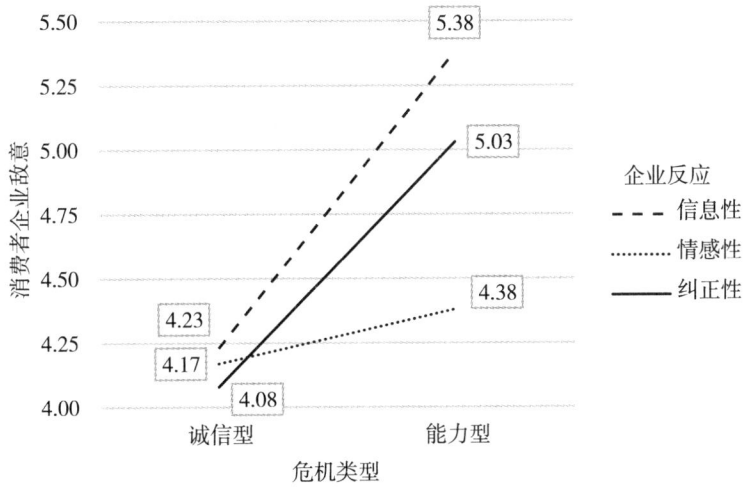

图 3　企业反应对于危机类型对攻击性敌意的交互作用

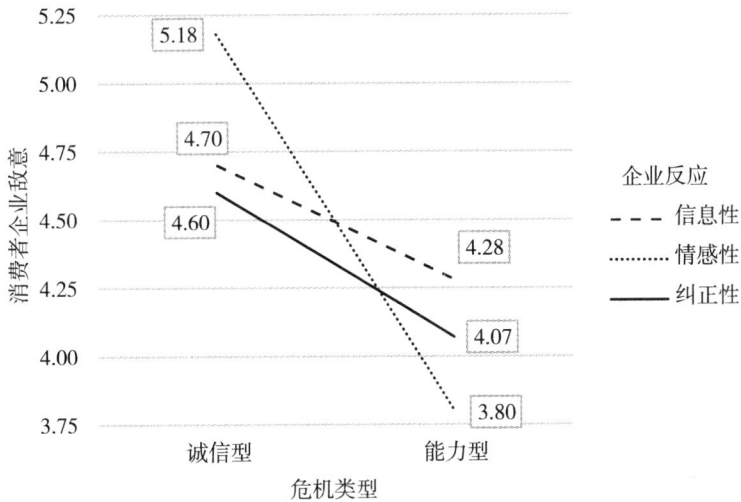

图 4　企业反应对于危机类型对偏见性敌意的交互作用

5. 讨论与启示

本文主要以消费者敌意作为中介机制，运用实验法进行数据收集，实证分析了企业危机类型对消费者网络抱怨行为倾向的影响。

研究表明危机事件的类型确实显著影响消费者的企业敌意，例如，当企业能力不足导致产品质量出现问题时，消费者更加倾向于取缔不合格企业；当企业道德出现问题时，消费者会认为该企业所有产品都存在问题。这个假设得到验证，说明发生产品伤害危机事件时，不同原因导致的危机事件会引起消费者不同类型的企业敌意。消费者企业敌意会导致消费者产生网络抱怨行为倾向，且敌意越大，抱怨倾向越明显。随着互联网的发展，网络已经成为消费者获取信息，以及发布消息的重要渠道。当发生产品伤害危机时，消费者敌意会促使消费者在网络上进行传播，以此达到告知其他消费者并报复该企业的目的。

危机发生后企业反应对消费者的敌意态度具有一定的缓解作用。例如，相对于企业的道歉，企业及时通报事件的进展，并给予受害者一定的经济补偿，能够缓解消费者的攻击性敌意；而当企业因诚信出现问题时，企业深刻的自我反省并坚决保证以后一定严把质量关，更能够赢得消费者的谅解。因此，企业反应有效地调节了危机类型和消费者企业敌意之间的关系，不同性质的企业反应具有不同的调节作用，所以企业应该根据不同危机，有针对性地缓解消费者敌意，将影响降到最低。

消费者自我控制能力在不同情况下对消费者的网络抱怨行为倾向有调节的作用。当消费者产生攻击性敌意时，消费者自我控制能力越高，网络抱怨倾向越低。这一结论符合心理学对人的认知，当人具有较高的自我控制能力时，人们对自身行为冲动的管理就更好，相对来说不容易产生一些比较冲动的抱怨行为。虽然假设 4 部分得到验证，但究其原因我们可以发现，当消费者的自我控制能力较高时，就不容易产生偏见性的企业敌意，因此越不容易导致网络抱怨行为倾向。所以，我们还是相信，消费者自我控制能力能够有效调节消费者企业敌意和网络抱怨行为倾向之间的关系。

6. 研究局限与展望

虽然我们已经尽了最大努力来力求本研究的科学性，不过由于研究能力和经费的有限，本研究还存在一些局限性。

（1）研究产品的局限性。

此次研究以乳制品作为研究对象，忽略了产品类别等因素对结果的影响。因此，研究结果能否适应其他产品或行业仍需进一步研究。未来的研究中，我们将进行多地多种产品的调查，或根据我国情况选取有代表性的行业进行调查，以探讨本研究结果的适应性。

（2）研究方法的局限。

本研究通过刺激材料，模拟情景实验的方法来验证模型与假设。由于模拟实验并不是真实实验，以及模拟情景的不真实化，可能产生测量数据的误差，进而导致变量的测量误差偏大等问题。因此，以后的研究可以在实验室进行，最大限度地控制其他因素的影响，同时在实验方式上采取多元化使得实验更加完善。

（3）研究模型的局限。

本研究仅仅关注了在产品伤害危机下消费者的敌对情绪，以及企业反应在一个时期对消费者负面情绪的缓解作用，并没有考虑在危机的不同阶段，不同类型的企业反应对消费者企业敌意的影响。因此，未来的研究中，我们会继续完善该模型，分析在危机事件的不同阶段，企业反应的变化对消费者态度、行为的影响。

◎ 参考文献

[1] 代方梅."品牌基因"理论视角下体育特色小镇品牌构建研究[J].湖北大学学报(哲学社会科学版),2018,45(6).

[2] 窦凯,聂衍刚,王玉洁,等.自我损耗促进冲动决策:来自行为和ERPs的证据[J].心理学报,2014,46(10).

[3] 方正,江明华,杨洋,等.产品伤害危机应对策略对品牌资产的影响研究——企业声誉与危机类型的调节作用[J].管理世界,2010(12).

[4] 方正.可辩解型产品伤害危机对顾客购买意愿的影响研究[D].成都:四川大学学位论文,2007.

[5] 胡冰川,董晓霞.乳品进口冲击与中国乳业安全的策略选择兼论——国内农业安全网的贸易条件[J].农业经济问题,2016(1).

[6] 黄希庭,杨治良,林崇德.心理学大辞典[M].上海:上海教育出版社,2003.

[7] 景奉杰,崔聪,涂铭.产品伤害危机群发属性负面溢出效应研究[J].珞珈管理评论,2012(2).

[8] 李翠霞,姜冰.情景与品质视角下的乳制品质量安全信任评价——基于12个省份消费者乳制品消费调研数据[J].农业经济问题,2015(3).

[9] 吕一林,郭文书.网络抱怨的一般性实证研究[J].经济管理,2008(3).

[10] 彭军锋,汪涛.服务失误时顾客为什么会选择不同的抱怨行[J].管理世界,2007(3).

[11] 青平,陶蕊,严潇潇.农产品伤害危机后消费者信任修复策略研究——基于乳制品行业的实证分析[J].农业经济问题,2012(10).

[12] 青平,李慧超,江雪莹,等.产品伤害危机背景下消费者网络逆向传播行为机制研究——以农产品为例[J].农业经济问题,2014,35(12).

[13] 青平,张莹,涂铭,等.农产品品牌危机对消费者负面信息传播影响的实验研究[J].中国农村经济,2015(6).

[14] 邱溆.营销情境中的心理契约管理[J].经济师,2008(6).

[15] 汪兴东,景奉杰,涂铭.单(群)发性产品伤害危机的行业溢出效应研究[J].中国科技论坛,2012(11).

[16] 王珏,李蔚.情境性消费者敌意对消费者购买意愿的影响——心理情感的中介作用[J].经济经纬,2016(2).

[17] 王晓明,徐莹莹,刘贝贝.产品伤害危机背景下企业联想对消费者负面口碑传播的影响——以食品行业为例[J].珞珈管理评论,2017,14(2).

[18] 王晓玉,晃钢令,吴纪元.产品伤害危机及处理过程对消费者考虑集的影响[J].管理世界,2006(5).

[19] 熊丽娟.酒店顾客抱怨行为研究文献综述[J].企业家天地,2009(11).

[20] 杨洋,邓富民,方正.负面事件修复策略对品牌资产的影响[J].中国流通经济,

2012(1).

[21]尤建新,王艳. 企业应建立顾客抱怨管理体系[J]. 标准科学, 2001(1).

[22]袁胜军,宋亮. 消费者敌意对品牌来源国选择的影响[J]. 商业研究, 2013, 55(8).

[23]Andreason, A. R., Best, A. Consumers complain: Does business respond[J]. *Harvard Business Review*, 1977(55).

[24]Averill, J. *Anger and aggression: An essay onemotion* [M]. New York: Springer-Verlag, 1982.

[25]Bandura, A., Adams, N. E. Analysis of self-efficacy theory of behavioral change[J]. *Cognitive Therapy & Research*, 1977, 1(1).

[26]Baumeister, R. F., Dewall, C. N., Ciarocco, N. J., et al. Social exclusion impairs self-regulation[J]. *Journal of Personality & Social Psychology*, 2005, 88(4).

[27]Baumeister, R. F., Heatherton, T. F., Tice, D. M. Losing control: How and why people fail at self-regulation[J]. *Genetics & Biotecbnology of Bacilli*, 1994(3).

[28]Blau, P. M. *Exchange and powerin social life*[M]. New York: Wiley, 1964.

[29]Bloch-Salisbury, E., Spengler, C. R., Banzett, R. Self-control and external control of mechanical ventilation give equal air hunger relief[J]. *American Journal of Respiratory & Critical Care Medicine*, 1998, 157(2).

[30]Buss, A. H., Durkee, A. An inventory for assessing different kinds of hostility [J]. *Journal of Consulting Psychology*, 1957, 21(4).

[31]Buss, A. H., Perry, M. The aggression questionnaire[J]. *Journal of Personality & Social Psychology*, 1992, 63(3).

[32]Ciarocco, N., Twenge, J. M., Muraven, M., et al. The state self-control capacity scale: Reliability, validity, and correlations with physical and psychological stress [C]. Paper presented at the annual meeting of the Society for Personality and Social Psychology, San Diego, 2007.

[33]Cook, W. W., Medley, D. M. Proposed hostility and pharisaic-virtue scales for the MMPI [J]. *Journal of Applied Psychology*, 1954, 38(6).

[34]Coombs, W. T., Hoiladay, S. J. An exploratory study of stakeholder emotions: Affect and crises[J]. *Research on Emotion in organizations*, 2005(1).

[35]Coombs, W. T. An analytic framework for crisis situations: Better responses from a better understanding of the situation[J]. *Journal of Public Relations Research*, 1998(10).

[36]Davidow, M., Dacin, P. A. Understanding and influencing consumer complaint behavior: Improving organizational complaint management[J]. *Advances in Consumer Research*, 1977 (24).

[37]Dawar, N., Pillutla, M. M. The impact of product harm crises on brand equity: The moderating role of consumer expectations[J]. *Journal of Marketing Research*, 2000, 37(2).

[38]Day, R. L., Landon, E. *Towards a theory of consumer complaining behavior* [M]. New York: Consumer and Industrial Buying Behavior, 1977.

[39] Day, R. L. Modeling choices among alternative responses to dissatisfaction[J]. *Advances in Consumer Research*, 1984(3).

[40] Duckworth, A. L., Kern, M. L. A meta-analysis of the convergent validity of self-control measures[J]. *Journal of Research in Personality*, 2011, 45(3).

[41] Goodman, J. Understand customer behavior and complaints[J]. *Quality Progress*, 2003, 36(1).

[42] Hume, K., Terranova, D., Thomas, C. Complaints and Annoyance caused by Aircraft Operations: Temporal patterns and individual bias. [J]. Noise & Health, 2002, 4(15).

[43] Hofmann, W., Friese, M., Strack, F. Impulse and self-control from a dual-systems perspective [J]. *Perspectives on Psychological Science A Journal of the Association for Psychological Science*, 2009, 4(2).

[44] Huiwen, L., Brown, D. J. Abusive supervision and retaliation: A self-control framework [J]. *Academy of Management Journal*, 2014, 57(1).

[45] Iii, J. G. M, Netemeyer, R. G. Modeling customer perceptions of complaint handling over time: The effects of perceived justice on satisfaction and intent[J]. *Journal of Retailing*, 2002, 78(4).

[46] James, G. M., Richard, G. N. A longitudinal study of complaining customers' evaluations of multiple service failures and recovery efforts[J]. *Journal of Marketing*, 2002, 66(4).

[47] Kim, C., Kim, S., Im, S., et al. The effect of attitude and perception on consumer complaint intentions[J]. *Journal of Consumer Marketing*, 2003, 20(4).

[48] Kim, P. H., Ferrin, D. L., Cooper, C. D., et al. Removing the shadow of suspicion: The effects of apology versus denial for repairing competence- versus integrity trust violation [J]. *Journal of Applied* 2004, 89(1).

[49] Klein, J. G. Us versus Them, or Us versus Everyone? Delineating consumer aversion to foreign goods[J]. *Journal of International Business Studies*, 2002, 33(2).

[50] Kuijer, R., Ridder, D. D., Ouwehand, C., et al. Dieting as a case of behavioural decision making. Does self-control matter? [J]. *Appetite*, 2008, 51(3).

[51] Lin, I. M., Weng, C. Y., Lin, T. K., et al. The Relationship between Expressive/Suppressive Hostility Behavior and Cardiac Autonomic Activations in Patients with Coronary Artery Disease[J]. *Acta Cardiologica Sinica*, 2015, 31(4).

[52] Mayer, J. D., Salovey, P. What is emotional intelligence[D]. Emotional development and emotional intelligence: educational implications, 1997.

[53] Mischel, W. Processes in delay of gratification [J]. *Advances in Experimental Social Psychology*, 1974(7).

[54] Myrseth, K. O. R., Fishbach, A. Self-control a function of knowing when and how to exercise restraint[J]. *Current Directions in Psychological Science*, 2009, 18(4).

[55] Peluso, T., Ricciardelli, L. A., Williams, R. J. Self-control in relation to problem drinking and symptoms of disordered eating[J]. *Addictive Behaviors*, 1999, 24(3).

[56]Robert, H. Crisis management for managers and executives[J]. *Pitman Publishing*, 1998 (1).

Empirical Study of Consumer's Online Complaint Against the Product Harm Crisis

—Based on the Perspective of Consumer Hostility

Liu Beibei[1]   Kuang Yiting[2]   Zou Jun[3]   Liao Fen[4]

(1, 2, 3, 4   Economics & Management School of Huazhong Agricultural University, Wuhan, 430070)

Abstract: Food safety issue has always been a major event concerning the national economy and the people's livelihood. The recurrence of food safety issues has greatly affected consumer psychology. In this paper, we use the concept of "hostility" in social psychology to predict consumers' behavior and the reason of consumer's online complain after the food safety crisis. We use the method of empirical study and reveal that different product crisis type leads to different consumer groups hostility, as well as examine the consumers' complaining behavior tendency under the network environment. Study shows that the crisis events by integrity can lead to prejudice enterprise hostility, competency-based crisis can lead to aggressive enterprise hostility, and under the regulation of consumer self-control ability will lead to different degrees of network complaints.

Key words: Product harm crisis; Consumer enterprise hostile; Consumer complain; Enterprise reaction; Self-control ability

专业主编：曾伏娥

供应链核心企业领导力与企业质量绩效：
供应链质量管理的中介作用[*]

● 刘学元[1]　赵倩倩[2]　赵先德[3]

（1，2　武汉大学经济与管理学院　武汉　430072；3　中欧国际工商学院　上海　201206）

【摘　要】 为了探究核心企业在供应链中的重要作用，本文构建了以供应链核心企业领导力为自变量，企业质量绩效为因变量，供应链质量管理的三个维度——供应商质量管理、内部质量管理和顾客质量管理为中介变量的研究框架。以 319 家中国制造企业为调查对象，利用结构方程模型进行实证研究。研究发现供应链核心企业领导力与成员企业质量绩效的直接效应显著，且供应链核心企业领导力与质量绩效之间存在两条间接作用路径，即"供应链核心企业领导力—内部质量管理—质量绩效""供应链核心企业领导力—顾客质量管理—质量绩效"，而供应商质量管理的中介作用不显著。

【关键词】 供应链核心企业领导力；供应商质量管理；内部质量管理；顾客质量管理；质量绩效

中图分类号：F272.3　　文献标识码：A

1. 引 言

　　制造业是我国经济持续健康发展的重要支柱，"质量为先"作为《中国制造2025》提出的基本方针之一，表明了我国政府提高中国制造业产品质量的决心和态度。事实上，企业产品质量的好坏不仅仅与企业自身的生产有关，还涉及产品的原材料供应、顾客的质量需求变化等。三鹿奶粉事件、肯德基供应商提供过期食品事件以及多次的汽车召回事件都表明企业要想提高质量绩效，不仅要关注内部质量管理，还要将质量管理活动扩大到供应链领域（Huo et al., 2014），即提高自己的供应链质量管理能力。未来的竞争不是企业之间的竞争而是供应链之间的竞争（Ketchen & Giunipero, 2004）。耐克、沃尔玛和戴尔已经把供应链作为竞争的关键战略优势。

　　* 基金项目：2017 年度教育部人文社会科学研究规划基金项目"中国制造企业的供应链管理、创新能力与其国际竞争力的关系研究"（17YJA630061）。

　　通讯作者：刘学元，E-mail：x. liu@ whu. edu. cn。

供应链是包含所有相关供应商、制造商和顾客的复杂网络组织，由于产品的复杂性、顾客和供应商地理分布的多样性以及三者之间复杂的业务关系和流程需要协调和控制，在供应链中突出核心企业领导力十分必要。核心企业可以在供应链的任何一个位置，可以是制造企业，也可以是下游分销商，如沃尔玛。本文采用Langen(2003)对核心企业的定义，认为核心企业是在市场地位、资源、规模等方面具有明显优势且有动机和能力做出对供应链中其他企业有正外部性的经营和投资活动的企业。供应链上的核心企业在很大程度上会影响供应链运作的好坏以及整个供应链竞争力的大小。Lambert等(1998)指出，除非一个组织在战略性供应链决策中发挥领导作用，否则整个供应链条会产生风险，最终导致混乱。近年来关于核心企业的研究多从网络视角探讨核心企业与创新之间的关系以及创新路径的实现机制(王方等，2014；许广永 & 郝红美，2017)。有少量研究探讨核心企业领导力与质量的关系。张蓓和杨学儒(2015)认为为了促进质量安全，农产品供应链核心企业不仅要加强核心企业内部控制，还要加强与农产品供应链上下游企业的协同。成龙和文风(2015)认为核心企业是实现整个供应链质量管理的关键环节，核心企业应积极发挥领导作用，始终用质量管理的思想作为一种文化规范供应链上各节点运作，促进供应链各节点的整合与协作，提高供应链质量管理。这些研究均为理论研究，缺乏在中国背景下的实证数据支撑。

因此，本研究旨在探讨以下几个核心问题：(1)供应链核心企业领导力是否会对供应链中的企业质量绩效产生影响？(2)供应链核心企业领导力如何影响企业质量绩效？供应链质量管理起到了什么作用？基于上述问题，本文在前期理论研究的基础上，以319家中国制造企业为调查对象进行实证研究，通过构建结构方程模型来探讨供应链核心企业领导力、供应链质量管理和企业质量绩效之间的关系，并将企业所有制和企业规模作为控制变量，进一步分析其对这一关系的影响，以期能丰富此领域的理论研究，并为企业质量管理实践提供参考与建议。

2. 理论基础与概念界定

2.1 核心企业领导力

核心企业领导力是指核心企业对供应链中其他企业的影响力。根据资源依赖理论，由于核心企业在供应链中拥有难以复制或不可替代的资源，如市场、技术等。供应链其他成员企业依赖核心企业发展，使得核心企业具备引导、控制和协调其他成员企业的领导者权威和非正式能力，拥有凌驾于其他成员企业的领导力，即核心企业领导力。核心企业领导力不同于科层组织管理者手中的职权，原因在于，一是核心企业领导力是一家企业影响其他企业的能力；二是虽然核心企业与供应链中其他企业地位存在高低差别，但是不存在行政隶属关系。供应链不同于组织的松散性特征，使得核心企业领导力也不是强制性的组织职权。核心企业对供应链的影响是多方面的，如影响供应链文化、结构、运营效率等。赫斌和任浩(2011)提出企业间领导力(核心企业领导力)包括方向探索、联盟整合、关系协助和树立榜样四个方面。由于制造业产品质量与国计民生密切相关，保证产品质量不仅是企业自身质量绩效提高的需要，还是企业社会责任行为的体现，因此本文将供应链核心企业领导力对质量绩效的影响区分为两个维度，即对质量的领导和对企业社会责任的领导。

2.2 供应链质量管理

供应链质量管理起源于供应链管理与质量管理的整合，它将质量管理从单个企业的内部活动转变为多个企业之间的协同活动。Robinson 和 Malhotra（2005）将供应链质量管理定义为在供应链中涉及所有合作伙伴组织的业务流程的正式协调和整合，通过测量、分析和不断改进产品、服务和流程，以创造价值并使市场上的中间客户和最终客户满意。Kuei 等（2001）认为供应链质量管理由三个等式组成：SC＝产品分销系统；Q＝正确满足市场需求，使客户满意并获得收益；M＝为供应链管理创造条件并增强信任。基于相关文献，我们发现尽管学者对供应链质量管理有不同的定义，但它们有一些共同之处。也就是说，在供应链视角下，供应链质量管理强调了上游和下游企业之间合作与整合的重要性。供应链质量管理的最终目标是提高质量绩效，最终提高顾客满意度。本文认可 Huo 等（2014）对供应链质量管理维度的划分，将供应链质量管理分为供应商质量管理、内部质量管理和顾客质量管理。

2.3 质量绩效

质量是企业得以生存和发展的基础，是企业立足于市场的基本条件。质量分为产品质量和服务质量。其中产品质量可以通过产品性能、可靠性、美观性、耐久性等方面来评价。服务质量主要反映在服务的可靠性、人性化、热诚等。本文主要研究的是产品质量。

3. 理论假设与模型建立

3.1 供应链核心企业领导力与企业质量绩效

领导力是质量管理领域的关键因素。著名的戴明 14 点中，其中的 9 点都直接与组织高层管理者的领导力有关。Hirtz 等（2007）通过实证研究探索了组织中的个人领导力与质量绩效的关系，结果表明领导力与质量绩效显著相关，且相对于自由放任型领导，变革型和交易型领导更有效。当涉及供应链核心企业领导力对企业质量绩效的影响时，现有文献相当匮乏。供应链的跨组织特性使得它与传统意义上的组织有本质不同，但是它们确实有一些共同点，如参与者、目标和领导力（Ketchen & Giunipero, 2004）。在组织中，领导者确定了公司的使命和目标，为员工提供了可以进行跨部门合作与交流的工作环境。质量管理与供应链质量管理虽然有不同的参与者，但是它们的发展趋向于一个最终目标：客户满意度（Li et al., 2008）。

供应链核心企业可以为供应链成员描绘供应链未来发展的愿景，并定义如何实现这些愿景（Defee et al., 2009）。供应链中涉及的企业往往追求不同的目标，尤其是可能相互冲突的目标，因此供应链核心企业有义务为供应链成员制定共同目标，并为供应链中的企业提供明确的发展方向。在供应链企业间利益出现分歧时，核心企业能够扮演仲裁员或调解人的角色，确保各方利益的均衡及供应链整体利益的最大化（赫斌 & 任浩, 2011）。另外，鉴于供应链中的企业面临的业务流程和产品的复杂性，供应链核心企业需采取非凡的领导力和措施来提高企业的质量绩效，如培养供应链成员之间的长期关系，建立以质量为基础的联盟，制定供应链中产品的质量标准，提供有效的管理机制来激励所有成员提高质量绩效（Zhang et al.，2011）。供应链核心企业鼓励成员企业注重经济、社会和环境的可持续，将企业社会责任意识潜移默化地植根于企业的日常运作和管理决策中。这种对产品质量和企业社会责任的重视引发质量（产品/过程）绩效的改善（Mehralian et al.，2016），因此本文提出如下假设：

H1：供应链核心企业领导力对供应链中的企业质量绩效存在显著的正向影响。

3.2 供应链质量管理的中介作用

组织中的领导力既是一种权力，也是一种资源。其来源于两个方面，一是职位所赋予的权力，它随职位的变动而变动。二是来自个人的权力，建立在个人特性基础之上。将组织中的领导力概念扩展到供应链领域，供应链核心企业领导力与组织中的个人领导力是相似的。供应链核心企业与追随者之间并不单单是"强迫"关系，中间还存在另一种作用机制，即合法性。合法性代表了核心企业被其他企业所认可的一种权威关系，它能够对其他企业的行为和认知产生影响（赫斌 & 任浩，2011）。

供应链核心企业可以在供应链中培养持续质量提升的文化氛围，让质量提升的观念潜移默化为供应链成员的共识。供应链核心企业在供应链中倡导"质量为先"的价值理念，并鼓励供应链成员追求产品的质量改进。由于供应链的跨组织特性，促进供应链成员开放的交流与合作尤为重要。开放的交流与合作有利于其成员及时获取供应链内部的质量信息。供应链信息管理通过促进质量信息的交流而在供应链质量管理中变得越来越重要。如果没有适当的信息共享机制，很难提高供应链质量（Xu，2011）。缺乏质量信息或信息失真、扭曲都将导致重大问题，包括过度的库存投资，错误的产能计划、生产计划和较差的客户体验（Quang et al.，2016）。供应链核心企业通过创建各种信息交流和沟通渠道，与供应链中的其他成员共享关键质量信息，可以减少或消除牛鞭效应对供应链的负面影响（Yu et al.，2001）。

另外，供应链核心企业可以通过向供应链成员授权，建立信任机制，保障供应链成员企业的持续合作。这种信任机制可以使供应链中的企业自觉按照核心企业的质量要求运作，不仅提高了企业追求质量改进的能力，同时增强了供应链的凝聚力，降低了各企业之间对产品质量的监督与管理成本。核心企业在建立信任机制的基础上还需要建立"利益协助"机制，即利用自身的技术、资金等资源优势，协助供应链其他企业的质量改进活动（成龙 & 文风，2015）。核心企业鼓励供应链成员企业在日常运作和管理决策中考虑社会责任因素，使得"对消费者负责"始终作为企业运营的重要准则（Mehralian et al.，2016）。为了维护消费者利益以及企业的可持续发展，企业会改善供应链质量管理实践，如降低生产过程中的不稳定性对产品质量的影响，选择能提供可靠原材料的供应商，拓展顾客产品质量投诉渠道等。总之，核心企业通过行为和意识促进供应链各个成员的质量改进活动，提高了成员企业的供应链质量管理。

企业通过供应链质量管理可以提高质量绩效。供应链质量管理包括供应商质量管理、内部质量管理和顾客质量管理。其中，供应商质量管理是指供应商的选择、评估和发展（Quang et al.，2016）。内部质量管理是指企业内部对于质量问题跨部门的沟通与合作

（Huo et al.，2014）。顾客质量管理是指确认顾客要求、顾客参与质量提升以及顾客的发展（Zeng et al.，2013）。有效的供应商质量管理可以确保原材料符合标准和质量要求（Ou et al.，2010），及时提供所需数量的高质量原材料有助于企业避免停机事故，减少生产过程中产生的质量差异和原材料损害率（Flynn et al.，1995；Forza & Filippini，1998）。此外，供应商管理的实施可以降低库存浪费，实现质量信息的交换和整合（Easton & Jarrell，1998；Yeung，2008）。因此，本文提出如下假设：

H2：供应商质量管理在供应链核心企业领导力与企业质量绩效中起中介作用。

从组织能力的角度来看，具有内部沟通和协调能力的组织更有可能具备外部整合的能力。传统的部门化和专业化阻碍了组织内部不同职能的员工进行合作与沟通（Huo et al.，2014）。相比之下，内部质量管理打破了企业各部门之间的障碍，使各部门的员工能够就质量问题进行跨部门的交流与协作，从而降低了企业的质量管理成本，促进质量绩效的提高。因此，本文提出如下假设：

H3：内部质量管理在供应链核心企业领导力与企业质量绩效中起中介作用。

有效的顾客质量管理可以帮助企业及时掌握顾客质量需求的变化，并针对顾客需求进行相应的产品改进，从而提高质量绩效（Quang et al.，2016）。通过更好地了解顾客需求，组织可以以高性价比的方式为顾客提供高质量的产品，并获得市场份额的拓展（Lakhal et al.，2006；Huo et al.，2014）。Xu 等（2012）指出，顾客质量管理可以促进新产品开发，间接促进企业产品质量的提高。因此，本文提出如下假设：

H4：顾客质量管理在供应链核心企业领导力与企业质量绩效中起中介作用。

基于上述假设，本文构建研究模型如图 1 所示。

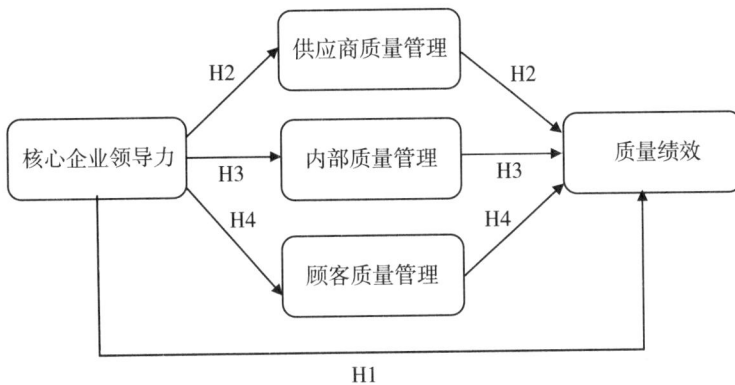

图 1　研究模型图

4. 研究方法

4.1　问卷设计

本次问卷是研究小组在查阅大量相关文献，走访考察国内相关制造企业具体情况的基础上，由国内外几位供应链领域的专家学者通过多次研究讨论共同设计完成。问卷最初是用英文开发，英文版问卷完成后，先由两位中国学者翻译成中文，然后由两名研究员再翻译成英文。对照两份英文版调查问卷的差异，我们进行了修改以确保问卷内容的一致性。中文版问卷最终用于数据收集。在正式调查之前，研究团队在几家企业开展了试调研。相应地，我们修改了容易引起混淆或疑惑的措辞。

最终问卷由四部分组成，第一部分是受访者的个人信息；第二部分是企业的基本情况，包括名称、地址、主营业务、所处行业、员工人数等；第三部分是供应链管理调查，包括供应链核心企业领导力、供应商质量管理、顾客质量管理和内部质量管理；第四部分是质量绩效调查。

4.2 样本和数据收集

本文的样本来源于中国统计年鉴，主要以汽车、电子、食品、玩具行业为主要研究对象。选择这四个行业的原因是这些行业频发的质量问题以及较高的产品召回率。因此，对这些行业的分析更能反映中国制造业企业的质量状况。为了确保样本的代表性，本研究主要选择长江三角洲、珠江三角洲和环渤海地区这三个经济发展区进行问卷的发放。其中长江三角洲位于中国的中东部，珠江三角洲位于中国的南部，环渤海地区位于中国的北部，基本上覆盖了中国绝大多数制造企业的发展区域。本次问卷的调查对象是具有研发/设计、生产、市场营销、采购等职能的制造企业，填写对象要求是对本单位的供应链与质量管理有全面了解的管理人员。经过多次的电话联系和沟通，本研究最终确定了 400 家目标企业，通过电子邮件的方式收集问卷。最后，我们收到了 400 份问卷，其中 81 份因填写不完整和逻辑不一致而被删除，因此最终有效样本是 319 份，有效回收率为 79.8%。受访企业信息如表 1 所示。

表 1   受访企业信息

企业性质			行业类型			员工人数		
项目	频数	比例	项目	频数	比例	项目	频数	比例
国有及国有控股	42	12.9%	汽车与金属机械	95	29.8%	100 人以下	41	12.9%
集体企业	9	2.8%	电子及通信设备	54	16.9%	100~499 人	136	42.6%
私有企业	97	30.7%	食品与制药	85	26.6%	5000~999 人	39	12.2%
合资企业	57	17.9%	玩具与木材家具	50	15.7%	1000~4999 人	58	18.2%
外资企业	114	35.7%	其他	35	11%	5000 人以上	45	14.1%
总计	319	1	总计	319	1	总计	319	1

由于数据收集采用单一的电子邮件收集的方式，可能会出现共同方法偏差的问题。我们采用两种方法来避免。第一，在填写调查问卷的过程中，研究人员明确地表明，不同部分的问题可以由更熟悉该领域的不同人员回答。第二，本研究采用 Harman 的单因素检验

法，通过探索性因子分析一共提取了五个主成分因子，单个因子解释的最大方差为 35.419%（Podsakoff et al.，2003）。这些指标表明单因素模型是不可接受的。因此，共同方法偏差在本研究中处于可接受范围。

4.3 变量和测量

4.3.1 因变量

为了包含外部市场的变化和竞争者的行为，本文用与竞争对手相比的质量提升来测量质量绩效。在综合了 Xu 等（2014）、Prajogo 和 Soha（2006）的量表题项的基础上，本研究从与竞争对手相比，本企业产品的耐用性、可靠性等五个题项来对企业质量绩效进行测量。采用 Likert7 级量表，1 代表明显比竞争对手差，7 代表明显比竞争对手好。

4.3.2 自变量

本研究主要借鉴了 Ahire 等（2001）开发的关于企业高层管理者的承诺支持对企业质量绩效影响的研究量表，同时在 Hirtz 等（2007）和 Gosling 等（2016）研究的基础上拟从核心企业对质量的领导和核心企业对社会责任的领导两个维度共 10 个题项来对核心企业领导力进行测量。采用 Likert7 级量表，1 代表强烈不同意，7 代表强烈同意。

4.3.3 中介变量

本文借鉴 Huo 等（2014）的研究来测量供应商质量管理和顾客质量管理。正如 Lotfi（2013）强调的，公司各部门之间的信息交流和整合对产品开发和质量绩效有很大的影响，本文综合了 Flynn 等（2010）和 Huo 等（2014）的研究，采用九个题项来评估企业内部的交流与合作，以测量内部质量管理。所有这些题项均采用 7 级 Likert 量表来衡量，1 代表强烈不同意，7 代表强烈同意。

4.3.4 控制变量

根据现行理论和实证研究，本研究控制了两个与企业有关的变量：企业规模和所有权（Mishra et al.，2013）。企业规模作为控制变量，是因为本文假设大企业可能拥有更多的质量管理所需的资源和技术，并对供应链网络中的其他成员产生更大的影响。我们使用员工人数来测量企业规模。所有权作为控制变量，是因为根据"制度性基础观"企业的所有权类型可能对企业战略实施产生不同的影响，所以可能会影响企业的质量绩效。具体来说，本文控制了可能影响质量绩效的五种所有制类型（国有、集体、私营、合资和外资）。

5. 分析和结果

PLS 是一种适用于需要进一步验证的探索性模型的方法（Teo et al.，2003）。因为目前没有关于供应链核心企业领导力对质量绩效的影响的研究，所以本文采用 PLS 作为适用于本研究的工具。此外，PLS 是检验结构方程模型（SEM）较好的方法。本研究使用 SmartPLS 2.0 来检验假设。在评估和报告结果的过程中，本研究遵循 PLS-SEM 的相关使用规范，在评估结构模型之前先对测量模型进行评估（Hair & Sarstedt，2011；Hair et al.，2012）。

5.1 测量模型评估

本研究通过观察克朗巴哈信度系数(Cronbach's α)、组合信度(CR)的值来检测量表的内部一致性,如表 2 所示,本文所有构念的 Cronbach's α 值和 CR 值都在 0.7 以上,表明量表有较高的内部信度。聚合效度的检验考虑组合信度(CR)、平均提取方差(AVE)和交叉因子载荷的值,如表 2 所示,模型所有构念的 AVE 值都高于 0.5,CR 值都大于 0.7。此外,各题项的交叉因子载荷都大于 0.5,因此各变量的聚合效度较高。判别效度通常使用 Fornell & Larcker(1981)标准来评估,要求每个构念的 AVE 的平方根应高于这个构念与任何一个其他构念的相关系数,如表 3 所示,量表有较好的判别效度。

表 2   **量表 CFA 结果**

构念	项目数	克朗巴哈系数	组合信度	平均提取方差
SCL	10	0.915	0.929	0.568
SQM	6	0.809	0.862	0.510
IQM	9	0.897	0.917	0.552
CQM	8	0.861	0.892	0.507
QP	5	0.909	0.931	0.731

表 3   **各变量均值、标准差和相关系数**

	SCL	SQM	IQM	CQM	QP
SCL	**0.75**				
SQM	0.502	**0.71**			
IQM	0.637	0.464	**0.74**		
CQM	0.578	0.565	0.526	**0.71**	
QP	0.436	0.313	0.393	0.383	**0.85**
均值	5.826	5.660	6.015	5.632	6.112
标准差	1.105	1.295	0.965	1.303	0.949

注:加粗数字为相应构念的 AVE 的平方根。

5.2 结构模型评估

在解释路径系数之前,本文检验了结构模型的多重共线性,因为如果存在多重共线性,路径系数的估计将会有偏差(Hair et al.,2014)。本文研究了供应链核心企业领导力、供应商质量管理、顾客质量管理和内部质量管理之间的多重共线性,结果表明 VIF(方差膨胀因子)值远远小于 10,说明本研究不存在严重的多重共线性问题。

本文采用 SmartPLS 2.0 软件中的 bootstrapping 程序（319 个样本数量，5000 次计算）对结构模型进行了逐步分析。首先，本文仅关注供应链核心企业领导力与质量绩效的关系（假设 1）。供应链核心企业领导力对质量绩效的直接效应值为 0.446（$p<0.01$）。因此，支持假设 1。

接下来，本研究分别评估供应商质量管理、内部质量管理和顾客质量管理的中介作用（假设 2 到假设 4）。首先，本研究考虑供应商质量管理的中介作用。其中供应链核心企业领导力对供应商质量管理的直接效应值为 0.506（$P<0.01$），供应商质量管理对质量绩效的直接效应值为 0.121（$P<0.05$）。因为供应链核心企业领导力与质量绩效的值为 0.381（$P<0.01$），所以供应商质量管理的中介作用并没有完全覆盖直接效应。为了检验间接效应的程度，Iacobucci 和 Duhachek（2003）提出了 VAF（Variance Accounted For），即间接效应的程度＝间接效应/总效应（直接效应＋间接效应）。经过计算，我们得出供应商质量管理的 VAF 值为 0.148（14.8%；低于 20%），所以供应商质量管理不存在显著的中介作用（Hair et al.，2014），因此，不支持假设 2。接下来，我们考虑内部质量管理的中介作用。其中供应链核心企业领导力与内部质量管理的直接效应值为 0.64（$P<0.01$），内部质量管理与企业质量绩效的直接作用值为 0.176（$P<0.05$）。此时供应链核心企业领导力与质量绩效之间的系数为 0.327（$P<0.01$），表明并没有被中介效应完全覆盖。通过计算得出内部质量管理的 VAF 值为 0.256（25.6%；大于 20% 且小于 80%），表明内部质量管理的部分中介作用（Hair et al.，2014）。因此假设 3 被支持。相似的，我们发现供应链核心企业领导力与顾客质量管理之间的值为 0.58（$P<0.01$），顾客质量管理与质量绩效之间的值为 0.195（$P<0.05$）。顾客质量管理中介效应的 VAF 值为 0.272（27.2%；大于 20% 且小于 80%），表明了存在部分中介作用（Hair et al.，2014）。因此支持假设 4。

另外，在控制变量对质量绩效的分析中，路径系数非常不显著，表明在本研究中企业规模和所有权对质量绩效影响不明显。

6. 结果讨论与启示

本研究以整个供应链网络为视角，探究供应链核心企业领导力对企业质量绩效的影响，并引入供应链质量管理的三个维度作为中介变量，探讨供应链核心企业领导力对供应链成员企业质量绩效的影响路径。通过对 319 个制造企业的调查数据分析，实证结果表明，供应链核心企业领导力与供应链成员企业的质量绩效显著正相关。此外，供应链核心企业领导力还可以通过影响成员企业的顾客质量管理和内部质量管理间接影响成员企业的质量绩效。然而，供应商质量管理的中介作用并没有得到数据支持。

从实证结果来看，供应链核心企业领导力对供应商质量管理的影响相较于对内部质量管理和顾客质量管理的影响是不足的，这可能是因为本文没有考虑核心企业领导风格。即交易型领导风格和变革型领导风格对供应商质量管理的影响可能是不同的。另外供应商质量管理对企业质量绩效的影响相对于顾客质量管理和内部质量管理较低，这可能是因为本研究的假设前提是企业只有一个或者几个核心供应商，而现实情况可能是企业并无长期固定的供应商，完全以市场或者企业评估标准的不同而进行不断的调整与改变，使得对供应商的质量管理效果并不明显。也有可能是在同一个供应链网络体系中，企业过于强大或者强势，使供应商完全依附于企业而存在，这将掩盖供应商在整个供应链网络中的影响力从而使其不能对企业质量绩效产生较大作用。

另外，在对不同中介效应的比较分析中，本研究发现供应链核心企业领导力对供应商质量管理、内部质量管理和顾客质量管理的直接影响分别是 0.506、0.64 和 0.58，说明同处于一个供应链网络中，供应链核心企业对每个成员企业的影响力不同。在供应链质量管理对质量绩效的直接影响中，顾客质量管理的提高对企业质量绩效的作用最为显著，为0.195。其次是内部质量管理和供应商质量管理，分别为 0.176 和 0.121。这说明提高顾客质量管理可以清晰把握市场质量需求的变化，从而更有效、更直接地提高企业质量绩效。

6.1 理论意义

首先，本研究拓宽了领导理论的研究视角，将研究对象扩展到企业。现有文献中主要关注组织中的领导者或领导团队对企业绩效或未来发展的影响。随着企业间相互影响的程度加深，供应链管理对企业的发展至关重要。供应链核心企业通常拥有较强的资源优势，如技术、市场、资本等，对供应链成员企业有深刻的影响。然而现有文献中关于供应链核心企业如何影响成员企业的研究较少，本文实证研究表明，供应链核心企业领导力对提高成员企业的质量绩效起着关键作用。供应链核心企业可以为供应链未来发展创造理想的愿景，并创造实现愿景的具体途径。供应链核心企业可以提供有效的管理机制来刺激所有成员企业提高质量绩效，如建立一个以质量为基础的联盟，制定供应链的产品质量标准等。供应链核心企业可以促进"对消费者负责"的社会责任意识深入贯彻到成员企业中，使得成员企业自觉提高产品质量绩效。另外，成员企业的上游供应商和下游客户也作为供应链一员，同样受到了核心企业领导力的影响，因此改善了成员企业的供应链管理。

其次，本文揭示了内部和外部活动如何影响公司质量绩效。本文将质量管理延伸到供应链，探讨内部质量管理、供应商质量管理和客户质量管理对企业质量绩效的影响。先前的文献侧重点主要在供应商质量管理上，对供应链中多个参与者的质量管理关注不大。本文在对 319 家中国制造企业研究的基础上发现，内部质量管理、供应商质量管理和客户质量管理都对企业的质量绩效有重要影响。企业需要依靠供应商所提供的原材料才能进行生产，供应商是企业在进行产品质量改善过程中绕不开的重要因素，对供应商进行质量管理是提高产品质量的第一步。内部质量管理打破了企业内各部门间的沟通障碍，使得不同部门的员工能够真正聚在一起，为企业的质量改进活动而进行交流协作，从而推动质量管理效率的提升，降低内部质量管理成本，促进企业质量绩效的提升。顾客质量管理能够准确获得顾客对于产品质量的反馈，有利于及时发现产品质量缺陷，提高顾客满意度。

6.2 实践意义

首先，供应链核心企业在供应链质量管理发展中起着重要的作用，供应链成员企业应重视和支持核心企业的领导。供应链的核心企业主要是指在供应链网络中占有较大规模和实力优势的组织，其拥有其他组织无法比拟的实力，也能给予其他组织想要的资源和帮助。因而，只有核心企业才能有效地调动其他组织的积极性，使其能自觉聚焦到核心企业上，从而使得相关质量管理活动能得到有效开展，由此促进供应链的整体质量提升，带动供应链上各组织自身的质量改善。因而，核心企业的领导无论对其自身内部发展还是供应链中其他组织的质量改善都有重要意义。

其次，供应链成员应重视与供应链上下游企业合作。企业的供应链经理应该认识到，提高质量绩效不能单靠内部质量管理，将关键供应商和客户引入企业的质量改善过程十分必要。中国企业对供应商在企业质量发展中的作用缺乏重视，仍需进一步加强。目前我国着力进行的供给侧结构改革也突出强调了对产品供给端的重视，通过构建与供给端企业的密切联系来推动制造业生产方式的转型升级。同时，对于需求端，企业应及时把握顾客需求的变化，在日常供应链运作中，注重顾客关系质量的调整和改善，培养彼此的信任以奠定良好的质量管理基石，最终提高顾客满意度。

6.3 研究局限和未来展望

首先，供应链质量管理实践因行业类别不同而可能有所差异（Dellana & Kros，2014），本研究只关注制造业，不利于实证结果在其他行业的适用性。未来的研究可以将调查样本扩展到其他行业，如电子商务行业、服务行业、农业等。其次，本文未考虑供应链核心企业不同领导风格的影响，未来可区分变革型领导和交易型领导风格的研究及其对供应链质量管理及质量绩效的影响。

◎ 参考文献

[1] 成龙，文风. 基于核心企业领导的供应链质量管理研究[J]. 物流工程与管理，2015（3）.

[2] 郝斌，任浩. 企业间领导力：一种理解联盟企业行为与战略的新视角[J]. 中国工业经济，2011（3）.

[3] 王方，党兴华，李玲. 核心企业领导风格与网络创新氛围的关联性研究——基于技术创新网络的分析[J]. 科学学与科学技术管理，2014（2）.

[4] 许德惠，李刚，孙林岩，等. 环境不确定性、供应链整合与企业绩效关系的实证研究[J]. 科研管理，2012，33（12）.

[5] 许广永，郝红美. 交互关系质量、核心企业领导力与创新能力[J]. 中国矿业大学学报（社会科学版），2017，19（4）.

[6] 张蓓，杨学儒. 农产品供应链核心企业质量安全管理的多维模式及实现路径[J]. 农业现代化研究，2015，36（1）.

[7] Ahire, S. L., Ravichandran, T. An innovation diffusion model of TQM implementation[J]. *IEEE Transactions on Engineering Management*, 2001, 48（4）.

[8] Defee, C. C., Esper, T., Mollenkopf, D. Leveraging closed-loop orientation and leadership for environmental sustainability[J]. *Supply Chain Management An International Journal*, 2009, 14（2）.

[9] Dellana, S. A., Kros, J. F. An exploration of quality management practices, perceptions

and program maturity in the supply chain [J]. *International Journal of Operations & Production Management*, 2014, 34(6).

[10]Easton, G. S., Jarrell, S. L. The effects of total quality management on corporate performance: An empirical investigation[J]. *Journal of Business*, 1998, 71(2).

[11]Flynn, B. B., Huo, B., Zhao, X. The impact of supply chain integration on performance: A contingency and configuration approach[J]. *Journal of Operations Management*, 2010, 28 (1).

[12] Flynn, B. B., Schroeder, R. G., Sakakibara, S. The impact of quality management practices on performance and competitive advantage[J]. *Decision Sciences*, 2010, 26(5).

[13] Fornell, C., Larcker, D. F. Evaluating structural equation models with unobservable variables and measurement error[J]. *Journal of Marketing Research*, 1981.

[14]Forza, C., Filippini, R. TQM impact on quality conformance and customer satisfaction: A causal model[J]. *International Journal of Production Economics*, 1998, 55(1).

[15]Gosling, J., Jia, F., Gong, Y., et al. The role of supply chain leadership in the learning of sustainable practice: Toward an integrated framework[J]. *Journal of Cleaner Production*, 2016(137).

[16]Hair, J. F., Ringle, C. M., Sarstedt, M. PLS-SEM: Indeed a silver bullet[J]. *Journal of Marketing Theory and Practice*, 2011, 19(2).

[17]Hair, J. F., Sarstedt, M., Pieper, T. M., et al. The use of partial least squares structural equation modeling in strategic management research: A review of past practices and recommendations for future applications[J]. *Long Range Planning*, 2012, 45(5-6).

[18]Hirtz, P. D., Murray, S. L., Riordan, C. A. The effects of leadership on quality [J]. *Engineering Management Journal*, 2007, 19(1).

[19] Huo, B., Zhao, X., Lai, F. Supply chain quality integration: Antecedents and consequences[J]. *IEEE Transactions on Engineering Management*, 2014, 61(1).

[20]Iacobucci, D., Duhachek, A. Advancing alpha: Measuring reliability with confidence[J]. *Journal of Consumer Psychology*, 2003, 13(4).

[21]Ketchen, Jr. D. J., Giunipero, L. C. The intersection of strategic management and supply chain management[J]. *Industrial Marketing Management*, 2004, 33(1).

[22] Kuei, C. H., Madu, C. N., Lin, C. The relationship between supply chain quality management practices and organizational performance[J]. *International Journal of Quality & Reliability Management*, 2001, 18(8).

[23]Lakhal, L., Pasin, F., Limam, M. Quality management practices and their impact on performance[J]. *International Journal of Quality & Reliability Management*, 2006, 23(6).

[24]Lambert, D. M., Cooper, M. C., Pagh, J. D. Supply chain management: implementation issues and research opportunities[J]. *International Journal of Logistics Management*, 1998, 9(2).

[25] Langen, P. W. D., Nijdam, M. *Leader firms in the dutch maritime cluster* [M]// The

Handbook of Fraud Deterrence. John Wiley & Sons, Inc. 2003.

[26] Li, L., Markowski, C., Xu, L., et al. TQM—A predecessor of ERP implementation[J]. *International Journal of Production Economics*, 2008, 115(2).

[27] Liu, Z., Prajogo, D., Oke, A. Supply chain technologies: Linking adoption, utilization, and performance[J]. *Journal of Supply Chain Management*, 2016, 52(4).

[28] Lotfi, Z., Sahran, S., Mukhtar, M., et al. The relationships between supply chain integration and product quality[J]. Procedia Technology, 2013, 11.

[29] Majumder, P., Srinivasan, A. Leadership and competition in network supply chains[J]. *Management Science*, 2008, 54(6).

[30] Mehralian, G., Nazari, J. A., Zarei, L., et al. The effects of corporate social responsibility on organizational performance in the Iranian pharmaceutical industry: The mediating role of TQM[J]. *Journal of Cleaner Production*, 2016(135).

[31] Mishra, S., Modi, S. B., Animesh, A. The relationship between information technology capability, inventory efficiency, and shareholder wealth: A firm-level empirical analysis[J]. *Journal of Operations Management*, 2013, 31(6).

[32] Ou, C. S., Liu, F. C., Hung, Y. C., et al. A structural model of supply chain management on firm performance[J]. *International Journal of Operations & Production Management*, 2010, 30(5).

[33] Podsakoff, P. M., MacKenzie, S. B., Lee, J. Y., et al. Common method biases in behavioral research: A critical review of the literature and recommended remedies[J]. *Journal of Applied Psychology*, 2003, 88(5).

[34] Prajogo, D. I., Sohal, A. S. The relationship between organization strategy, total quality management (TQM), and organization performance—the mediating role of TQM[J]. *European Journal of Operational Research*, 2006, 168(1).

[35] Quang, H. T., Sampaio, P., Carvalho, M. S., et al. An extensive structural model of supply chain quality management and firm performance[J]. *International Journal of Quality & Reliability Management*, 2016, 33(4).

[36] Robinson, C. J., Malhotra, M. K. Defining the concept of supply chain quality management and its relevance to academic and industrial practice[J]. *International Journal of Production Economics*, 2005, 96(3).

[37] Teo, H. H., Wei, K. K., Benbasat, I. Predicting intention to adopt interorganizational linkages: An institutional perspective[J]. MIS quarterly, 2003.

[38] Xu, D., Huo, B., Sun, L. Relationships between intra-organizational resources, supply chain integration and business performance: An extended resource-based view[J]. Industrial Management & Data Systems, 2014, 114(8).

[39] Xu, L. D. Information architecture for supply chain quality management[J]. *International Journal of Production Research*, 2011, 49(1).

[40] Yeung, A. C. L. Strategic supply management, quality initiatives, and organizational

performance[J]. *Journal of Operations Management*, 2008, 26(4).

[41] Yu, Z., Yan, H., Edwin Cheng, T. C. Benefits of information sharing with supply chain partnerships[J]. *Industrial Management & Data Systems*, 2001, 101(3).

[42] Zeng, J., Phan, C. A., Matsui, Y. Supply chain quality management practices and performance: An empirical study[J]. *Operations Management Research*, 2013, 6(1-2).

[43] Zhang, L., Wang, S., Li, F., et al. A few measures for ensuring supply chain quality [J]. *International Journal of Production Research*, 2011, 49(1).

The Impact of Focal Enterprise's Leadership on Firm Quality Performance: The Mediating Role of Supply Chain Quality Management

Liu Xueyuan [1] Zhao Qianqian [2] Zhao Xiande [3]

(1, 2 Economics and Management School of Wuhan University, Wuhan, 430072;
3 China Europe International Business School, Shanghai, 201206)

Abstract: To explore the important role of focal enterprises in the supply chain, this paper uses the supply chain focal enterprise's leadership as independent variable, enterprise quality performance as dependent variable, and three demensions of supply chain quality management (supplier quality management, internal quality management and customer quality management) as mediating variable to build the research framwork. With the data from a sample of 319 Chinese manufacturing enterprises, the structural equation model is used to carry out this empirical research. The results suggest that the focal enterprise's leadership has a significant effect on member enterprise's quality performance in supply chain, and there are two indirect paths between focal enterprise's leadership and quality performance, that is: focal enterprise's leadership — internal quality management — quality performance, focal enterprise's leadership — customer quality management — quality performance, while the mediating role of supplier quality management is not significant.

Key words: Supply chain focal enterprise's leadership, Supplier quality management, Internal quality management, Customer quality management, Quality performance

专业主编：许明辉

《珞珈管理评论》编辑部
外审专家致谢名单

《珞珈管理评论》以特色化发展为灵魂，聚焦工商管理学科管理理论与实践研究前沿，关注新技术背景下的市场创新和管理创新的新方法、新思想、新理论，刊文质量持续提升，期刊影响力进一步扩大。我们每一成绩的取得都有赖于100多位审稿专家默默劳作与辛勤付出。

时光流转，又到岁末，在辞旧迎新之际，《珞珈管理评论》编辑部全体同仁在此谨向付出辛勤劳动的各位专家学者表示由衷的谢忱和美好的祝福！

白　凯	陕西师范大学	江诗松	武汉大学
步丹璐	西南财经大学	焦媛媛	南开大学
曾　姝	中南财经政法大学	金立印	复旦大学
柴海燕	中国地质大学	孔东民	华中科技大学
陈　荣	清华大学	黎建新	长沙理工大学
陈　冬	武汉大学	李君轶	陕西师范大学
陈建安	武汉大学	李　梅	武汉大学
陈建华	武汉理工大学	李朋波	北京第二外国语学院
陈丽红	中南财经政法大学	李炜文	中山大学
单标安	吉林大学	李星明	华中师范大学
邓新明	武汉大学	李勇建	南开大学
杜　鹏	华中科技大学	林晚发	武汉大学
杜运周	东南大学	刘　衡	中山大学
费显政	中南财经政法大学	刘　锦	中南大学
冯　华	武汉大学	刘林青	武汉大学
高　辉	河海大学	刘明霞	武汉大学
龚　红	武汉大学	刘智强	华中科技大学
古家军	浙江工商大学	吕敏康	中南财经政法大学
关　旭	武汉大学	苗仁涛	中国人民大学
郭　飞	中南财经政法大学	聂佳佳	西南交通大学
何俊辉	西南大学	饶从军	武汉理工大学
贺　伟	南京师范大学	饶　茜	重庆大学
贺小刚	上海财经大学	施　丹	华中农业大学
黄敏学	武汉大学	施卓敏	中山大学

舒伯阳	西南财经大学	杨 珺	华中科技大学
宋丽梦	中南财经政法大学	杨 磊	华南理工大学
唐雪松	西南财经大学	姚 琦	重庆交通大学
田毕飞	中南财经政法大学	叶 飞	华南理工大学
涂乙冬	武汉大学	俞明传	上海交通大学
王 罡	武汉大学	张 勇	华中农业大学
王红建	南昌大学	张广玲	武汉大学
王建才	北京理工大学	张利斌	中南民族大学
王 雷	兰州大学	张莲民	南京大学
王新刚	中南财经政法大学	张 龙	南京航天航空大学
王雄元	中南财经政法大学	张鹏程	华中科技大学
王雪莉	清华大学	张三保	武汉大学
王益民	山东大学	张永军	河南大学
王 毅	清华大学	张正林	西安交通大学
王 华	中南财经政法大学	张剑渝	西南财经大学
卫海英	暨南大学	赵 晶	武汉大学
温兴琦	武汉大学	赵 君	中南财经政法大学
文 鹏	华中师范大学	赵奇伟	武汉大学
吴承忠	对外经贸大学	赵书松	中南大学
谢科范	武汉理工大学	钟慧洁	中南财经政法大学
熊会兵	中南财经政法大学	周 浩	四川大学
徐国虎	中南财经政法大学	周 建	南开大学
徐 岚	武汉大学	周 玲	湖南大学
徐小林	南京大学	周元元	华中科技大学
徐 欣	中南财经政法大学	朱华伟	武汉大学
薛巍立	东南大学	朱永跃	江苏大学
鄢志武	中国地质大学	庄贵军	西安交通大学
杨浩昌	东南大学		